Barbara Sichtermann

Außergewöhnliche Frauen

Barbara Sichtermann

AUẞERGEWÖHNLICHE FRAUEN

Visionär. Kämpferisch. Klug.

marixwissen

Inhalt

Vorwort

In den Berichten, Porträts und Biographien über Frauen, die eine Spur in der Geschichte hinterlassen haben, heißt es gern: Sie war eine »außergewöhnliche« Frau. Von einem berühmten Mann, dessen Name in den Lexika steht, würde man kaum sagen, er sei außergewöhnlich. Denn: Ist so ein Lob nicht im Grunde recht mager? »Außergewöhnlich« könnte man auch eine Verbrecherin nennen – für die man übrigens Jeanne d'Arc zu ihrer Zeit (seitens der Kirche) gehalten hat, auch Eleonore von Aquitanien, Louise Aston und Anita Augspurg wurden verschiedener Vergehen bezichtigt. Aber eigentlich denkt, wer eine Frau verehrungsvoll »außergewöhnlich« nennt, nicht an eine Gesetzesbrecherin. Und dennoch besagt das Attribut noch nicht, dass eine Frau durch Großtaten hervortrat, denn »außergewöhnlich« ist völlig unspezifisch. Es heißt eigentlich nichts anderes, als dass man Frauen im Allgemeinen als ziemlich gewöhnliche Wesen betrachtet, die eben gerade nicht hervorragen. Frauen gelten – auch heute noch – in aller Regel als angepasster, durchschnittlicher, mittelmäßiger und rundum normaler als Männer, als Wesen, die seltener aus der Reihe tanzen, im Guten wie im Bösen. Und die Geschichte der Menschheit hat das Ihre dazu beigetragen, nur wenigen Frauen eine außergewöhnliche Rolle zuzugestehen. Deshalb ist es auch möglich, ein Buch herauszugeben, das einundvierzig herausragende Frauen vorstellt, von der Antike bis heute. Man könnte gewiss noch zwei oder vielleicht sogar drei Folgebände mit weiteren weiblichen Größen füllen. Aber dann würde es auch schon dünn. Undenkbar, ein Buch über einundvierzig hochwichtige Männer zu schreiben und dabei auch noch einen Zeitraum von nahezu drei Jahrtausenden zu berücksichtigen. Die Grundgesamtheit wäre einfach zu groß. Und die Auswahl trüge den Stempel einer problematischen Willkür. Das ist zwar bei diesem Frauenbuch auch der Fall – aber die Beliebigkeit ist doch nicht annähernd so krass, wie sie es bei einem Männerbuch wäre. Die Buchladenkundin würde den Kopf schütteln. Drei Dutzend tolle Männer? Was denn für welche? Politiker, Erfinder, Schriftsteller, Philosophen, Feldherren? So ein Männerbuch ist denn auch nicht geplant. Dass ein Frauenbuch keine derartigen Probleme macht, heißt zugleich, dass Ruhm, Glanz, außerordentliches Verdienst, epochale Leistung, geniales Werk nur ausnahmsweise Frauensache waren. Die Ausnahmen lassen sich sammeln und darstellen – ja, das ist lohnend. Aber man denkt beim Auswählen, Faktensammeln, Interpretieren und Schreiben zugleich ständig über diese enorme Asymmetrie nach: Warum bloß quillt die Geschichte über von Männern mit historischen Verdiensten, während sich nur alle paar Jahrzehnte oder gar Jahrhunderte eine Theophanu, eine Florence Nightingale, eine Bertha von Suttner, eine Simone de Beauvoir über den Horizont der Normalität erhebt? Wo wir doch heute wissen, dass Intelligenz und Begabung bei beiden Geschlechtern in der Summe gleich vorhanden und höchstens in ihrer Besonderheit verschieden verteilt sind?

Die Antwort ist einfach. *It's a man's, man's, man's world.* Immer noch. Vieles ändert sich. Bald wird unsere Welt auch von Frauen geprägt sein. Aber das war sie in der Vergangenheit nicht. Die Muster, Leitbilder, vorgezeichneten Lebensläufe, welche die Kinder vorfanden, wenn sie anfingen, Wünsche und Pläne für ihre eigene Zukunft zu entwickeln, wiesen den Jünglingen den Weg nach draußen, auf dem Lorbeeren zu erringen waren, den Mädchen aber den Weg nach drinnen, ins Reich der Gewöhnlichkeit. Und diese Anweisungen waren sehr ernst gemeint, wurden gestützt von den höchsten Autoritäten, von Eltern, Lehrern, Priestern, Staatslenkern. Es hätte übermenschliche Anstrengungen gekostet, sich gegen sie zu stemmen. Die Frauen wären genötigt gewesen, außergewöhnliche Schritte zu gehen, um hervorzuragen. Und das war den meisten einfach nicht möglich.

Für schöpferische oder politische Glanzleistungen braucht jeder Mensch zweierlei: Eignung und Gelegenheit. Fehlt die Eignung, nutzt auch der Wille nichts; fehlt aber die Gelegenheit, hilft eine noch so prachtvolle Eignung nicht weiter. Eine Frau hätte, um als Künstlerin oder Politikerin hervorzutreten, die Welt auf den Kopf stellen müssen. Sie hätte ein Übermaß an Kraft gebraucht, um ihr Ziel zu erreichen – und wo hätte sie das hernehmen sollen? Hinzu kam, dass die meisten Frauen Kinder auf die Welt brachten, was im Übrigen durchaus als große Leistung anerkannt wurde. Nur: Es war eine Leistung im Rahmen des Gewöhnlichen. Und Kinder können, anders als Feldzüge, Ölgemälde, Versuchsanordnungen, Romane oder Sinfonien, nicht einfach verlassen, vergessen oder aufgeschoben werden. Wenn sie da sind, beanspruchen sie die Zeit ihrer Mütter; nur wenige hochstehende Damen konnten diese Arbeit delegieren. Viele wollten es auch nicht. Und manche – wie Mary Wollstonecraft oder Paula Modersohn-Becker – verloren gar ihr Leben im Wochenbett. Wie hoch die Zahl weiblicher Talente ist, die im Laufe der Geschichte unter dem gewaltigen Berg von »Gewöhnlichkeit« verkümmert sind, vermag niemand abzuschätzen. Immerhin geben die Ausnahmefrauen, die es dann doch aufgrund besonders günstiger Umstände oder übermenschlicher Kraftanstrengungen geschafft haben, mehr aus sich zu machen, eindrucksvoll Kunde von weiblichen Möglichkeiten.

Da wären zunächst die Töchter. Frauen wie Maria Sibylla Merian, Elisabeth I. von England, Artemisia Gentileschi, Christine von Schweden, Maria Theresia, Clara Schumann, Eleonora Duse und Aung San Suu Kyi kamen über die väterliche Position zu ihrer Laufbahn: als Schülerinnen oder Nachfolgerinnen. Wären sie mit denselben Begabungen in einer unbedeutenden Familie aufgewachsen, wäre es bei der Sehnsucht nach Naturwissenschaft, Malerei, Politik, Theater oder Musik geblieben, und niemand spräche heute vom Elisabethanischen Zeitalter, von einer Begründerin der Insektenkunde oder der namhaftesten Pianistin des 19. Jahrhunderts. Da wären des Weiteren die Witwen, etwa Kleopatra und Theophanu.

Diese konnten nach dem Tode ihrer Männer deren Werk fortführen – ohne ihre Ehemänner, die sozusagen den Thron für sie vorgewärmt hatten, ohne ihre Söhne, für die sie erst einmal einsprangen, hätten sie ihre historischen Leistungen nicht vollbringen können. Aber es gibt auch die originären Heldinnen, die ganz aus eigenem Antrieb, manchmal unterstützt von einer göttlichen Stimme, loszogen, um die Welt aus den Angeln zu heben: Jeanne d'Arc, Hildegard von Bingen, Teresa von Ávila, Mary Wollstonecraft, Alexandra Kollontai, Rosa Luxemburg, Sophie Scholl, Mutter Teresa. Diese Frauen waren nicht bloß »außergewöhnlich«; was sie getan, was sie beiseite geräumt haben an Hindernissen und was sie auf sich genommen haben an Gefahren, auch für Leib und Leben – das ruft in uns tiefsten Respekt und größte Bewunderung wach. Diese Frauen hatten meist keine Unterstützung durch Familie oder Umfeld, im Gegenteil. Sie waren Kämpferinnen aus eigenem Entschluss und mit atemberaubender Konsequenz – was immer man im Einzelnen von ihren Zielen halten mag. Sie stehen dafür, dass auch und gerade Frauen außergewöhnliches Potenzial entfalten können, um eine Mission, ein politisches oder religiöses oder künstlerisches Ideal durchzusetzen.

Schließlich kommen wir zur Gruppe der Besessenen. Sie spüren in sich eine Begabung, eine Berufung, eine Leidenschaft, und es gibt im Grunde nichts anderes für sie. Die Welt wollen sie oft gar nicht verändern, sie wollen auch nicht kämpfen, sie sind nicht aggressiv, sondern getrieben: von ihrer Hingabe an die Kunst, die Literatur oder die Wissenschaft. Aber sie müssen sich ihren Weg bahnen, und sie tun es mit einer Art nachtwandlerischer Sicherheit, Rückschläge ergeben in Kauf nehmend. Vor ihnen und ihrem Werk stehen wir mit großer Hochachtung, vor allem wenn diese schöpferischen und erfinderischen Geister bei ihrer Mitwelt auf Verständnislosigkeit stießen. Sie sind die großen Ausnahmen in der Menschheitsgeschichte, und sie werden auch dann Ausnahmen bleiben, wenn sich die Bedingungen für die Entfaltung weiblicher Talente bis hin zur völligen Chancengleichheit verbessert haben sollten. Einfach weil große Begabungen – auch bei Männern – selten sind. Zu ihnen zählen Aspasia, Marie Curie, Isadora Duncan, Helena Rubinstein, Paula Modersohn-Becker, Bertha von Suttner und Lise Meitner.

Andere herausragende Frauen sind ihren Weg gegen weniger harte Widerstände gegangen, sie haben durch Beharrlichkeit, Klugheit, Willensstärke und das beherzte Ergreifen der richtigen Gelegenheit dafür gesorgt, dass sie die Welt mit einer großen Leistung überraschen konnten: so Sappho, Émilie du Châtelet, Maria Montessori, Coco Chanel, Hannah Arendt, Ella Fitzgerald, Simone de Beauvoir. – Übrig bleiben jetzt noch die tragischen Biographien, Frauen, die, obwohl zu wunderbaren und anerkannten Darbietungen und Werken fähig, an der *man's world* zerbrachen oder doch schlimm unter ihr zu leiden hatten: Dazu gehörten Olympe de Gouges, Louise Aston, Emily Davison und Janis Joplin.

Obwohl wir uns bemüht haben, die »Außergewöhnlichen« über die Felder Politik, schöne Künste und Wissenschaften einigermaßen gleichmäßig zu verteilen, bleibt ein Rest von Willkür, das ist klar. Ein weiterer Aspekt kommt hinzu. Wir schauen in diesem Sammelband aus dem Blickwinkel westlicher Kulturkreise in die Geschichte und erspähen innerhalb dieses Horizontes unsere großartigen Frauen. Aus anderen Weltgegenden würden ganz andere Namen fallen, eine Autorin in Afrika, in China oder Indien fände Außergewöhnliche, die uns hier wohl zumeist unbekannt wären. Aber sie alle hätten es mit einer im Vergleich zu berühmten Männern recht geringen Gesamtheit von Größen zu tun, denn die Verteilung von Macht und von Chancen, eigene Talente zu entfalten, waren und sind überall auf der Welt ähnlich ungleich zwischen Männern und Frauen verteilt. Doch das Gute ist: Nicht nur im alten Europa und in Amerika regt sich ein Widerstand gegen den Ausschluss von Frauen aus Kabinetten, Konzertsälen, Podien, Pulten, Altären, Laboren und Bühnen der Welt, er wird überall deutlich, auch im Süden und Osten dieser Erde, und die Anzahl der Koryphäen, die weiblich sind und in künftigen Büchern über herausragende Persönlichkeiten Erwähnung finden werden, wächst.

Außergewöhnlich waren und sind alle, die in diesem Buch vorkommen. Und wenn Frauen jetzt wirklich immer öfter die Chance haben, aus der »Gewöhnlichkeit« herauszutreten und etwas Außerordentliches hervorzubringen, wird dieses Adjektiv als Standardetikett bald ausgedient haben. Stattdessen wird es heißen: Sie war eine zu allem entschlossene, eine machtbewusste, eine geschäftstüchtige, eine großherzige, eine hoch begabte, eine hyperintelligente, eine disziplinierte, eine fantasievolle Frau. Oder schlicht: Sie malte göttlich. Oder: Niemand bereicherte die Literatur so wie sie. Oder: In ihrer Stimme lag die Sehnsucht einer ganzen Generation. Und dann wird auch bei einem Frauenbuch die Auswahl (endlich!) schwierig. Und wir haben mehrere Regalmeter nötig für all die Folgebände.

I

»Es durchströmte meine Brust gleich einer Flamme« (Hildegard von Bingen)

–

Von der Antike bis zur Renaissance

Sappho

Die zehnte Muse

* um 612 v. Chr. wohl in Mytilene auf Lesbos
† um 570 v. Chr. auf Lesbos

Eine nicht sehr hoch gewachsene, schwarzhaarige Frau mit dunklem Teint sitzt in einem sonnendurchfluteten Garten neben einem Granatapfelbaum. Sie trägt ein Lied vor, zu dem sie sich selbst auf der Leier begleitet. Um sie herum sitzen einige Mädchen im Alter zwischen zwölf und achtzehn Jahren und hören ihr zu. An manchen Stellen lachen sie oder werfen die Köpfe zurück. Eine summt mit. Eine andere deutet Tanzschritte mit den Fußspitzen an. Es herrscht eine aufmerksame und heitere Stimmung.

So mag es ausgesehen haben, als im 7. Jahrhundert v. Chr. auf der äolischen Insel Lesbos nahe dem heutigen Kleinasien die Lyrikerin und Mädchenerzieherin Sappho eine Unterrichtsstunde gab. Sie hatte das Hochzeitsgedicht für eine ihrer Schülerinnen geschrieben; bald würde es aufgeführt, das heißt mit verteilten Rollen vorgesungen, auf Saiteninstrumenten begleitet und von einer tänzerischen Darbietung unterstützt werden. Die Mädchen übten sich gern in ihren Rollen – aber das Herz war ihnen auch schwer dabei. Denn wenn sie sangen und tanzten, bedeutete das zugleich: Eine aus ihrem Kreis würde die anderen für immer verlassen, würde heiraten und womöglich in eine ferne Stadt ziehen. Die Jugend war dann vorbei, eine Zeit des Spielens und Lernens, in der die Schülerinnen auf ihre gesellschaftlichen, aber auch häuslichen Aufgaben vorbereitet sowie in feiner Sitte unterrichtet wurden. Dies geschah stets im kultisch-religiösen Kontext. Erotische Praktiken wurden auch geübt. Wie weit sie gingen und ob sie den sexuellen Akt einschlossen, lässt sich mit völliger Sicherheit nicht sagen. Letzteres ist aber doch wahrscheinlich. Denn aus der griechischen Knabenerziehung jener Zeit sind Verführung und Hingabe zwischen Schüler und Lehrer verbürgt. Da die Mädchenerziehung an einer Schule wie der von Sappho der

Knabenerziehung nachempfunden war, darf man annehmen, dass Sappho und ihre Kolleginnen – es gab weitere ähnliche Mädchenschulen – den vornehmen weiblichen Schützlingen auch das Erregen und Finden körperlicher Lust beibrachten. Und das war keineswegs unmoralisch, sondern selbstverständlich.

Allerdings nicht überall. Im äolischen Raum und also auch auf Lesbos verlief die Mädchenerziehung freier als auf dem griechischen Festland, das die Frauen strikt im Hause hielt. Auf Lesbos jedenfalls durften sich Töchter hoch gestellter Familien mit ihresgleichen auf das Erwachsenenleben so vorbereiten, wie es gewöhnlich nur für Jünglinge vorgesehen war. Es ist unter diesen Umständen nicht verwunderlich, dass Sapphos Gedichte erotische Begegnungen mit dem eigenen Geschlecht widerspiegeln: Das war Teil ihres Berufes und der Kultur Griechenlands, zu der die Bisexualität ganz zwanglos dazugehörte. Sie blieb jedoch für die meisten auf die Jugendzeit beschränkt. Nach ihrer Verheiratung wandten sich die Frauen ihren Gatten zu, und auch die Männer lösten sich im Ehestand von ihren Lehrern und den homosexuellen Spielen ihrer jungen Jahre los. So blieb die gleichgeschlechtliche Liebe ein Entwicklungsstadium wie die Pubertät.

Auch Sappho selbst war nicht »lesbisch« in dem Sinne, dass sie ausschließlich Angehörige ihres eigenen Geschlechts begehrt hätte. Sie war verheiratet und soll sich – so will es eine spätere Legende, die heute allerdings angezweifelt wird – eines Jünglings wegen das Leben genommen haben. Ihr Geburtsjahr ist nicht genau bekannt, es lag wahrscheinlich zwischen 617 und 612 v. Chr., als Geburtsort wird Mytilene auf Lesbos angenommen. Ihre Familie gehörte dem Adel an, der Vater starb früh. Sapphos Ehemann hieß Kerkylas und kam von der Insel Andros. Er war vermögend. Das Paar hatte eine Tochter, die goldhaarige Kleïs, der ihre Mutter zärtliche Gedichte widmete. Politischer Intrigen und Umsturzversuche wegen musste die Familie 598 ins Exil nach Sizilien gehen. Als sich zwei Jahre später die Verhältnisse beruhigt hatten, konnte Sappho nach Mytilene heimkehren. Man nimmt an, dass Kerkylas inzwischen verstorben war, denn hinfort ist in den Quellen von ihm nicht mehr die Rede. Dafür aber rühmen (spätere) Historiker den »Musenkreis« für Mädchen, den Sappho gegründet hat und der wahrscheinlich auch eine Einkommensquelle für sie war. Zweihundert Jahre später feierte der Philosoph Platon die gelehrte Frau aus Mytilene als »zehnte Muse«: »Einige zählen neun Musen, doch wahrlich zu wenig! Zähle die zehnte dazu! Sappho von Lesbos ist's.«

Weltberühmt wurde Sappho als Lyrikerin. Sie war es schon zu Lebzeiten und blieb es im gesamten Altertum. Das christliche Zeitalter hatte dann seine Schwierigkeiten mit ihr, weil es die pädagogische Kultur der Antike verkannte und Sapphos Lyrik für schamlos hielt. Nach den Maßstäben ihrer eigenen Zeit war sie das keineswegs. Allerdings überrascht Sapphos Dichtung durch ihre Direktheit, Klarheit, Leidenschaft und Gefühlstiefe. *»Komm zu mir auch jetzt; aus Beschwernis lös mich, / aus der Wirrnis; was nach Erfüllung ruft in / meiner Seele Sehnen, erfüll. Du selber / hilf mir im Kampfe«*, heißt es zum Beispiel in einem Gedicht, das sich an Aphrodite, die Göttin der (unglücklich) Liebenden richtet. In Sapphos Zeit wurden erstmals sehr persönliche Empfindungen, auch solche der völligen Bewusstseinsferne wie Raserei und Ekstase, mit inniger Einfühlung vorgetragen. Gefühlsüberschwang und durch den Formwillen der Lyrik erzwungene Gestaltungsdisziplin flossen ineinander und gebaren die Poesie mit ihrer persönlich-überpersönlichen Doppelbotschaft, wie sie bis heute – als Gedicht, Ballade, Verserzählung und Liedtext – fortbesteht.

Aber Sappho war nicht nur eine Dichterin des Pathos, sie hatte auch ein Talent für komische Pointen. Es gibt plötzliche Stimmungsumschwünge in ihren Gedichten, die ihr Bemühen zeigen, das Sentiment zu brechen. Und immer wieder sind es die Dinge des alltäglichen Lebens, die sie fesseln. Keine allzu schlichten Dinge, denn ihre Klientel war auf die wohlhabende Oberschicht beschränkt. Aber wie diese Menschen gelebt haben, wie sie sich kleideten, was sie gern aßen, sangen, betrachteten, welche Blumen sie liebten und welche Wetter sie fürchteten – das kann man bei Sappho nachlesen.

Sie beschreibt farbig und genau. Was Homer für die Männerwelt getan hat – die eine Welt der Feldzüge, der Waffen, Kriegsschiffe und Schlachtrösser gewesen war –, das tat Sappho für die Frauenwelt. Diese erscheint uns heute mit all den duftenden Blütenkränzen und zierlichen Mädchenfüßen vielleicht ein bisschen zu holdselig, aber man darf nicht vergessen, dass es sich um Festlieder handelte und um kultische Gesänge, in denen vor allem die Schönheit – eines Mädchens, einer Göttin, eines Gartens, einer Nacht – gefeiert werden sollte.

Der Schönheitskult der griechischen Antike war radikal, er gipfelte in Wettbewerben und ständigen Vergleichen, was für die nicht so gutaussehenden Menschen eine Zumutung gewesen sein muss. Allerdings beweist die Verehrung, die Sappho genoss, dass auch nichtkörperliche Formen von Schönheit – also das schöne Gedicht oder die schöne Melodie – in die allgemeine Hochachtung vor dem Ebenmaß eingeschlossen waren. Denn Sappho entsprach als »dunkler Typ« und klein gewachsene Frau dem Attraktivitätsideal ihrer Zeit in keiner Weise. Man bevorzugte die großen Blonden – ganz wie heute.

Leider sind nur Bruchstücke ihrer Werke erhalten. Auch ihr Leben müssen wir aus Fragmenten erschließen. Aber eins ist sicher: Als Dichterin und Erzieherin hat Sappho ihre Zeit geprägt. Und sie schuf sogar ein bis heute benutztes Versmaß: die sapphische Strophe. Die römischen Poeten Horaz und Catull beriefen sich auf Sappho und übernahmen ihr Versmaß. Später dichteten im Abendland Barden wie Friedrich Gottlieb Klopstock, Friedrich Hölderlin und auch die Dichterin Ricarda Huch entlang dieser ausgefeilten Versform. Die Sapphische Strophe besteht aus drei elfsilbigen Zeilen und einer vierten fünfsilbigen Zeile. Die ersten drei sind analog gebaut: Auf zwei Trochäen, das sind je zwei Silben, von denen die erste betont ist, die zweite unbetont (also: dámda), folgt ein Daktylus, das sind drei Silben, von denen die erste betont ist, die folgenden zwei unbetont (also: dámdada). Daran schließen sich zwei weitere Trochäen an. Die letzte Verszeile verbindet einen Daktylus mit einem Trochäus (sie klingt dámdada dámda):

»Ist sie heut noch flüchtig, wie bald schon folgt sie, / ist sie Gaben abhold, wird sie selbst geben, / ist sie heut noch lieblos, wie bald schon liebt sie, / auch wenn sie nicht liebt.«

Da Sappho neben Sprache und Dichtkunst auch Musik und Tanz gelehrt hat, liegt es nahe, dass sie auch als Komponistin und Tänzerin hervorgetreten ist. Platons Begeisterung für sie verweist auf multiple Talente der berühmten Frau. Da wir keine Fakten bezüglich ihres Lebensendes besitzen, dürfen wir uns vorstellen, dass die Legende von ihrem Selbstmord nur zustande kam, um sie als historische Figur im Nachhinein dramatisch zu überhöhen und dass sie in Wirklichkeit, alt geworden, im Kreise ihrer Meisterschülerinnen in einem Garten neben einem Granatapfelbaum sanft verschieden ist. Diese Version ist nicht weniger glaubwürdig als der Freitod im Meer – ja, er ist wahrscheinlicher, denn Sapphos Lebensfreude und -genuss, ihr Witz ist in ihrer Lyrik reichlich dokumentiert:

»Wie schön der Apfel, / So rot und reif / Ganz oben im Baum / Im höchsten Geäst! / Hat ihn keiner geholt? / Von den Pflückern vergessen? / O nein, o nein! Nicht vergessen! / Nicht erreichen konnten sie ihn, / Den höchsten.«

Aspasia

Lehrerin der Kunst der Rede

* um 470 v. Chr. wohl in Milet
† um 420 v. Chr. wahrscheinlich in Athen

Hellas, das alte Griechenland, war ein Sehnsuchtsort für die europäische Renaissance, die deutsche Klassik und Romantik. Der Zauber, den die Antike auf den Rest der Welt ausgeübt hat, wirkt heute noch nach – seinerzeit überglänzte er in Europa alle bedeutenden Epochen der Menschheitsgeschichte. Die Griechen hatten, so erkannten die Nachgeborenen voll Bewunderung, sämtliche tiefen philosophischen Fragen bereits gestellt. Sie hatten die Demokratie erfunden, fantastische Tempel erbaut und Dramatiker hervorgebracht, deren unsterbliche Werke auf modernen Bühnen immer noch gespielt werden. Ihre Kultur war ohne Beispiel, von einmaliger Schönheit und Kraft, und ihr Vermögen, das Leben zu genießen und zu feiern, wurde später nie mehr erreicht. Zur Sinnenfreude der Hellenen gehörten der Wein und die Früchte des gesegneten Südens, gehörte eine zwanglose Homoerotik ebenso wie das Hetärentum, die Szene der käuflichen Frauen. Und diese wohl erzogenen Damen waren nicht nur wunderschön, sondern auch noch hoch gebildet.

Ein derart idealisiertes Hellas-Bild hat noch im 19. Jahrhundert dominiert, dann aber setzte die moderne historische Forschung ein und mit ihr eine allgemeine Ernüchterung. Die griechische Demokratie war eine Herrschaft der wenigen mit Rechten ausgestatteten Besitzbürger und basierte wirtschaftlich auf der Ausbeutung eines Heeres von Sklaven. Die künstlerische Blüte in Architektur und Drama gedieh im Schatten permanenter kriegerischer Konflikte. Und die viel gerühmten Hetären waren in der Regel keineswegs gebildet und auch wenig geachtet. Was sie zu bieten hatten, war die ständige Bereitschaft zum Geschlechtsverkehr, einige verstanden sich aufs Musizieren und auf tänzerische Darbietungen, die meisten aber kamen aus der Unterschicht und hatten außer ein bisschen

Selbstinszenierung nichts gelernt. Es gab noch einmal eine Klassenstruktur unter den Prostituierten. Die ärmsten waren die Pornés, die Straßenhuren oder die Mädchen in einem Freudenhaus. Meist waren sie entlaufene oder frei gelassene Sklavinnen. Der Menschenhandel gehört in Sklavengesellschaften zum Leben dazu, und so wurden auch damals junge Mädchen als Waren ge- und verkauft. Zur Prostituierten-Mittelschicht gehörten die Hetären –im Wortsinn: Gefährtinnen –, die für ein Symposion, ein Gelage mit Musik, Tanz und Gesellschaftsspiel, eingeladen wurden und nach dem Fest oder sogar währenddessen zum Beischlaf bereit sein mussten – manchmal mit wechselnden Freiern. Zur schmalen Oberschicht der Prostituierten zählten die gebildeten Hetären, die sehr teuer waren und häufig auf Zeit nur einem Freier zu Diensten standen. Solche Frauen, entweder frei geboren oder losgekaufte Sklavinnen, waren Ausnahmen, schon weil ihnen aufgrund ihres Wissens und Könnens der Aufstieg in den Ehestand möglich gewesen wäre. Ehefrauen im antiken Griechenland waren indes vollständig rechtlos, ihr Wirken auf das Haus beschränkt, und sie durften als sittsame Damen nicht an den beliebten Symposien teilnehmen, auf denen erotische und alkoholische Ausschweifungen gang und gäbe waren. Und bei denen die Feiernden nicht auf Stühlen saßen, sondern auf Couchen, so genannten Speisesofas lagerten, oftmals eine halbnackte Hetäre neben sich. Es ist vorstellbar, dass eine neugierige und selbständige Frau den Status der Hetäre dem Los einer aus dem gesellschaftlichen Leben weithin verbannten Gattin vorzog. Doch sie ging damit immer das Risiko der sozialen Ächtung ein. Die doppelte Moral war eine vollkommen gängige Erscheinung im alten Griechenland. Huren durften sich nicht auf dieselbe soziale Stufe stellen wie Ehefrauen; das gesamte weibliche Geschlecht rangierte unter dem männlichen.

Berühmt ist die hellenische Knabenliebe, die seinerzeit nicht, wie später im christlichen Abendland, tabuiert und pönalisiert wurde. Aber dass in Griechenland die männliche Bevölkerung großenteils homosexuell gewesen sei, ist ein Märchen, das die Abwesenheit eines Tabus überinterpretiert. Die Griechen kannten eine lange

Adoleszenz, geheiratet wurde spät, und die Schul- und Lehrzeit, die in den meisten Stadtstaaten der männlichen Jugend vorbehalten war, schloss Unterricht in erotischen Fragen und Praktiken ein. Die langen Jahre vor der Heirat waren allerdings nicht ausschließlich der Homosexualität geweiht. Für das kurze Glück im Bett sorgten auch Hetären, die von jungen Männern während ihrer Lehrzeit ausgehalten wurden. Porné war übrigens auch ein Schimpfwort, ganz wie heute in modernen Gesellschaften die »Hure« oder »Nutte«. Als Hetäre konnte eine Frau noch irgendwie zurechtkommen und, solange sie jung war, auf einen Ehemann hoffen. Eine Porné aber war völlig marginalisiert, auf sie sahen alle herab. In den Komödien der Zeit treten öfter mal Huren auf, sie sind meist selbstbewusst, schnippisch und manchmal witzig. Von daher mag die falsche Vorstellung stammen, Huren seien im Altertum gut gestellt und klug gewesen. Sie fanden sich eben einfach nur mit ihrer Randständigkeit nicht ab, waren kämpferisch und unverschämt.

Woher wir das alles wissen? Zum Beispiel aus den Komödien des Aristophanes, von etlichen Schilderungen nächtlicher Gelage, die uns überliefert sind, aber auch von den Illustrationen, die auf Mosaiken in Villen oder auf den Unmengen von Schalen, Krügen und Tellern aus der alten Zeit übriggeblieben sind. An erotischen Darbietungen hatte man seinerzeit offenbar eine reine Freude. Die Bezeichnungen dieser heute in Museen ausgestellten Exponate lauten zum Beispiel: »Zecher umarmt Hetäre beim Gelage« oder: »Flötenspielerin und Zecher auf dem Speisesofa« oder: »Flötenspieler und halbentkleidete Hetäre beim Gelage«. Es gibt viele explizite Darstellungen von Paaren beim Koitus. Außerdem besitzen wir Betrachtungen über die Sitten der Zeit bei großen Philosophen wie Platon und Aristoteles und bei Historikern wie Xenophon und Thukydides. Manches wissen wir aber auch nicht. Wie lebten Huren in einem Bordell? Wie standen Hetären zu ihrem Beruf? Was geschah mit ihren Kindern? Von ihnen selbst sind keine Aussagen überliefert.

Nicht einmal von Aspasia, der wohl berühmtesten Hetäre des klassischen Griechenlands. Sie war hoch gebildet, beeindruckte sogar den Philosophen Sokrates mit ihrer Klugheit und führte im Hause des Perikles (495-429 v. Chr.), als der zum Ersten Mann im Stadtstaat Athen aufgestiegen war, ein offenes Haus für die Geistesgrößen ihrer Zeit. »Wohl aber war ich gestern erst Zuhörer bei der Aspasia«, erzählt Sokrates durch den Mund seines Schülers und Chronisten Platon. »Von mir wäre es nunmehr wohl gar nicht zu verwundern, dass ich im Stande bin, Reden zu halten, denn ich hatte eine vorzügliche Lehrerin in der Kunst der Rede, eine Lehrerin namens Aspasia, die auch viele andere treffliche Redner gebildet hat, darunter einen, der sich vor allen Hellenen hervortut, ich meine den Perikles«. Aspasia besaß eine Gabe, die in der Antike besonders viel zählte: Sie konnte großartige Reden halten. Perikles war ebenfalls ein bedeutender Rhetoriker, ja, er verdankte diesem Talent seinen politischen Aufstieg in Athen. In Aspasia begegnete er einer Frau, die ihm gewachsen war und deren Rat er bei allen politischen Entscheidungen einholte. Offenbar hat sie ihn, wie Sokrates erzählen ließ, sogar in die Redekunst eingeführt. Der geschiedene Staatslenker und Heerführer soll die schöne Hetäre im Jahre 445 v. Chr. geheiratet haben, wobei jedoch andere Quellen nur von einem offen gelebten Konkubinat, nicht von einer Eheschließung, berichten. Eins ist aber sicher: Aspasia war die unangefochtene Gefährtin des mächtigen, durch Wahl ins Amt gekommenen Perikles, und sie mischte sich derart in die Staatsgeschäfte ein, dass das Volk von Athen ungehalten wurde.

Denn Aspasia war eine Ausländerin. Sie stammte aus Milet in Kleinasien (heute Türkei), einer Kolonie Griechenlands, und zog ungefähr zu jener Zeit nach Athen, als es Perikles gelungen war, eine Dauerfehde mit dem militärisch und wirtschaftlich konkurrierenden Stadtstaat Sparta vorläufig beizulegen. Der Frieden dauerte jedoch nicht lange, eine Provinz nach der anderen verweigerte die Tribute an die Führungsmacht Athen, der Peloponnesische Krieg (ab 431 v. Chr.) warf seine Schatten voraus. Die Athener fingen an, Perikles zu misstrauen, und dachten über seine Abwahl nach, zumal seine Beraterin, diese Frau aus der Fremde, ihnen ein Dorn im Auge war. Man warf Aspasia Götterlästerung vor – damals (und später) ein wohlfeiles Mittel, um unliebsame machtvolle Persönlichkeiten kalt zu stellen –und zerrte sie vor Gericht. Sie wurde freigesprochen.

Über Aspasias Jugend und ihren Bildungsweg wissen wir nichts. Sollte sie wirklich als Hetäre gearbeitet haben, muss sie aus kleinen Verhältnissen von Milet nach Griechenland aufgebrochen sein, um dort ihr Glück zu machen. Dass sie eine Hetäre war, ist aber nicht einmal ganz sicher. Manches spricht dafür, aber die Bezeichnungen, die ihr in den mannigfachen Kontexten, in denen ihr Name fiel, anhaften, können statt einer Berufsbezeichnung einfach nur Schimpfwörter gewesen sein. Denn beliebt war Aspasia nur in der intellektuellen Schicht, in der sie verkehrte. Das Volk sah in ihr eine Verführerin des Perikles, die von sonst woher kam, Regeln brach und eigentlich nicht mitreden durfte.

Dass sie das doch tat, dass sie auf Marktplätzen und bei Symposien an den dort stattfindenden Diskussionen teilnahm und somit das Verbot für Frauen, sich in der Öffentlichkeit zu zeigen und zu profilieren, überschritt, spricht für ihren außerordentlichen Mut und ihre Durchsetzungsfähigkeit. Allerdings hätte sie ihre beispiellose Karriere ohne die schützende Hand des Perikles kaum verfolgen können. Das Paar bekam einen Sohn, ebenfalls Perikles geheißen, der es zu einer hohen politischen Stellung brachte. Perikles (Vater) starb 429 v. Chr., bald nach Ausbruch des finalen Krieges mit Sparta. Die viel jüngere Aspasia heiratete nach seinem Tod noch einmal. Über den Verlauf dieser zweiten Ehe und den Zeitpunkt ihres Todes ist nichts bekannt.

Kleopatra VII.

Die letzte Königin des Ptolemäer-Reiches

* um 69 v. Chr. in Alexandrien.
† 30 v. Chr. in Alexandrien

Die ägyptische Stadt Alexandria, in der Königin Kleopatra (wahrscheinlich im Jahre 69 vor unserer Zeitrechnung) zur Welt kam, hieß nach ihrem Gründer, dem mazedonischen Feldherrn Alexander dem Großen. Der hatte einst Ägypten unterworfen, das aber seiner Kraft und Ausstrahlung als Großmacht damals schon längst verlustig gegangen war und seit etwa zweihundert Jahren unter der Besatzung und Oberherrschaft der Perser litt. Alexander also konnte sich in Ägypten als Befreier von persischer Vormundschaft inszenieren, und das tat er auch. Einen seiner Generäle, Ptolemäus mit Namen, setzte er als Regenten auf den Pharaonenthron. Und so begann um das Jahr 320 v. Chr. die Dynastie der Ptolemäer in Ägypten. Man sprach Griechisch in dieser Oberschicht und bemühte sich, griechischen Lebensstil mit ägyptischer Tradition zu vereinbaren.

Kleopatra, Tochter des Ptolemäus XII., wurde in eine kriegerische Welt hineingeboren. Mittlerweile war Rom zur militärischen Vormacht im Mittelmeerraum aufgestiegen, die Ptolemäer hatten sich mit diesem neuen Imperium arrangieren müssen und kamen ganz gut mit ihm aus. Kleopatras Vater musste gegen Ende seines Lebens eines Aufstandes wegen nach Rom flüchten, um dort militärische Unterstützung zu erbitten; er kehrte mit einem Geleitzug römischer Soldaten zurück. Ein junger Kavallerist aus dieser Schutztruppe hieß Marcus Antonius; man sagt, er habe die fünfzehnjährige Königstochter Kleopatra damals schon kennen gelernt und nicht wieder vergessen. Deren Vater Ptolemäus sah sich derweil einer Hofintrige ausgesetzt, in deren Verlauf er seine eigene Tochter Berenike wegen Hochverrats zum Tode verurteilen ließ. Seine loyale Tochter Kleopatra bestimmte er zur Nachfolgerin. Diese heiratete nach altem ägyptischem Brauch (formell) ihren jüngeren Bruder Ptolemäus XIII., der noch ein Kind war, und übernahm mit ihm zusammen nach dem Tod des Vaters im Jahr 51 v. Chr. die Regierung Ägyptens. Bei ihrer Thronbesteigung war sie achtzehn Jahre alt.

Da ihr Vater ein kunstsinniger Herrscher gewesen war, der sich sehr um Bildung bemühte, geht man davon aus, dass Kleopatra und ihre Geschwister eine anspruchsvolle Erziehung genossen und sogar in Politik, Verwaltungswesen und Kriegskunst Grundkenntnisse erworben haben. Unterrichtet wurden sie auch in Musik, Malerei und Poesie. Neben ihrer Muttersprache Griechisch konnte Kleopatra Hebräisch und Arabisch. Interessant ist, dass sie auch Ägyptisch sprach, die Mundart des Volkes, die zu sprechen in der mazedonischen Führungsschicht unüblich war.

Als Co-Regentin eines Landes, das nicht unabhängig, sondern der Großmacht Rom tributpflichtig war, musste Kleopatra VII. von der ersten Stunde ihrer Regierung an taktieren und Rücksicht nehmen: auf die römische Garnison in ihrer Stadt und deren Befehlshaber im fernen Italien, auf den ägyptischen Untergrund, der die römische Vorherrschaft abschütteln wollte, auf das Volk, das sich gegen die hohen Steuern wehrte und auf den Hof und das Militär, die sich lange Zeit schon in Intrigen und Umsturzversuchen geübt hatten. Sie lernte viel über die Machtverhältnisse ihrer Zeit, wechselte die Allianzen, blieb im Wesentlichen aber Rom-freundlich. Das machte ihre Lage immer dann prekär, wenn Rom-feindliche Kräfte am Hofe und im Militär die Oberhand gewannen, wie es häufig vorkam. Die Ratgeber des minderjährigen Ptolemäus XIII. gehörten in ihrer Mehrheit zu dieser Rom-feindlichen Fraktion, sie brachten die Geschwister also gegeneinander in Stellung. Obwohl Kleopatra die Sprache des Volkes sprach, war sie in der Großstadt Alexandria nicht beliebt – man bevorzugte ihren unmündigen Bruder, dessen Ratgeber die Propaganda verbreiteten, ein unabhängiges Ägypten sei besser dran.

Im Jahre 49 v. Chr. war es dann so weit: Kleopatra wurde von der Regierung verdrängt, die gegen Rom eingestellten Berater ihres Bruders übernahmen die Führung. In Rom aber herrschte auch kein

Frieden. Dort erwies sich die Herrschaft der »Triumvirn« (= dreier Männer) Caesar, Crassus und Pompeius als brüchig. Statt gemeinsam das Reich zu regieren, fielen die drei Feldherrn übereinander her, und Pompeius, der einst Kleopatras Vater mit einer Kompanie zur Hilfe geeilt war, flüchtete nach Ägypten, um dort seinerseits militärische Unterstützung als Gegenleistung einzuklagen. Die Ägypter aber, die Ratgeber des erst zwölfjährigen Ptolemäus, schwenkten nun um. Sie hatten verstanden, dass der kommende starke Mann Roms Caesar hieß. Schließlich hatte der gerade ganz Gallien erobert. Sie ließen Pompeius ermorden, um sich so auf die Seite Caesars zu schlagen. Zwar war Kleopatra zu der Zeit nicht verantwortlich und in ihrem eigenen Land auf der Flucht, war bei Getreuen untergetaucht, aber sie spürte jetzt den Wind der Zeit in ihrem Rücken und kehrte insgeheim in die Hauptstadt zurück. Als sie erfuhr, dass Caesar in Alexandria gelandet war, um in seinem Protektorat nach dem Rechten zu sehen, ließ sie sich des Nachts, eingerollt in einen Teppich, in dessen Gemächer tragen. Caesar war höchlich erstaunt über diesen Coup, und er konnte nicht anders, als sein Herz an Kleopatra verlieren. Allerdings ging es erst einmal nicht um Liebe, sondern um Krieg. Die Rom-feindlichen Berater des Ptolemäus besannen sich auf ihre alten Vorbehalte, sie fürchteten die Rache einer mit Caesar verbündeten Kleopatra. Also mobilisierten sie die ihnen gewogenen Teile des Heeres. Caesar und Kleopatra taten dasselbe, und so kam es zum Alexandrinischen Krieg. Wechselvoll ging es hin und her, bis Caesars Truppen, unterstützt von weiteren römischen Legionen, die Entscheidungsschlacht gewannen. Der arme junge Ptolemäus XIII ertrank auf der Flucht im Nil, wie etliche seiner Soldaten. Jetzt war Kleopatra Alleinherrscherin. Sie bestieg den Thron noch einmal, und die Königin und der siegreiche Caesar feierten – den Sieg und ihre Liebe. 47 v. Chr. gebar Kleopatra ihren Sohn Caesarion.

Caesar musste noch viele Schlachten schlagen, er zog zurück nach Rom und von da aus ins Feld. In der Schlacht bei Zela bezwang er den König des Bosporianischen Reiches, sein Ausspruch nach dem Sieg: »Veni, vidi, vici« (= »Ich kam, ich sah, ich siegte«) wird heute noch zitiert. Es ist unklar, ob das Paar verabredet hatte, dass Kleopatra nach den absehbaren Siegen Caesars ebenfalls nach Rom segeln sollte oder ob sie es auf eigene Faust tat. Im Sommer 46 jedenfalls schiffte sie sich mit Sohn und Gesinde ein und legte rechtzeitig zu Caesars Triumphzug am Hafen vor der Metropole an. Ihre Pläne waren hochfliegend: Sie wusste, dass Caesar vorhatte, den römischen Senat zu entmachten und sich zum Alleinherrscher des Imperium Romanum aufzuschwingen. Dabei wollte sie an seiner Seite stehen, als sein Eheweib und seine Kaiserin, mit Caesarion als Erbe. Was ihr vorschwebte, war ein Römisch-Ägyptisches Großreich.

Caesar aber war bereits verheiratet. Und er wusste genau, dass eine Verstoßung seiner Frau Calpurnia und eine öffentliche Verbindung mit der ehrgeizigen Ägypterin ihm politischen Ärger einbringen würde. Also brachte er Kleopatra in einer seiner großartigen Villen am Tiber unter und feierte dort mit ihr rauschende Feste, weiter ging er nicht. Den Senatoren allerdings genügte die Anwesenheit der herrischen Pharaonin aus dem fernen Ägypten, um ihr Misstrauen gegen die Ambitionen Caesars aufs Äußerste zu steigern. Sie besannen sich auf ihre republikanischen Traditionen und ermordeten Caesar an den Iden des März im Jahre 44; es war ein Hinterhalt, einige der scheinbar treuesten Vasallen führten die Dolche. Kleopatra und die Ihren begriffen, was die Stunde geschlagen hatte. Um der Verhaftung zu entgehen, packten sie rasch ihre Körbe und Truhen und flohen des Nachts per Boot zurück an den Nil.

Nach dem Mord an Caesar bricht in Rom ein Bürgerkrieg aus. Der Offizier Marcus Antonius ist ein treuer Gefolgsmann seines Generals auch nach dessen Tod; er führt jetzt die Caesarianer gegen die Verschwörer an und stellt die Ehre Caesars mit seinem großen rhetorischen Talent wieder her. Kleopatra hat er mehr als einmal wieder gesehen; er weiß, dass er auch in ihrem Sinne handelt, wenn er reinen Tisch macht und die Attentäter streng bestraft. Eine Zeitlang regiert er als eine Art stellvertretender Konsul, gestützt auf seine Truppen, die Stadt und das Imperium. Dann meldet Octavian, der Adoptivsohn Caesars, von diesem testamentarisch zum Nachfolger bestimmt, seine Ansprüche an. Es kommt zum zweiten Triumvirat in Rom: Marcus Antonius, Octavian und der altgediente Caesarianer Lepidus teilen sich die Macht.

Kleopatra hat derweil in Alexandria viel zu tun, sie muss gegen Seuchen und Hungersnöte kämpfen und durch die Inthronisierung ihres kleinen Sohnes als Mitregenten ein Zeichen setzen: Sie steht zu den Caesarianern! Die fügen im Jahre 42 bei Philippi in Makedonien den Caesarmördern Crassus und Brutus eine schwere Niederlage zu. Jetzt ist Marc Anton der unumstrittene Sieger, es gilt, die neu errungene Macht zu festigen. Rom braucht mehr Soldaten, und Marc Anton erinnerte sich an Kleopatra. Ihr Land war, aller Nöte und Aufstände zum Trotz, immer noch reich, Marc Anton wollte es kennenlernen. Er schickte einen Kurier, der die Königin nach Tarsos (heute Süden der Türkei) laden sollte. Und Kleopatra erschien: in einem luxuriös ausgestatteten Schiff mit roten Segeln. Sie selbst soll den neuen Imperator in einem durchsichtigen Gewand empfangen und sofort verführt haben. Man kannte sich ja schon und musste nicht lange reden. Mark Anton folgt Kleopatra nach Alexandria und verbringt mit ihr die Tage und die Nächte. Noch einmal hat die ägyptische Königin den Lenker des weltweit größten Imperiums an ihre Seite gezogen, noch einmal will sie alles wagen und gemeinsam mit dem Sieger von Philippi die Welt regieren. Marc Anton und Kleopatra heiraten und bekommen Zwillinge. Seine neue Familie und die ägyptische Lebenslust mit ihren üppigen sinnlichen Freuden nehmen den siegreichen Feldherrn ganz gefangen. Und er macht den Fehler seines Lebens: Er vergisst Rom.

Rom aber hatte ihn nicht vergessen. Man verdammte ihn, der, statt Staatsgeschäften nachzugehen und endlich die versprochene militärische Hilfe zu schicken, einer Ägypterin hörig war und sie und ihre Kinder mit den Einkünften aus mühsam eroberten Provinzen überhäufte. Die politischen Gegner des Antonius bekamen Oberwasser. Auch seine Mitregenten im Triumvirat, vor allem Oktavian, übten öffentlich Kritik an diesem Knecht der Ptolemäer. Es blieb Antonius nichts anderes übrig, als nach Rom zurückzukehren.

Aber es war schon zu spät. Auch als Marc Anton die Schwester Octavians – ungeachtet seiner ehelichen Verbindung mit Kleopatra – heiratete, konnte er sich in Rom politisch nicht mehr halten. Octavian enthob den Gegner aller seiner römischen Befugnisse und erklärte Ägypten den Krieg. In der Seeschlacht von Actium im Jahre 31, zu der Kleopatra ihn gedrängt haben soll, erlitt Marc Anton eine vernichtende Niederlage. So, verlassen vom Kriegsglück und womöglich sogar von seiner Königin, stürzte er sich in sein Schwert.

Es gibt die These, dass Kleopatra hinter dem Rücken Marc Antons, dem sie seine Treulosigkeit nicht verzieh, die Verständigung mit Octavian gesucht und sich schon vor der Schlacht von Actium dem späteren Kaiser Augustus zugewandt habe. Dafür spricht, dass Antonius während des Gefechts von seiner eigenen Flotte im Stich gelassen wurde. Dagegen, dass Kleopatra sich ihrerseits das Leben nahm: durch den Biss zweier Schlangen, die sie auf ihre entblößte Brust setzte. Sie war die letzte Herrscherin aus dem Geschlecht der Ptolemäer.

Theophanu

Eine römisch-deutsche Kaiserin aus Byzanz

* um 955 n. Chr. im Oströmischen Reich
† 991 n. Chr. in Nimwegen

Ach, wenn er die Augen doch noch einmal aufschlüge! Aber er stöhnt nur, er ist nicht mehr bei sich. Ich halte ihn, ich drücke seine Hand. Das hilft nicht. Der Tod ist da. Und so jung ist mein Gemahl, erst achtundzwanzig Jahre. Er hat Schlachten gewonnen und verloren, das Reich regiert, Abtrünnige gestraft, manchen Gefahren getrotzt und zu Wasser und zu Lande seine Krone und sein Leben verteidigt – und jetzt wirft ihn ein vermaledeites Fieber nieder und trübt seinen Geist, zersetzt sein Fleisch. O Gott, sei seiner Seele gnädig. Die Kaiserin, ganz in Tränen, bleibt bei ihrem Mann, bis sein Herz und sein Atem stillstehen. Sie ist im gleichen Alter wie der Sterbende. Vier Kinder hat das Paar, drei Töchter, einen Sohn. Und dieser Sohn, gerade erst in seinem dritten Lebensjahr, wird nun zum Nachfolger berufen. Doch wer wird bis zu seiner Volljährigkeit die Regentschaft übernehmen? Die Kaiserin erhebt sich, streckt sich, trocknet ihre Tränen. Der Kaiser ist tot. Wer lebt, ist die Kaiserin. Sie wird die Zügel ergreifen und fest in der Hand halten, bis ihr Sohn groß genug ist, um an die Spitze des Reiches zu treten.

Und so kam es. Kaiserin Theophanu übernahm die Regentschaft und herrschte im römisch-deutschen Reich acht Jahre lang für ihren Sohn Otto III., prägte dabei aber ihr Zeitalter durch kluge Politik und eigenen Stil weit nachhaltiger, als man es von einer bloß stellvertretenden Regentin erwarten würde. Theophanu war eine große Frau und bedeutende Kaiserin, ihrem Gatten Kaiser Otto II. mindestens ebenbürtig, und sie trug viel dazu bei, dass das Zeitalter der Ottonen als ein glanzvolles in der Überlieferung fortlebt. Ihr Stern sank erst mit ihrem Tod, der sie im Jahre 991 n. Chr. ereilte.

Theophanus Lebensdaten sind nicht ganz gesichert. Sie kam wahrscheinlich um 955 n. Chr. zur Welt. Mit etwa siebzehn Jahren wurde sie dem gleichaltrigen Otto II. angetraut, der damals »Mitkaiser« an seines Vaters Seite, Ottos I., des Großen, war. Es gab eine prunkvolle Hochzeit in Rom, 972, auf der Heiratsurkunde wird Theophanu als »Mitkaiserin« aufgeführt – sie erhält also gleich Titel und Würden, außerdem Ländereien in Italien, auch in nördlichen Bezirken. Die nach byzantinischem Vorbild auf Purpurpergament in Goldschrift geschriebene, reich verzierte Heiratsurkunde gilt als das schönste Dokument des europäischen Mittelalters und ist heute im Staatsarchiv von Wolfenbüttel zu besichtigen. In dieser Urkunde übertrug Otto II. seiner Frau große Gebiete: die Provinz Istrien, die italienische Grafschaft Pescara, ausgedehnte Güter am Niederrhein, in Westfalen, im Harz und in Thüringen sowie eine ganze Reihe von Abteien und Pfalzen. All diese Verträge, Schenkungen und Urkunden haben natürlich einen politischen Hintergrund – die ganze Heirat war ein politischer Akt, und obwohl Otto und Theophanu einander herzlich zugetan waren, kamen sie nicht aus persönlichen, sondern ganz allein aus machtpolitischen Gründen zusammen. Theophanu war eine byzantinische Prinzessin. Zur Zeit ihrer Geburt hatte es beträchtliche Spannungen zwischen Otto dem Großen und Byzanz gegeben: Es ging um die Oberhoheit in Italien und um den Kaisertitel. War Otto, der einem sächsischen Herzogsgeschlecht entstammte, eher berechtigt, sich Römischer Kaiser zu nennen, als die Herrscher Ostroms, die sich auf eine weit gewichtigere Tradition stützen konnten? Man löste die Frage heiratspolitisch. Eine Ehe zwischen dem Nachfolger Ottos I. und einer byzantinischen Braut sollte Ost und West versöhnen und beiden etwas einbringen: Otto den Kaisertitel und Byzanz die Rückgewinnung seiner italienischen Stützpunkte, die der Sachse besetzt hatte und nun bereit war zu räumen. Der Handel kam zustande, und der Frieden hielt – ganz wie die Ehe zwischen Otto und Theophanu.

Allerdings war das schöne, kluge und elegante Mädchen, das aus der hoch entwickelten byzantinischen Kultur in das weit gröbere, ländlichere und tumbere Milieu deutscher Fürstenhöfe versetzt wurde, gar nicht die Traumprinzessin, die sich Otto der Große als

Schwiegertochter und Otto II. als Eheweib versprochen hatten. Als Persönlichkeit war sie es gewiss – aber leider nicht von ihrer Abstammung her. Die Brautwerber kehrten denn auch ziemlich bedrückt mit Theophanu nach Rom zurück, und Ottos I. Ratgeber drängten darauf, dieses unpassende Mädchen sofort wieder ostwärts heimzuschicken. In Byzanz hatte es nämlich eine Palastrevolte gegeben. Der rechtmäßige Kaiser war abgesetzt worden und ein Usurpator hatte den Thron erklommen. Der wollte natürlich für Otto eine Gattin aus seinem Hause zur Ehe- und Friedensschließung nach Rom schicken. Er wählte seine Nichte Theophanu, ein Mädchen mit Verstand und Ehrgeiz. Aber die rechtmäßige Abstammung konnte er ihr nicht mitgeben.

Am Ende kam es dann doch zur Hochzeit. Otto I., der mit dieser Schwiegertochter auch den neuen byzantinischen Herrscher anerkannte, reagierte als Pragmatiker: Er nahm, was kam. Aber er reagierte auch als Mann: Die selbstbewusste kleine Griechin gefiel ihm außerordentlich. Er lächelte, als er sie seinem Sohn zuführte. Und die anfänglichen Spannungen zwischen Theophanu und Ottos des Großen Frau Adelheid entsprangen gewiss auch einer berechtigten Eifersucht der Schwiegermutter. Schon ein Jahr später aber starb Otto der Große. Der Tod eines Herrschers ruft stets unzufriedene Vasallen, machtbewusste Emporkömmlinge und gewissenlose Intriganten auf den Plan. Die legitimen Nachfolger müssen handeln: durch Sicherung der Grenzen, kluge Bündnisse, erfolgreiche Waffentaten. So also waren Otto II. und seine beiden Kaiserinnen Adelheid, die Mutter, und Theophanu, die Gattin, aufgerufen, ihre Kräfte als Einiger, Verteidiger und möglichst Vergrößerer des Reiches unter Beweis zu stellen. Was sie auch taten.

Der deutsche (und römische) Kaiser musste zu jener Zeit geschickt zwischen verschiedenen Adelshäusern lavieren und auch zusehen, dass er die Geistlichkeit auf seiner Seite hielt. Theophanu sieht sich in ihrer politischen Mitwirkung anfänglich von Schwiegermutter Adelheid in den Schatten gestellt, die eine Familienpolitik betreibt, für deren Nachvollzug der Griechin die Kenntnisse fehlen. Aber ihre

Fremdheit ist auch ihr Vorteil: Sie muss keine Vettern und Cousinen ruhigstellen. In Kanzler Willigis, Erzbischof von Mainz und einer der bedeutendsten Staatsmänner des 10. Jahrhunderts, gewinnt sie einen Freund, und gemeinsam mit ihm gelingt es ihr, Otto II. auf eine weitsichtige europäische Politik einzuschwören. Willigis und Theophanu klären Otto auch über die umstürzlerischen Absichten des Herzogs Heinrich von Bayern auf. Dieser Fürst, Heinrich der Zänker genannt, sollte dem Herrscherhaus noch manche Schwierigkeit bereiten und von Otto mehrfach in Haft genommen werden.

Theophanu wird erst einige Jahre nach ihrer Verheiratung erstmals Mutter – danach allerdings bringt sie jedes Jahr ein Kind zur Welt. Immerhin bleibt ihr Zeit genug, sich in die Regierungsgeschäfte einzuarbeiten, die wichtigen Verkehrssprachen ihrer Zeit zu lernen und sich mit Hilfe von Willigis einen Überblick über die politische Lage ihres weit ausgedehnten Reiches zu verschaffen. Sie tut viel für Kunst und Kultur an den deutschen Höfen, und sie führt einen urbanen Lebensstil ein, neue Stoffe und Moden, zieht Künstler und Gelehrte an die Pfalzen und Abteien. Eine Residenz gab es damals nicht. Der Kaiserhof reiste von Pfalz zu Pfalz, mit einem riesigen Gefolge – zur Freude der ortsansässigen Händler, zum Entsetzen der Verwalter und Wirtschafter der jeweiligen Burg, denen es nicht immer gelang, alles parat zu haben, wenn der Hof anrückte. Ostern verbrachte man meist in Quedlinburg, der Stadt am Harzrand, die heute noch mit dem Namen Theophanu für sich wirbt.

Als Otto II. im Jahre 983 nach der verlorenen Schlacht bei Cotrone (gegen die Sarazenen) überraschend an Malaria stirbt, ist das Reich trotz der Niederlage einigermaßen stabil, und Theophanu kann seine Politik dank ihres Weitblicks und ihrer energischen Hand fortsetzen und erneuern. Heinrich der Zänker, der aus der Haft entwichen ist, wagt es, Theophanus Sohn Otto (den nachmaligen Otto III.) zu entführen, aber er kommt nicht weit. Es gelingt der Kaiserin, genügend deutsche Fürsten auf ihre Seite zu ziehen, um Heinrich bei seinem Griff nach der Macht aufzuhalten. Theophanu – unterstützt von Adelheid und Willigis – kann ihre Autorität behaupten und die

Einheit des Reiches wahren. Sie taktiert, kämpft, führt Kriege, hält Gerichtstage, schließt Bündnisse und lässt ihre Kinder in sächsischer und griechischer Tradition zugleich erziehen. Und sie zeichnet Urkunden mit der lateinischen Formel: *Theophanus divina gratia imperator augustus – Theophanu, erhabener Kaiser von Gottes Gnaden.*

Die Kaiserin stirbt etwa 36-jährig in der Pfalz Nimwegen – entweder an einer Lungenentzündung oder an einer Epidemie, die gerade ausgebrochen war. Man spekuliert auch, dass sie einem Giftanschlag aus Kreisen um den französischen König Hugo Capet zum Opfer gefallen sein könnte. Sie hatte ihn bei seinem Kampf um die Krone unterstützt, was Hugo ihr aber schlecht lohnte, indem er sich gegen sie verschwor. Was auch immer es gewesen ist, das zu ihrem frühen Ende im Jahre 991 führte, sie verließ diese Welt in dem Bewusstsein, für ihren Sohn und Nachfolger Otto III. die römisch-deutsche Kaiserwürde gewahrt und alles getan zu haben, was nötig war, um das römisch-deutsche Reich zu vereinen und zu stabilisieren. Ihre Gebeine ruhen – auf ihren Wunsch – in der Kirche St. Pantaleon zu Köln, die zu ihrem Lieblingskloster gehörte.

Hildegard von Bingen

Visionärin und Predigerin

* 1098 in Bermersheim vor der Höhe
† 1179 in Bingen am Rhein

Als Kind ging Hildegard in ein Kloster – und sie blieb, so sagt sie von sich selber, immer ein Kind: unschuldig-gläubig, sinnenfroh, glücklich staunend über die Wunder der Welt; aber auch schwach, gering sich fühlend, unwissend, kränklich, ganz und gar angewiesen auf Zuwendung und Gnade eines liebenden Vaters: Gottes. Wie eine leichte und zarte Feder im Wind sei sie sich selber vorgekommen, hat Hildegard gesagt. Der Wind aber, das war Gottes Atem, und er hielt sie, trug sie, erhöhte sie.

Die »kindlich« schauende Visionärin Hildegard von Bingen war bei all ihren Schwächen – sie war häufig krank, weiblichen Geschlechts und als Nonne zu Gehorsam und Verzicht erzogen – eine außerordentlich energische Person, ein rebellischer Geist, eine zähe Verhandlerin, eine kraftvolle Predigerin und eine unermüdliche Gottsucherin. Ob es der Atem Gottes war, der sie so stark machte, oder einfach ihre bei aller Hinfälligkeit so unermüdliche und durchsetzungsfähige Natur – wir müssen es offen und wir können es uns egal sein lassen. Hildegard von Bingen hat als schlichte Benediktinerin tiefe Spuren in ihrem Zeitalter hinterlassen – in denen viele heute noch mit Hingabe lesen.

Sie wurde 1098 als zehntes Kind des hoch gestellten Edelfreien Hildebert auf Gut Bermersheim bei Alzey südlich von Mainz im Rheinhessischen geboren. Von zarter Konstitution, war sie untauglich für die meisten Spiele, aber auch die üblichen Beschäftigungen für Mädchen reizten sie wenig. Stattdessen versenkte sie sich gern ins Gebet. Die Eltern gaben das fromme Kind im Alter von acht Jahren ins Kloster Disibodenberg, wo es mit einer gleichaltrigen Gefährtin und einer »Magistra« namens Jutta von Sponheim, einer Lehrerin und Mentorin, in strenger klausnerischer Abgeschiedenheit lebte und in die Mysterien des Glaubens und des Gottesdienstes eingewiesen wurde. Auch lernte sie ein wenig Latein und erhielt Unterricht in Grammatik, Rhetorik, Arithmetik, Geometrie, Astronomie und Musik. Hildegard ist später einmal gefragt worden, ob sie es richtig finde, ein noch nicht entscheidungsfähiges Kind der Welt zu entziehen und es geistlicher Zucht zu überantworten, und sie hat mit einem »eher nicht« geantwortet.

Gleichwohl hat die kluge Nonne jene dreißig und mehr Jahre, die sie in stiller Klausur zubrachte, nicht als Gefangenschaft empfunden. Sie hat viel gelernt – vor allem natürlich Bibelkunde und Theologie, allerdings nichts davon systematisch, denn wirkliche Bildung wurde dem weiblichen Geschlecht auch im Kloster damals kaum zuteil. Sie konnte indes ihren Stand als Braut Christi in einer Weise für die Kontemplation benutzen, die auch zu ihrer Zeit selten war. So vermochte sie es, sich derart tief in ihren Wunsch zu versenken, Gott für seine Wunder zu danken, dass sie durch allerlei halluzinatorische Lichterscheinungen hindurch tatsächlich so etwas wie Antworten und Zeichen erhielt. Ihre »Schauen« festigten ihren Glauben und gaben ihr Zuversicht, und sie erhoben sie später, als sich ihre visionäre Kraft herumgesprochen hatte, in den Rang einer Weisen, einer Prophetin und einer Heiligen.

Aber es ist so eine Sache mit übernatürlichen Fähigkeiten. Woher soll man wissen, ob sie göttlichen Ursprungs sind oder ob es sich nicht um ein Gaukelspiel des altbösen Feindes handelt? Hildegards Magistra gab dem Kinde den Rat, von seinen Visionen lieber nichts weiter zu erzählen, und das Mädchen hielt sich daran. Als sie jedoch, inzwischen selbst Magistra geworden, mit 42 Jahren aus den Klostermauern heraustritt, um der Stimme Gottes, die sie nach draußen in die Welt ruft, zu folgen, verbirgt sie ihre Sehergabe nicht mehr: »Ein feuriges Licht sah ich aus dem geöffneten Himmel kommen. Es durchströmte meine Brust gleich einer Flamme, die jedoch nicht brennt, sondern wärmt.«

Ihre ersten Werke sind religiöse Schriften: Sie muss mitteilen, was sie jahrzehntelang an Offenbarungen Gottes gefühlt und erlebt hat.

Da ihr Latein mangelhaft ist, diktiert sie einem Mönch ihre Texte, der diese formal korrigiert. Was sie zu sagen hat, ist eine Auslegung der Schrift, eine Kritik an der Kirche, am Geist der Zeit, an der sich formierenden Scholastik, die den Glauben rational begründen und Gott logisch beweisen will. Sie geißelt die Laster eines in Üppigkeit versinkenden Klerus, ohne sich jemals grundsätzlich gegen die Kirche zu stellen. An Gleichheit glaubt sie nicht: Wie in der kirchlichen Hierarchie gibt es ihrer Ansicht nach auch in der Welt Oben und Unten, und das hat Gott so gewollt. Den Autoritäten muss man gehorchen, und wer nichts zu melden hat, soll sich dem Ratschluss der Edlen fügen. Also bleibt Hildegard in ihren Grundansichten die Tochter einer aristokratischen Familie, als die sie geboren wurde. Und doch ist sie eine Rebellin, übertritt Grenzen, die in ihrer Zeit sehr scharf gezogen waren: Sie ist eine Frau. Und »einer Frau gestatte ich nicht, dass sie lehre«, hat schon der Apostel Paulus gesagt. Hildegard aber schreibt Bücher. Sie schreibt Pergament auf Pergament voll – ein frühes wichtiges Werk heißt *Scivias* (= Wisse die Wege). Sie bringt ihre Deutung der Bibel, der Zeit und des Lebens und ihre Vorstellung vom Heil unters Volk – und sie predigt. Damit hat sie, nachdem sie aus der Stille und dem Schatten ihrer Klause herausgetreten ist, zu viele Tabus verletzt, um nicht den argwöhnischen Blick der Kirchenoberen auf sich zu ziehen. Als ihre Klause für die anwachsende Gemeinschaft der frommen Frauen nicht mehr genügend Platz bietet, fasst Hildegard von Bingen den revolutionären Entschluss, auf dem Rupertsberg bei Bingen ein neues Frauenkloster zu errichten. Auf eigene Rechnung will sie ein Nonnenkloster erbauen lassen! Das ist zu viel. Dieser allzu umtriebigen Schwester Hildegard muss Einhalt geboten werden.

Zuerst prüft Abt Bernhard von Clairvaux, ein Mystiker wie sie, ihre Visionen. Er ruft gerade zum Kreuzzug ins Heilige Land auf, hat andere Sorgen als eine aufsässige Nonne. So werden Hildegards Schriften, in denen sie ihre »Schauen« in Worte fasst, bis zu Papst Eugen III. hinauf weiter gereicht. Dieser Papst findet nun aber, gemeinsam mit seinen Kardinälen, großen Gefallen an Hildegards

Auslegungen. Da verteidigt eine Seherin – trotz aller Kritik – die Kirche gegen die Ketzer, und so eine Stimme ist in einer Zeit der Wirren und des Abfalls vom wahren Glauben unschätzbar. Dass diese schöne Stimme, der »Posaunenklang vom lebendigen Licht«, wie Hildegard sich selber nennt, das falsche Geschlecht hat – darüber sieht man in dieser ersten Runde der Auseinandersetzung zwischen der schreibenden Nonne und der kirchlichen Hierarchie großzügig hinweg.

In der zweiten wird es dann ernst. Für das Nonnenkloster, das Hildegard auf dem Rupertsberg bei Bingen gründen will, erhält sie zunächst keine kirchliche Erlaubnis. Der Abt von Disibodenberg, dem sie unterstellt ist, will sie nicht ziehen lassen, denn dass eine Nonne sich als Gründerin betätigt, ist nicht üblich und nicht gottwohlgefällig. Das gab es noch nie. Was ist mit dem Gelübde des Gehorsams, das Hildegard abgelegt hat? Lange kämpft die Seherin um die Verwirklichung dieser ihrer Lieblingsvision – bis sie sich schließlich doch noch durchsetzt. Ihre Herkunft spielt bei diesem ihren Kampf um den Bau des Nonnenklosters eine wichtige Rolle – Verwandte von ihr sitzen in wichtigen klerikalen Gremien und unterstützen ihre Pläne, auch mit materiellen Zuwendungen. 1150 ist es so weit – sie kann samt ihren Mitschwestern in ein »eigenes« Kloster umziehen. Zwei Jahre später kommt ein neues Gotteshaus hinzu. Glücklich beginnen die Nonnen unter Äbtissin Hildegard ihr gottesfürchtiges Leben ohne männliche Gängelung.

Doch haben sie es anfangs sehr schwer. Von den kirchlichen Hierarchen wird das ungeliebte Kloster schlecht versorgt, so dass es kaum genug zu essen gibt. Als weitere Stiftungen von Hildegards Familie und allerlei sonstige Zuwendungen den Rupertsberg mit der berühmten Äbtissin unabhängig machen von kirchlicher Gunst, ist es der Stil des Gottesdienstes, der bei den männlichen Amts- und Glaubensbrüdern auf Kritik stößt: die Nonnen seien in Seide gekleidet, und sie sängen zu laut. Was gemeint ist: zu kunstvoll. Allen Ernstes verhängen die neidischen und machthungrigen Prälaten im Jahre 1178 ein »Interdikt« über den Rupertsberg, das den Nonnen das Singen verbietet. Wieder muss Hildegard, inzwischen eine alte Frau, verhandeln, kämpfen, Schriftstücke aufsetzen, taktieren und wüten, um in Freiheit den Gottesdienst so gestalten zu können, wie sie es für richtig hält und wie ihre Nonnen es lieben. Sie siegt am Ende.

In einer Lebensbeschreibung der Heiligen Hildegard heißt es, dass sich nach ihrem Tode im Jahre 1179 eine wunderbare Lichterscheinung in Kreuzesform über ihrem Sterbegemach gezeigt habe. Es wurde gedeutet als Zeichen Gottes, der seine Tochter in die Herrlichkeit des Himmels holte.

Hildegard hat nicht nur Traktate, Predigten, Gebete und Gedichte verfasst, sie hat auch Choräle komponiert und Psalmen vertont. Zu ihren Werken gehört eine Naturkunde, und sie hat sich um die Heilkunst verdient gemacht – bis heute werden ihre Rezepte für Hausmittel und Kräutertees verbreitet. Ihr theologisches Vermächtnis ist ihr unbeirrbarer Glaube an die Liebe Gottes: Für sie war Gottvater kein rächender Geist, sondern ein gnädiger Schöpfer, und sein Ebenbild, der Mensch, dazu fähig, das Heil auf Erden betend und Gott suchend zu erwirken. Hildegard von Bingen starb im September 1179 im Kloster Rupertsberg. Sie wurde heiliggesprochen.

Eleonore von Aquitanien

Eine Königin mit zwei Kronen

* 1122 in Poitiers
† 1204 bei Chinon

Wo liegt Aquitanien? Als die Fürstentochter Eleonore im Jahre 1122 in Poitiers zur Welt kam, war das Herzogtum mit seinen reichen Burgen und Städten La Rochelle, Bordeaux, Poitiers, Chinon, Angoulême und Limoges eine blühende Region und deshalb umkämpft, es grenzte im Süden an die Pyrenäen, im Westen an den Atlantik und im Norden an die Loire. Eleonore war das älteste Kind des Herzogs Wilhelm X. von Aquitanien und seiner Frau Aenor von Châtellerault und blieb die Erbin, da ihr Bruder im Kindesalter starb. Die Eltern und Verwandten, besonders ihr Onkel Raimund, förderten das wissbegierige Mädchen, lehrten es reiten und fechten und die Kunst der Troubadoure bewundern. Dass sie das Lateinische beherrschte, ist verbürgt; mithin war sie imstande, an den theologischen Disputen ihrer Zeit teilzunehmen. Zu Hause sprach man Okzitanisch. Aber sie beherrschte auch das Französische. Die junge Eleonore darf man sich als hübsch, gebildet, selbstbewusst und resolut vorstellen. Womöglich ahnte sie, was auf sie zukam. Denn Aquitanien kannte die weibliche Erbfolge.

Eleonore aber entging nicht dem Schicksal aller Kinder des Adels, auch der Knaben: Heiratspläne, bei denen es darum ging, Länder, Loyalitäten und Einflusssphären beieinander zu halten oder neu zu erwerben, wurden über ihre Köpfe hinweg geschmiedet. Vater Wilhelm einigte sich mit dem französischen König Ludwig VI.: Prinz Ludwig Capet (später Ludwig VII. von Frankreich) sollte Eleonore die Hand zum Ehebund reichen – so würde Aquitanien, das nach Meinung Ludwigs ohnehin nur ein französisches Lehen war, in Personalunion mit Frankreich verbunden sein. Ostern 1137 starb Herzog Wilhelm, und seine Tochter Eleonore wurde kurz darauf in ihrer Heimat Bordeaux Ludwig VII. angetraut. Der Bräutigam war siebzehn, die Braut fünfzehn Jahre alt, für die damalige Zeit das ideale Heiratsalter. Nach der Trauung erfolgte die Krönung des Paares in Poitiers – zur Herzogin und zum Herzog von Aquitanien. Und dann ging es mit großem Gefolge nach Paris.

Eleonore musste das heitere, üppige Aquitanien verlassen, um auf der Ile de la Cité ein Hofleben vorzufinden, das von ihrer sittenstrengen Schwiegermutter geprägt war und ihr nicht besonders einladend erschien. Wo waren die Troubadoure, der süße Wein und das weite Meer? Doch für Eleonore und ihren jungen Gemahl gab es keine Atempause. Kurz nach ihrer Hochzeit erlag König Ludwig VI., genannt der Dicke, seinem Darmleiden. Jetzt wurden die Jungvermählten zum König und zur Königin von Frankreich gekrönt.

Der junge Ludwig VII. war für die geistliche Laufbahn erzogen worden. Die Zufälle der Erbfolge – sein älterer Bruder war bei einem Reitunfall umgekommen – hatten ihn zum König bestimmt; er selbst war darüber nicht froh. Die unternehmungslustige Ehefrau an seiner Seite wird ihn eher beunruhigt als beglückt haben – aber es war nun, wie es war. Immerhin hatte er seine Ratgeber. Es blieb jedoch dabei, dass Ludwig eigentlich lieber seinem Gott dienen wollte als seinem Volk oder dem Götzen Macht. Bei Eleonore war es umgekehrt.

Die Stellung der französischen Königinnen war seinerzeit recht stark. Sie gestalteten das Hofleben, hielten an der Seite ihres Gatten Gerichtstag, empfingen Gesandte fremder Länder und nahmen gemeinsam mit dem König den Lehnseid ihrer Vasallen entgegen. Zu Frankreich gehörten damals die Krondomäne Île-de-France und als Lehen die Grafschaften Normandie, Flandern und Anjou, ferner Burgund und die Champagne. Ludwig wollte das reiche Aquitanien gern enger an Frankreich und sein Geschlecht der Kapetinger binden, und seine Frau sollte ihm dabei helfen. Die aber verfolgte gegenteilige Interessen. Ihr lag daran, die Unabhängigkeit Aquitaniens von Frankreich so weit wie möglich zu wahren. Im Jahre 1145 bekam sie ihr erstes Kind, ein Mädchen, Marie, später namhaft als Gräfin der Champagne.

Fünfzehn Jahre lang blieb Eleonore an der Seite ihres Mannes Ludwig. Sie reiste oft und gern umher. Als sie erklärte, sie wolle ihren Gatten bei dessen Heerfahrt ins Heilige Land begleiten, erschrak Ludwig – wie so oft, wenn seine Gemahlin ihre Beschlüsse kundgab. Aber da es keinem Christenmenschen zu verwehren war, als Pilgrim an die heiligen Stätten zu ziehen, gab er nach. Die Königin hatte aber gar keine dezidiert frommen Absichten. Sie wollte vor allem ihren Onkel Raimund wiedersehen, der es zum Fürsten von Antiochia gebracht hatte. Antiochia lag auf dem Weg.

Eleonore warf sich in Raimunds Arme; die Legende will, dass sie ein Liebespaar wurden. Die Legende will manches bei Eleonore, schon weil die Quellen so dürftig sind. Der zeitgenössische Historiker John Gillingham sagt dazu: »Die Legende muss weg, aber gleichzeitig müssen wir darauf achten, dass uns nicht auch die Königin abhandenkommt.« Also darf die Legende hin und wieder zitiert werden.

Was wir wissen ist, dass der Kreuzzug von 1147/48 für Ludwigs Heer entsetzlich scheiterte. Die junge Königin reiste durch Byzanz und Antalya, geriet mehrfach in Lebensgefahr und kam nur mit viel Glück heil davon. Auf dem Rückweg nach Frankreich besuchte das Königspaar Papst Eugen in Rom. Beide bezweifelten, dass der Fortbestand ihrer Ehe noch Sinn hätte, und wollten den Papst bitten, ihren Bund zu lösen. Ludwig war seiner anstrengenden Frau, die in gut zehn Jahren Ehe nur ein Mädchen geboren hatte, überdrüssig. Und Eleonore kommentierte ihr Scheidungsbegehren mit den Worten: »Ich habe einen Mönch geheiratet und keinen Mann.« Der Heilige Vater aber dachte nicht daran, den Wünschen des Paares zu willfahren. Statt der Auflösung ihrer Ehe bot er den beiden ein geschmücktes Doppelbett. Gehorsam versuchten es die Majestäten erneut mit der Zeugung eines Prinzen. Und in der Tat, der päpstliche Segen wirkte, die Königin ward schwanger. Nach ihrer Rückkehr kam in Paris die zweite Tochter zur Welt, Alice, auch sie später eine bedeutende Fürstin. Die Kapetinger zweifelten nicht mehr: Eleonore sei eine Hexe und aus der königlichen Familie zu entfernen.

Zwei Jahre nachdem der Segen des Papstes zu nichts Besserem als zu einer weiteren Tochter geführt hatte, wurde die Ehe des französischen Königspaares vom Heiligen Stuhl dann doch annulliert. Eleonore war frei, ihre Erleichterung groß.

Das Los einer höchstinstanzlich geschiedenen Frau, egal wie hoch ihr Rang war, hieß im Mittelalter stets: Kloster. Aber nicht für Eleonore. Die Aquitanierin hatte Geschmack an der Macht gefunden, sie wusste, wie man sie ergreift, jetzt wollte sie lernen, wie man sie festhält. Zunächst stellte sie klar, dass sich an ihrem Status als Herzogin von Aquitanien nichts ändern würde. Und sie dachte weiter: ein geringeres Königshaus als das französische wäre für sie als Wirkungskreis unangemessen. Sie hatte schon vor ihrer Scheidung Kontakt zur aufstrebenden Familie der Plantagenêt von Anjou, zu Gottfried dem Schönen, Herzog der Normandie und König von England, geknüpft. Dieser Mann schien ihr der richtige zu sein, die Legende behauptet, dass beide in Leidenschaft füreinander entbrannten. Aber Gottfried war nicht frei. Und so planten der englische König und die französische Königin im Geheimen eine Ehe Eleonores mit Gottfrieds Sohn Heinrich, der den Thron erben sollte. Der war zwar erst 18 Jahre alt, aber männlich-kühn und kampferprobt. Und Eleonore besaß mit ihren 30 Jahren noch die Reize blühender Jugend.

Der junge Heinrich Plantagenêt war fasziniert von der Aussicht, das reiche Aquitanien, welches an Anjou grenzte, seinem Herrschaftsbereich zurechnen zu können. Außerdem gefiel ihm Eleonore. 1152 heiraten er und Eleonore in Poitiers. Ganz plötzlich verstirbt Eleonores verehrter und begehrter Schwiegervater Gottfried. Jetzt wartet wieder ein Thron. Im Dezember 1154 finden die Krönungsfeierlichkeiten für Heinrich II. und Eleonore von Aquitanien in Westminster statt. Der erste gemeinsame Sohn Wilhelm ist schon auf der Welt. Ein Jahr später wird Heinrich geboren, in den Jahren darauf erst Mathilde, dann Richard, schließlich Gottfried und Eleonore. Nach einer Pause schenkt die über Vierzigjährige noch Johanna und Johann das Leben.

Spricht dieser Kinderreichtum für eine glückliche Ehe? Nicht unbedingt, auch das Gebären war Politik und Eleonore sich dessen bewusst. Gleichwohl: Heinrich, ein Draufgänger und Wüstling, der sich als König und Feldherr durch Mut und Jähzorn auszeichnete und nicht durch Umsicht und Weitblick, passte weit besser zu Eleonore als der ewig im Gebet versunkene Ludwig. Heinrich wollte sein Reich zusammenhalten, Eleonore ihre vielen Kinder mit Domänen bedenken, so gab es also auch in dieser Ehe reichlich Zwist. Da Heinrich, wenn Eleonore daran ging, ihre Sprösslinge versorgen zu wollen, immer nur Nein sagte, lehnten sich schließlich Richard, Gottfried und Johann gegen ihn auf. Eleonore schlug sich auf die Seite ihrer Söhne. Sie wollte ihren Liebling Richard zum Nachfolger aufbauen – und ihn als Herrn über Aquitanien einsetzen. So reiste sie mit dem Vierzehnjährigen nach Poitiers und ließ ihm dort die Insignien eines künftigen Herzogs überreichen. Heinrich missbilligte diesen Schritt. Seine Söhne, Hitzköpfe wie er, hielten es aber, je älter sie wurden, im Wartestand nicht mehr aus. Schließlich suchte Richard beim französischen König Rückendeckung für die Entmachtung seines Vaters. Eleonore stahl sich bei Nacht und Nebel in Männerkleidern nach Paris. Mutter und Söhne hatten genug Vasallen auf ihre Seite gebracht, um den Aufstand zu wagen. Doch die Verschwörung wurde entdeckt, die Söhne mussten zu Kreuze kriechen. Eleonore wurde gefangen gesetzt. Für 15 Jahre verschwand die Aufrührerin hinter Festungsmauern – wo sie allerdings mit Gesinde und guter Versorgung das Leben einer Fürstin führen konnte.

Heinrich tröstete sich mit seiner Geliebten Rosamund, ja die Legende sagt, dass er eine Auflösung seiner Ehe erstrebte, um Rosamund zu seiner Frau zu machen. Die Legende kolportiert auch, dass Eleonore versucht habe, die Rivalin zu vergiften – was unwahrscheinlich ist, da sie ja gefangen saß. Tatsache ist, dass Rosamund früh starb. Auch dass Gift- und Meuchelmord damals häufig angewandte Mittel waren, um Nebenbuhler aus dem Weg zu räumen oder Thronprätendenten zu eliminieren. In Eleonores Lebensgeschichte gab es viele plötzliche und schwer erklärliche Todesfälle. Ihr Bruder?

Ihr Vater? Gottfried der Schöne? Rosamund? Heinrich seinerseits hätte seine unbotmäßige Frau leicht liquidieren lassen können, aber das tat er nicht. Er schätzte sie trotz allem und suchte noch in Zeiten äußerster Distanz ihren Rat. Auch sie hat ihn bis zum Schluss geachtet. Er starb 1189 in Chinon als einsamer alter Mann. Jetzt wurde sein Sohn Richard I. König.

Eleonore war nun fast achtzig Jahre alt, sie hatte ihre beiden Ehemänner und die meisten ihrer Kinder überlebt. Einen letzten schweren Verlust musste sie noch hinnehmen, als Richard, der sich auf seinen Kreuzzügen den Beinamen Löwenherz verdient hatte, nach der Niederschlagung eines Aufstandes in Aquitanien schwer verletzt heimkehrte und in ihren Armen starb. Der glücklose König Johann »Ohneland«, Eleonores Jüngster, konnte das Reich nicht zusammenhalten. Als erstes ging Aquitanien verloren. Eleonore, die Königin mit den zwei Kronen, verschied 1204 im Kloster Fontevrault, nahe Chinon. Sie ist dort auch begraben.

Jeanne d'Arc

Botschafterin des Himmels

* 1412 in Domrémy, Lothringen
† 1431 in Rouen

Jeanne, die Jungfrau von Orléans, war und ist die einzige Frau, die jemals in der Geschichte gleich beide große Männerdomänen ihrer Zeit herausgefordert hat: die Armee und die Kirche. Der Truppe schloss sie sich einfach an: Sie ritt mit, sie focht mit, sie trug die Fahne, sie wurde verwundet, sie siegte. Sie platzte einfach in die Kaserne rein, sprach von ihrem göttlichen Auftrag und verlangte Ross und Rüstung. Und da man unsicher war, ob sie nicht tatsächlich von Gott gesandt sei, traute man sich nicht, sie wegzujagen. Der Kirche musste sie in einem Prozess Rede und Antwort stehen. Priester, Theologen, Inquisitoren verlangten Rechenschaft: *Sie* waren es doch, die mit Gott Zwiesprache hielten. Und jetzt kam da ein Mädchen vom Lande und behauptete, die Stimme des Allerhöchsten und seiner Heiligen unmittelbar – also ohne Vermittlung der Kirche – zu vernehmen. Wenn da nur nicht der Teufel dahintersteckte! Man machte der Jungfrau den Prozess, drehte ihr das Wort im Munde um und verurteilte sie wegen Gotteslästerung, Aufruhr und Ketzerei. Schließlich waren die Zustände im damaligen Frankreich verstörend genug, da konnte man sich nicht auch noch länger mit einem besessenen Mädchen aufhalten … Was war seinerzeit wirklich los in Frankreich?

Der Hundertjährige Krieg mit England tobte; 1415 hatte Heinrich V. die Normandie erobert und die französische Königstochter geheiratet. Er wollte seine Nachkommen auf dem französischen Thron sehen. Gleichzeitig litt Frankreich auch unter einem Bürgerkrieg; Karl von Orléans und Philipp von Burgund rangen um die Macht und um den Einfluss auf den schwachen König. Als dieser 1422 starb, sah sich der Thronfolger Karl VII. in jammervoller Lage: Sein Vaterland war im Norden von den Briten besetzt, denen sich die

Burgunder angeschlossen hatten. Bald befand sich Paris in der Hand des Feindes. Und der Thron, den er hatte besteigen wollen, wurde von dem Engländer Heinrich VI. beansprucht, der noch ein Kind war, aber eine wild entschlossene Armee hinter sich hatte. Frankreich stöhnte und duckte sich in Erwartung der englischen Hiebe. Immer wieder brandschatzten die Soldaten ganze Städte – und da Krieg und Bürgerkrieg ineinander verkeilt waren, wusste niemand genau, wer Freund, wer Feind war, vor wem man davonlaufen musste und bei wem man sich verstecken konnte. Auch das lothringische Dorf Domrémy wurde mehrfach von anglo-burgundischen Truppen verwüstet; die Bevölkerung musste flüchten. Bei der Rückkehr fand sie ihre Häuser zerstört, die Ernten geraubt, das Vieh weggetrieben. Auch der Bauernfamilie d'Arc erging es so.

Im Jahre 1412 wurde ihre Tochter Jeanne geboren. Sie wuchs zu einem gottesfürchtigen Mädchen heran, das gerne in die Kirche ging und betete, während andere Kinder spielten. Sie liebte ihre Eltern, ihre Brüder und ihr Land, half zu Hause und beim Hüten des Viehs und hörte zu, wenn die Männer auf dem Feld über Krieg und Politik sprachen. Bald regte sich in ihrem Herzen eine tiefe Sehnsucht: nach einem Frankreich, das den Franzosen gehörte, das von einem französischen König, Karl VII., regiert würde und allen seinen Bewohnern ein friedliches, frommes, gutes Leben ermöglichte. Jeanne wusste, dass alle ihre Landsleute so dachten und dass es nur einer Stimme bedurfte, die diesen Wunsch laut aussprach und zum Kampf für die Befreiung von der Fremdherrschaft aufrief. Und da sie überall nur Kleinmut, Angst und Bitterkeit vorfand, entschloss sie sich, selbst diese Stimme zu sein. Jeanne betete oft unter einem Feenbaum am Brunnen, und hier erschienen ihr eines Tages der heilige Michael, die heilige Margarete und die heilige Katharina und forderten sie in Gottes Namen auf, hinzugehen zum Dauphin, seine Truppen gegen den Eindringling zu führen und Karl in Reims zu krönen. Was sie dann auch tat.

Die Mission der Jungfrau, der *Pucelle*, wie sie genannt wurde, klingt wie ein Wunder oder eine fromme Legende. Aber sie ist, nicht zuletzt durch die großen Prozesse, die Jeanne erst der Ketzerei »überführten« und sie später rehabilitierten, in Wort und Schrift präzise beglaubigt, sodass man heute sagen muss: Auch wenn es schwer zu glauben ist – es hat sich so zugetragen. Halluzinationen kommen vor. Warum also soll ein spirituell begabtes Mädchen, das eine glühende Patriotin ist und selbst unter den Kriegswirren leidet, nicht den Freiheitsdurst ihres Landes in einer Art halluzinatorischen Botschaft erfahren haben? Vorstellbar wäre so etwas auch heute. Allerdings: Ohne ihr religiöses Sendungsbewusstsein ist Jeanne nicht denkbar. Für sie war es Gott selbst, der Frankreich erlösen und Karl auf den Thron heben wollte. Und er hatte sie als sein Instrument auserwählt. Sie verlässt das Elternhaus, kämpft sich durch ins nahe Vaucouleurs, um dessen Stadthauptmann dazu zu bringen, sie zu Karl zu geleiten. Natürlich scheitert sie im ersten Anlauf. Das Gelächter der Garde ist schallend, als eine Bauerngöre verlangt, den König zu sehen. Aber die *Pucelle* besitzt die visionäre Kraft und das rhetorische Charisma einer großen Predigerin. Sie stellt sich einfach hin und redet zu den Leuten: von den Stimmen, die sie gehört, den Heiligen, die sie gesehen, von ihrem Auftrag und von Gott, der sie geschickt hat. Sie tut es mit so viel Ernsthaftigkeit und Feuer, dass die Wachleute anfangen zu grübeln: Was, wenn es stimmt, was sie sagt? Wenn es doch Gott ist, der durch sie spricht? Man zieht Erkundigungen ein. Man beobachtet das Mädchen. Man prüft sie. Und schließlich erreicht sie ihr Ziel. In verzweifelter Lage, so mögen die Berater und Feldherren Karls VII. gedacht haben, sind auch außergewöhnliche Mittel und Wege willkommen.

Jeanne erhält ein Pferd, ein Schwert und Männerkleidung. Mit einer Eskorte von sechs Reitern zieht sie nach Chinon, wo der Dauphin residiert. Sie lässt ihm ausrichten: »Ich habe zwei Aufträge vom Himmelskönig: Erstens, die Belagerung von Orléans aufzuheben, zweitens, den König zur Salbung und Krönung nach Reims zu führen.« Der König empfängt sie, und sie überzeugt ihn. Die Rückeroberung von Orléans am 8. Mai 1429 ist dann das endgültige Zeichen für die himmlische Natur ihrer Sendung.

Als Heerführerin im engeren Sinne ist Jeanne nicht hervorgetreten. Sie hat zwar mitgekämpft, aber kein Kommando innegehabt und auch an militärischen Beratungen nicht teilgenommen. Sie war vielmehr die Seele der Truppe, ihre Moral und ihre Hoffnung. Auch das Volk hat von der Jungfrau erfahren und sie voll Verehrung in sein Herz geschlossen. Wer aber sich nahte, um den Huf ihres Pferdes zu küssen, wurde von einer zornigen Jeanne weggescheucht. Jeden Kult um ihre Person hat sie sich verbeten. Es ging ihr immer nur um den Willen Gottes, um Frankreich und um den König.

Karl, der wirklich in Reims gekrönt wurde und die Macht zurückgewann, hat es der Jungfrau schlecht gedankt. Sie kämpfte weiter für ihn, war beim Sturm auf Paris dabei und bei der Schlacht um Compiègne. Dort wurde sie von burgundischen Schützen gefangen genommen, für ein horrendes Kopfgeld den Engländern überlassen und unter deren Regie in Rouen vor Gericht gestellt: als Hexe und Aufrührerin. Karl tat nichts für sie. Als Gefangene war sie für ihn wertlos. Am 30. Mai 1431 wurde die Jungfrau von Orléans auf dem Markt von Rouen nach dem »Verdammungsprozess« mit kirchlichen Anklägern und Richtern dem Scheiterhaufen überantwortet und verbrannt. »Jeanne, die sich selbst die Jungfrau nannte, eine Lügnerin, bösartige Betrügerin des Volkes, Zauberin, Lästerin Gottes, Entehrerin des Glaubens an Jesus Christus – prahlerisch, götzendienerisch, grausam, liederlich, Beschwörerin von Dämonen, Apostatin, Schismatikerin und Ketzerin.« So lautete die Aufschrift des Schildes, das an Jeannes Brandpfahl genagelt war. Hätten sie erst seinen Schutzengel der Ketzerei überführt, kalkulierten die Engländer, so wäre Karls Ansehen zerstört und ihre eigene Niederlage vor Orléans vergessen. Aber sie sollten sich täuschen. Die Legende war stärker. Nach einem Rehabilitationsprozess im Jahr 1456, in dem sich auch Karl, wenngleich zögernd, für sie verwandte, wurde Jeanne d'Arcs Ehre als Jungfrau, Kämpferin und Christin wiederhergestellt. Im Jahre 1909 wurde sie selig, 1920 heiliggesprochen.

Der nachmalige Kaiser der Franzosen Napoleon I. berief sich so auf sie: »Die erhabene Jeanne d'Arc bewies, dass der französische

Genius in Augenblicken der Gefahr für die nationale Unabhängigkeit jedes Wunder bewirken kann.« Die berühmte amerikanische Historikerin Barbara Tuchman hat das Neue, das Jeanne auf die Bühne der Geschichte brachte, erkannt. In ihrem Buch über das 14. Jahrhundert *Der ferne Spiegel* schreibt sie: »Das Phänomen Jeanne d'Arc – die Stimmen von Gott, die ihr sagten, sie müsse die Engländer vertreiben und den Dauphin zum König krönen lassen, die Kraft in ihr, die jene mitriss, die das Mädchen normalerweise verachtet hätten, die Entschlossenheit, mit der sie die Belagerung von Orléans aufbrach und den Dauphin nach Reims trug – all das entzieht sich jeder Kategorie. Der Moment forderte sie, und sie erhob sich. Ihre Kraft zog sie aus der Tatsache, dass sich in ihr zum ersten Mal in der Geschichte der alte Glaube und der moderne Patriotismus verbanden. Gott sprach zu ihr mit den Stimmen der heiligen Katharina, des heiligen Michael und der heiligen Margarete, aber was Er ihr befahl, war weder Demut noch ein Leben im Geiste, sondern politisches Handeln, um ihr Land von den fremden Tyrannen zu befreien.« Tuchman lässt Jeanne ihr Geheimnis und erklärt sie schlicht zu einem »Phänomen«. Etwas anderes bleibt gar nicht übrig. Im Grunde hat das Bauernmädchen aus Domrémy sogar die Reformation vorweggenommen – sprach sie doch selbst mit ihrem Gott.

Teresa von Ávila

Eine Kämpferin für die Innerlichkeit

* 1515 in Avila, Kastilien
† 1582 in Alba de Tormes

» … möchte ich nur sagen, dass ich mich verpflichtet fühle, ein Kloster zu gründen mit nur fünfzehn Schwestern und nicht mehr, die in größter Zurückgezogenheit leben sollen, niemals hinausgehen dürfen, nichts sehen können, außer durch einen Schleier vor dem Gesicht, und sich dem Gebet und der Versenkung darin widmen.«

Die spanische Ordensfrau Teresa von Ávila, die einen solchen Klostergründungs-Plan erwägt, ist kein frömmelnder Weltflüchtling. Selten hat unter den Angehörigen des Ordens der Karmeliterinnen eine so energische, im praktischen Leben stehende, temperamentvolle und intelligente Frau gewirkt – ja, Teresa konnte bitter und sie konnte lustig sein, sie spottete nicht schlecht und sie lachte gern.

Die kluge Nonne lebte im Jahrhundert der Reformation. Als die Ordensfrau im Jahre 1560 ihre Klostergründung beschloss, hatte der Protestantismus eines Martin Luther bereits eine breite Anhängerschaft gefunden. England hatte sich von Rom losgesagt, der Reformator Calvin großen Widerhall vor allem in Frankreich gefunden, und in Nordeuropa sympathisierten Fürsten und Völker mit der neuen Lehre. Die katholische Kirche Spaniens reagierte mit einer Stärkung der Inquisition, mit Verfolgung der Abtrünnigen – und mit dem Verbot ketzerischer Bücher, wozu auch die Bibel gehörte, sofern sie in die Sprache des Volkes, ins Spanische, übersetzt war. Die Priester sollten die Mittler zwischen Mensch und Gott sein, es genügte, wenn sie es waren, die die (lateinische) Bibel verstanden. Teresa weiß, dass das nicht richtig ist. Sie ist eine gehorsame Tochter der Kirche und wird es bleiben – aber sie trauert tief um all die verlorenen Seelen, die ihr Heil um einer, wie sie es sieht, Irrlehre (des Protestantismus) willen verwirken. Sie begreift, dass es Elemente in diesem Protestantismus gibt, auf die die Menschen gewartet haben – so die Botschaft: Geh selbst zu Gott. Sprich mit ihm im Gebet. Auch Teresa hat diese Erfahrung gemacht. Im mystischen Sich-Versenken hat sie Gott gefunden und geschaut – ohne einen priesterlichen Vermittler. Die Konsequenz ist für sie, dass die wahre, die katholische Kirche mit einer Reform auf die Spaltung der Christenheit antworten muss, mit einer Rückkehr zu alten und bewährten Regeln im Ordensleben, die eine innigere Konzentration auf Versenkung im Gebet erlauben. Aus diesem Geist erstrebt sie ihre Klostergründung: als Neubeginn wahrhaftiger Gottsuche, die von innen, aus dem Herzen eines Menschen kommt.

Die Kirchenoberen misstrauen Teresa zunächst. Bevor sie die Erlaubnis erhält, ihr Kloster zu gründen, muss sie ihren religiösen Werdegang im Einzelnen schildern, damit Berufene prüfen können, ob sie für ein solches Unterfangen überhaupt geeignet ist. Und so schreibt sie ihre Biographie, die *Vida*, die weit mehr ist als nur eine Auftragsarbeit. Es wird ein großes Buch und die erste in der Volkssprache niedergelegte Lebensbeschreibung einer spanischen Frau.. Die Prüfung erfolgt und wird bestanden; das Kloster, Teresas erste Gründung, der Konvent vom Heiligen Josef (Convento de San José) wird in Ávila errichtet, und Teresa selbst wird seine Priorin. Weitere Klostergründungen folgen. Der strengen und entsagungsvollen Lebensführung wegen werden die »reformierten« Karmeliterinnen die »Unbeschuhten« genannt. Und in der Tat sieht man auf Bildnissen der Teresa von Ávila ihren nackten Fuß unter dem Gewand hervorschauen. Teresa von Ávila, die Freude am Schreiben gefunden hat, legt ein weiteres Werk vor, eine Anleitung zu Sammlung, Gebet und geistlichem Streben: *Wege der Vollkommenheit*.

War solch ein Verhalten für die Zeit normal? Gab es das öfter, dass Frauen den geistlichen Stand wählten, Reformen einleiteten, Klöster gründeten und Schriften herausgaben? O nein, das gab es nur äußerst selten, in Spanien eigentlich überhaupt nicht. Und so nimmt Teresa von Ávila eine absolute Ausnahmestellung auf der iberischen Halbinsel ein.

Jahrhundertelang hatten hier die Mauren geherrscht und mit dem Islam eine Religion und eine Weltauffassung verbreitet, die den Frauen kaum Spielraum für geistige Bildung und öffentliche Wirkung ließ. »Die Zeiten sind für die Frauen hart, weil es für die Richter dieser Welt, da sie Söhne Adams und schließlich lauter Männer sind, auch nicht eine Tugend einer Frau gibt, die sie nicht für verdächtig hielten«, so Teresa. Auch die sephardischen Juden, die einen starken Bevölkerungsanteil stellten, sperrten die Frauen ins Haus. Und letztlich hielten es die spanischen Christen auch nicht viel anders. Insofern hatte es eine Frau, die mehr und anderes wollte als eine Ehe und eine Familie, im südlichen Raum Europas schwerer als im Norden, wo, man schaue nach England, eine Frau, Elisabeth I., auf dem Thron saß, oder nach Italien, wo es in den aristokratischen Schichten eine immer größere Zahl hoch gebildeter Frauen gab. In Spanien waren nicht mehr als zwei bis drei Prozent der weiblichen Bevölkerung des Lesens und Schreibens kundig. Im geistlichen Stande war die Frage, ob auch Frauen erlöst werden und ins Paradies eingehen könnten, zwar prinzipiell mit Ja beantwortet worden, aber insgeheim rechnete man sie doch zu den niedrigeren Kreaturen, denen zum denkenden Menschen ein paar Voraussetzungen fehlten. So kann man sich gut vorstellen, in was für einem sozialen und religiösen Klima Teresa von Ávila ihre ersten Schritte in die Öffentlichkeit tat.

Dass es ihr überhaupt gelang, Aufmerksamkeit zu erregen und die kirchlichen Hierarchen von ihrer Sendung zu überzeugen, hing damit zusammen, dass sie als Mystikerin zu tiefster Versenkung fähig war und leibhaftige Erscheinungen hatte; ihre Fähigkeit, anschaulich zu schildern, was sie gesehen hatte, und ihre Erlebnisse zu deuten, tat ein Übriges. Die Patres, denen sie von ihren Visionen berichtete, mussten annehmen, dass sie eine Gesandte Gottes war – oder doch fürchten, hart bestraft zu werden, wenn sie sie verkannten. Und so wurde Teresa der Weg als Klostergründerin in Andalusien und Kastilien und als Anleiterin für das betrachtende »innere Gebet« freigemacht. Auch ihre Herkunft half ihr auf dem Weg.

Ihr Vater, Sohn eines jüdischen Konvertiten, war ein tief religiöser Mann. Er sorgte dafür, dass die Tochter lesen lernte, und sprach viel mit ihr über Gott und den Glauben. Die Mutter, sie schenkte zehn Kindern das Leben, starb bei einer Geburt, als Teresa dreizehn war. Das Mädchen wurde eine wahre Büchernärrin, sie begeisterte sich für das Leben der Heiligen und hatte nur den einen Wunsch: recht bald ins Paradies einzugehen. Mit ihrem kleinen Bruder riss sie einmal von zu Hause aus, um im Morgenland von den Muselmanen geköpft und sodann des Paradieses teilhaftig zu werden. Auch eine Einsiedelei baute sie mit ihrem Bruder, die jedoch bei ihrem Einzug zusammenstürzte. Auf festeren Grund stellte sie ihre Zukunftspläne, als sie mit zwanzig – gegen den Willen des Vaters – ins Menschwerdungskloster der Karmeliterinnen floh. Diesen Schritt hat sie nie bereut. Die Alternative, eine Ehe, womöglich mit einem ihr zugeführten, unbekannten Mann, dessen Willen sie sich unterzuordnen hatte, erschien ihr nicht nur nicht verlockend, sondern äußerst abschreckend.

Für Teresa gab es nur einen, dem sie sich freudig unterwarf: Gott. Von ihr stammt das Wort: »Gott allein genügt«, das aber nicht als Aufforderung zur Weltflucht gemeint ist. »Gott nur allein / kann Genüge dir sein« – so wurde ihr berühmtes Wort auch übersetzt. Es soll bedeuten, dass die Liebe Gottes und die Liebe zu Gott das Leben ausreichend erfüllen und dass die Gläubigen es nicht nötig haben, sich in die hasserfüllten Machtkämpfe, die das weltliche und geistliche Leben durchziehen, zu stürzen. »Es setzte in mir eine viel größere Liebe ein, und ich hatte auch größeres Vertrauen zum Herrn, da ich ihn sah als einen, mit dem ich ständig im Gespräch bin. Ich sah, dass er, obwohl er Gott war, doch auch Mensch war, der sich nicht über die Schwächen der Menschen entsetzt, sondern unsere armselige Lage versteht.« Durch diese ihre katholische Unmittelbarkeit zu Gott verkleinerte die Mystikerin die Kluft, der sich zwischen der römischen und der neuen evangelischen Kirche aufgetan hatte.

Teresa selbst allerdings konnte sich irdischen Auseinandersetzungen nicht immer entziehen. Die »Herumtreiberin Gottes«, wie sie gerne genannt wurde, übte eine große Wirkung in ihrer Zeit aus, sie hatte viele Neider und falsche Freunde und musste sich oft gegen Verleumdungen, sogar gegenüber der Inquisition, zur Wehr setzen. Aber bei aller Leidenschaft, mit der sie für ihre Auffassung von Gottesdienst auch als Akt der Innerlichkeit stritt, war sie niemals eine verbiesterte oder intrigante Klosterfrau. Mit ihrem Namen verbunden ist eine Philosophie der Freundschaft, die sie in ihrem eigenen Leben praktisch werden ließ. Die Liebe zu Gott nämlich war ihr nicht alles, sie musste einen Widerschein finden in der Liebe zu den Menschen. Auch deshalb wollte Teresa in ihrem ersten Kloster nicht mehr als fünfzehn Nonnen haben – damit sich unter diesen Frauen eine echte menschliche Bindung herstellen ließ.

Sie schreibt noch ein letztes großes Werk, die *Seelenburg*, in dem es um die Begegnung des Menschen mit Gott geht. Als betagte Frau und Mutter Oberin erlebt sie außerdem eine herzliche Liebe und geistliche Einswerdung mit einem jungen Pater namens Jerónimo Garcíán, der dank ihrer Förderung in der Hierarchie der »Unbeschuhten« aufsteigt. Als Teresa von Ávila 68-jährig stirbt, ist sie versöhnt mit Gott und der Welt und glücklich über ihr Lebenswerk. Eine Generation nach ihrem Tod wird sie von Papst Gregor XV. heiliggesprochen. Seit 1617 ist sie die Schutzpatronin Spaniens.

Elisabeth I. von England

Gloriana

* 1533 in Greenwich
† 1603 in Richmond

Sie steht in einer Nische ihres Schlafgemachs und liest seinen Brief, einen leidenschaftlichen Erguss voll ungestümer Anträge. Es ist nicht der erste Brief dieser Art, über den die Königin schmunzeln muss. Sie hat schon so viele Bewerber kommen und gehen sehen – aber dieser hier ist etwas Besonderes: der Brief wie der Mann. Worte findet er, der Bruder des Königs von Frankreich, die sie erröten lassen. Und er ist erst 22 Jahre alt. Sie rollt den Brief zusammen und blickt aus dem Fenster. Mit ihren 45 Jahren ist sie mehr als doppelt so alt wie er. Niemand weiß, ob sie noch ein Kind bekommen kann. Sie wird sich blamieren – vor ihrem Hof, ihrem Volk und Frankreich. Nein, der Unterhändler soll machen, dass er nach Hause kommt. Sie war immer eine Frau und Königin ohne einen Mann an ihrer Seite, und so soll es bleiben. Was will der junge Kerl wirklich, dieser Franz von Anjou? Geld vermutlich und Unterstützung gegen Spanien. Nein, sie wird ihn zurückweisen. Es heißt, er sei hässlich. Und kleinwüchsig. Wie peinlich wäre das bei offiziellen Anlässen! Elisabeth von England sollte den jungen Fürsten dann aber doch bei sich empfangen – und sehr sympathisch finden. Aber geheiratet hat sie ihn nicht. Sie konnte nicht aus ihrer Haut – und das war die Haut einer Frau, die sich selbst genügte und die vor allem ihrem Volk so gefiel, wie sie war: eine »jungfräuliche Königin«, die für England lebte und ihrer Nation im Wesentlichen über fast ein halbes Jahrhundert Regierungszeit den Frieden erhielt. Ihr Volk liebte sie von Herzen, und diese Liebe war ihr am Ende genug.

Elisabeth kam 1533 zur Welt, als Kind König Heinrichs VIII. und seiner zweiten Frau Anna Boleyn. Heinrich war in erster Ehe mit der Spanierin Katharina von Navarra verheiratet, aber aus dieser langjährigen Ehe war kein Sohn hervorgegangen, einzig die Tochter

Maria. Da beschloss Heinrich, die Verbindung für nichtig erklären zu lassen, und als der Papst ihm die Scheidung verweigerte, löste er sich und die englische Kirche von Rom los. Er tat dies umso lieber, als die Frau, die er sich als neue Gattin erwählt hatte, bereits von ihm schwanger war. Endlich sollte sein Traum in Erfüllung gehen und sein Sohn auf die Welt kommen. Wer kam, war Elisabeth. Heinrich war so enttäuscht, dass er nicht einmal zu ihrer Taufe erschien. Hätte er geahnt, dass dieses Kind sein eigenes Charisma als Herrscher und sein Glück als Politiker bei weitem übertreffen würde, hätte er sich wohl anders verhalten. Aber wie sollte er das wissen? Er verausgabte sich weiter in der Jagd nach einem Sohn, schickte Anna, die ihm lästig wurde, wegen angeblichen Ehebruchs aufs Schafott und heiratete insgesamt sechs Frauen, von denen ihm eine, Jane Seymour, tatsächlich einen Erben gebar. Dieser Halbbruder Elisabeths, Eduard genannt, besteigt den Thron nach seines Vaters Tod als Knabe und stirbt schon einige Jahre später an der Schwindsucht. Elisabeths ältere Halbschwester wird Königin. Aber auch Maria Tudor ist kein langes Leben vergönnt. Sie verscheidet im Jahre 1558. Bald darauf wird Elisabeth gekrönt. Sie ist 25 Jahre alt.

Was war sie für eine Frau? Aufgezogen wurde sie auf Schloss Hatfield von ausgesuchten Lehrern und Erziehern. Sie sprach sechs Sprachen, kannte sich in der Literatur aus, spielte Spinett und komponierte sogar. Sie interessierte sich für das Theater, ritt ausgezeichnet und tanzte gern. Ihre Erscheinung wurde oft gerühmt: groß, schlank, blond, braunäugig, ein ovales Gesicht, schöne, zarte Hände. Selbst ihre Feinde bescheinigten ihr eine außergewöhnliche Intelligenz. Elisabeth war eine Vollblutpolitikerin. Sie wusste immer, was in ihrem Land los war, und sie hatte ein untrügliches Gespür für Machtverschiebungen und Bündnisfragen in Europa. Als sparsame Haushälterin zwang sie ihre Minister zur Effektivität. Obwohl sie zu Wutanfällen neigte – hier ganz der Vater –, war sie doch auch eine kühle, bedächtige Taktiererin. Den Krieg verabscheute sie und vermied ihn nach Möglichkeit. Auf ihren königlichen Stichentscheid ließ sie nichts kommen – aber sie ließ sich auch beraten und setzte sich ungern über das Parlament hinweg. Dass die kluge, attraktive Herrscherin, die so jung und unverhofft zur Macht gelangt war, nie geheiratet hat, lässt bis heute die Geschichtsschreiber grübeln. Lag es an ihrer Angst vor geschlechtlicher Intimität, die sie selbst zugab? Lag es daran, dass sie als 15-Jährige womöglich von einem Hofmann verführt oder gar missbraucht wurde, wofür es Hinweise gibt? Man weiß nichts Genaues. Denkbar ist, dass Elisabeth tatsächlich jungfräulich lebte, wahrscheinlicher, dass sie ihre Liebhaber klug auswählte, ihnen Diskretion abverlangte, sie fürstlich beschenkte und nach dem Erlöschen der Leidenschaft in freundschaftlicher Loyalität hielt. Womöglich genügte ihr ein geheimes Liebesleben – zumal eine Heirat immer ein folgenreicher politischer Schritt gewesen wäre und sich nie ein idealer Kandidat gefunden hat. So blieb sie ledig und regierte allein mit großem Wissen, diplomatischem Feingefühl, einer listigen Kompromissbereitschaft und einer Neigung zum Abwarten und Hinauszögern, die ihre Gegner manchmal vor Wut fast platzen ließ. Um Englands willen konnte sie hinhalten, ausharren, lügen und sich verstellen und sogar einen Piraten zum Admiral ernennen. Auch Elisabeth hat Verräter aufs Schafott geschickt und Schmährednern die Hand abschlagen lassen. Doch sie tat es weit seltener als damals üblich. Sie war gefürchtet für ihre Strenge, aber auch berühmt für ihre Milde, selbst gefährlichen Feinden gegenüber.

Wer waren diese Feinde? Elisabeth lebte in einer gespaltenen Welt: Die Reformation lag noch nicht lange zurück, und die Loslösung Englands vom römischen Katholizismus hatte sogar mit ihr persönlich, mit ihrer Geburt, zu tun gehabt. In England war auf die Gründung der anglikanischen Kirche unter Elisabeths Vater eine grausame Jagd auf Katholiken gefolgt; »Maria die Katholische«, Elisabeths Halbschwester, die ja von ihrer Mutter her eine spanische Fürstin war, hatte als Königin England in die Arme Roms zurückführen wollen und ihre protestantische Schwester, die sie der Gegenagitation verdächtigte, vorsichtshalber in den Tower sperren lassen. Sie war jedoch zu früh gestorben, um England wieder katholisch machen zu können. Als Elisabeth den Thron bestieg, versprach sie ihrem Volk, die anglikanische Kirche, die ihr Vater gestiftet hatte, gegen den »Papismus« zu verteidigen. Sie hielt Wort. Auch hierin lag ein Grund für ihre große Beliebtheit beim Volk, das der religiösen Zwistigkeiten müde war.

Ganz anders sahen das die Franzosen. Die alte Erbfeindschaft zwischen den beiden Mächten erfuhr durch die religiöse Spaltung eine Vertiefung. Elisabeth vermochte es jedoch, durch kluges Taktieren bis hin zu vorgespiegelten Heiratsabsichten mit dem französischen Königsbruder eine Verschärfung politischer Spannungen oder gar Kriegsvorbereitungen immer wieder zu vermeiden. Die Bartholomäusnacht 1572 – ein Massaker unter französischen Protestanten, den Hugenotten, mit viertausend Toten allein in Paris – entsetzte sie zutiefst, aber sie unternahm nichts gegen Frankreich, milderte allerdings die Folgen des Terrors, indem sie vielen der geflüchteten Hugenotten in England eine Zuflucht bot.

Das katholische Europa gab jedoch nicht so bald auf. Man wollte nicht hinnehmen, dass da in England ein Weib auf dem Thron saß, das glaubte, sich über die römische Geistlichkeit hinwegsetzen zu können und keinen rechtgläubigen Prinzen zu ehelichen bereit war. Eine weitere Frau war es, welche die Opposition gegen Elisabeth in den 1580er Jahren anführte: Maria Stuart, als Königin von Schottland gestürzt und in England in einer Art Schutzhaft, war Elisabeths Cousine, wie sie eine Enkelin König Heinrichs VII. und als Katholikin Hoffnung der katholischen Minderheit Englands – und des Papstes. Man wollte diese Fürstin auf dem Thron sehen und die »Bastardin« Elisabeth stürzen. Ein Putschversuch misslang jedoch, und Maria selbst büßte dafür auf dem Schafott. Auch als die Spanier schließlich eine Invasion planten, um England ins Reich des wahren Glaubens zurückzuzwingen, verstand Elisabeth, dass es ernst war und ließ vorsorglich rüsten. Sie übertrug dem alten Seeräuber Francis Drake den Oberbefehl, und bei günstigem Wind lief die englische Flotte zur Seeschlacht aus. Im Jahr 1588 wurde die spanische Armada, Stolz Philipps II., vernichtend geschlagen, die Vorherrschaft der durch ihre Kolonien reich gewordenen Iberer zur See gebrochen und Elisabeths Herrschaft gefestigt. Und hundert Jahre später würde es dann einmal heißen: »Britannia rules the waves« (= Britannien regiert die See). Die Königin erhielt den Beinamen »Gloriana«. Niemand anderes als sie hat der Großmacht England den Weg bereitet.

Die Theaterliebhaberin Elisabeth förderte die Literatur und die darstellenden Künste; wer weiß, ob Shakespeare und sein »Globe«-Theater ohne sie so berühmt und erfolgreich hätten werden können. Das »Elisabethanische Zeitalter« steht auch für große Entdeckungsfahrten der englischen Handelskompanien in alle Welt und für nachhaltigen wirtschaftlichen Aufschwung. Mit Robert, Earl of Essex verband die Königin eine intime Freundschaft, wenn nicht mehr, doch als dieser einen Staatsstreich versuchte, musste sie auch ihn hinrichten lassen. Elisabeth starb 1603 fast 70-jährig, an einer einfachen Erkältung. Sie war die letzte Herrscherin aus dem Geschlecht der Tudor; den Sohn Maria Stuarts, Jacob VI., hatte sie zu ihrem Nachfolger bestimmt. Elisabeth verschied auf der Höhe ihrer Macht, ihr Leben war gelebt, ihr Werk getan. Sie war in eine mörderische Welt hineingeboren worden und hatte, wenn sie auch selbst nicht auf Gewalt verzichten konnte, ihrem Land und Europa gezeigt, dass Frieden möglich ist.

II

»Ich bin ein eigener Mensch und mir allein verantwortlich für alles, was ich bin oder tue.« (Émilie du Châtelet)

—

Vom Barock bis zur Romantik

Artemisia Gentileschi

Eine grosse Malerin des Barock

* 1593 in Rom
† vermutlich 1653 in Neapel

Es ist Arbeit. Es erfordert äußerste Muskelkraft und Konzentration – das Kopfabschlagen. Und wenn eine Frau einen Mann enthauptet, dann bringt sie besser eine Hilfskraft mit. Denn der Kerl wird sich zur Wehr setzen, selbst wenn er berauscht ist oder im Schlaf liegt. Bis die Frau mit dem Schwert den Hals durchtrennt hat, kommt er womöglich zu sich. Ach, und all das Blut, das Blut …

»Judith und Holofernes« war ein beliebtes Thema für die Malerei des 16. und 17. Jahrhunderts. Man konnte eine Monstrosität vorführen – die gewalttätige Frau, der geopferte Mann –, die selten war und Schauder weckte und war dabei doch durch eine biblische Legende, also einen »erlaubten« Stoff, sozusagen gedeckt. Die meisten Maler, so Lucas Cranach d. Ä. und Caravaggio, malten eine anmutige, statuarische Judith, die selbst nicht ganz zu begreifen schien, was sie tat. Bis eine junge Malerin kam, die zeigte, wie hart und viehisch das Schlachten ist: Artemisia Gentileschi, geboren in Rom 1593. Immer wieder hat sie Judith während der Enthauptung des Holofernes gemalt. Ein Ölgemälde aus dem Jahre 1620 ist wohl ihr berühmtestes Werk. Das Blut strömt über die weißen Laken, eine Magd drückt den Arm des Opfers nieder, und Judith führt mit starrem Blick und aller Kraft das Schwert. Artemisia Gentileschi war eine professionelle Malerin des 17. Jahrhunderts, die von höchsten Stellen Aufträge erhielt, so von der florentinischen Familie der Medici, dem römischen Kardinal Barberini und dem Gelehrten Cassiano dal Pozzo, von vielen Kirchen und sogar vom spanischen und vom englischen Hof. Ihre Bilder zeigen Heilige und Gottesmütter, Allegorien und Szenen aus der Bibel. Bei kaum einem Motiv aber hat sie sich so verausgabt wie bei Judith und Holofernes.

Artemisia wuchs in Rom auf; ihr Vater Orazio war ein berühmter Maler. Den Namen Gentileschi hatte er als Künstlernamen gewählt, eigentlich hieß er Lomi. Artemisia war das älteste Kind, sie hatte noch drei Brüder. Ihre Mutter starb im Kindbett, da war Artemisia zwölf Jahre alt. Sie musste nun Haushaltspflichten übernehmen und für die Brüder mit sorgen, so wurde sie früh erwachsen. Was sie aber seit ihrer Kindheit über alles faszinierte, war die Malerei. Ihr Vater erkannte ihr Talent und bildete sie aus, er war ein strenger Lehrmeister. Oft musste sie ihm Modell sitzen, durfte aber auch an seinen Arbeiten hie und da etwas ausbessern. In der Familie Gentileschi ging ein junger Mann namens Agostino Tassi in Haus und Atelier ein und aus, er war einer der Mitarbeiter Orazios und mit Artemisia befreundet. Zwar war es seinerzeit ausgesprochen unüblich, dass ein junges Mädchen vor seiner Verlobung alltäglichen vertrauten Umgang mit einem Mann hatte – aber bei Artemisia und Agostino war es etwas anderes: Sie verband die Kunst. Also nahm auch niemand Anstoß. Mit ihren siebzehn Jahren war die junge Gentileschi schon sehr versiert im Umgang mit Farben und Pinseln, war schon beinahe ein Profi. Lange Abende sprachen sie und Tassi über die Qualität von Leinwänden, die Mischung von Farben und die interessante neue Darstellungsform der Perspektive. Tassi aber wollte mehr, beziehungsweise etwas anderes. Er bestach die Nachbarin, die ein Auge auf die Tochter haben sollte und nutzte seine Stunde. So gelang es ihm, sich mit der Malerstochter in einer Kammer einzusperren und sie zu vergewaltigen. Artemisia biss und kratzte Agostino und warf ein Messer nach ihm, aber es nützte ihr nichts. »Mit einem Schlag auf die Brust warf er mich auf das Bett, stieß sein Knie zwischen meine Oberschenkel und stopfte mir ein Taschentuch in den Mund. Mit Mühe schob er mir gegen meinen Widerstand die Kleider hoch. Er ließ meine Hände frei, fuhr mit seinem zweiten Knie zwischen meine Beine und steckte sein Glied in meine Natur. Er begann zu stoßen, und ich verspürte ein starkes Brennen, wie ein Feuer, das mir große Schmerzen bereitete.« So lautete Artemisias Aussage vor Gericht. Agostino Tassi beruhigte sein Opfer nach der

Tat, indem er dem Mädchen die Heirat versprach. Jetzt fühlte sich Artemisia verlobt und gab sich ihrem Zukünftigen heimlich hin. Als dieser ihr unterstellte, auch mit anderen Männern ins Bett zu gehen und sein Eheversprechen zurückzog, schöpfte sie Verdacht und entdeckte sich ihrem Vater.

Orazio Gentileschi raste vor Wut. Er strengte einen Prozess gegen den Verführer an, der viel Staub aufwirbelte. Tassi war bereits verheiratet. Er schwor, Artemisia zu lieben, und obwohl an seiner Schuld kaum Zweifel laut wurden, war es Artemisias Ehre, die beschmutzt, war es ihr Ruf, der zerstört ward. Man verurteilte Tassi zu einer milden Strafe; Artemisia jedoch konnte sich in Rom nicht mehr blicken lassen.

Vielleicht waren es diese furchtbare Verletzung und Enttäuschung, die Artemisia vom gewöhnlichen Frauenlos entfernten und ihr, als sie alles verkraftet hatte, den Mut und die Ausdauer verliehen, sich zu einer eigenständigen und eigenwilligen Malerin zu entwickeln. Zwar heiratete sie, nachdem sie Rom verlassen und sich in Florenz angesiedelt hatte, einen Künstlerkollegen und bekam vier Kinder, aber sie hörte nie auf zu malen. Sie durfte sogar als einzige Frau an der Accademia delle Arti del Disegno in Florenz studieren. Es war ihr Können, das ihr diesen Weg ebnete, sie war schon in jungem Alter handwerklich perfekt. Ihr frühbarocker Stil, ihre opulente Farbgebung, ihr malerisches Temperament sind von Caravaggio beeinflusst. Sie malt nie modisch, gibt all ihren Figuren einen persönlichen Ausdruck und beeindruckt die künstlerische Welt durch die Leuchtkraft und Präzision ihrer Gewänderstudien. Ihre florentinische Zeit begründete ihren Ruf. Sie war noch jung, als sie dort ankam, fasste rasch Fuß, studierte eifrig, erhielt ehrenvolle Aufträge und konnte sich durch ihre Arbeiten eine eigene Existenz sichern. Sie war wissbegierig und reiste gern, neben manchen anderen Geistesgrößen lernte sie ihren Zeitgenossen Galileo Galilei kennen und korrespondierte mit ihm.

Das 16. Jahrhundert war von Gewaltausbrüchen gezeichnet; erst 1527, zwei Generationen vor Artemisias Geburt, war Rom von den

Soldaten Karls V. bis auf die Grundmauern zerstört worden (»Sacco di Roma«), die Ewige Stadt war vernichtet und entvölkert. Obwohl bald wieder Frieden einkehrte, saß doch den jungen Edelleuten aus den allseits streitenden hochmögenden Familien der Dolch locker, und die religiöse Spaltung infolge der Reformation schuf Gründe für einen säkularen Zwist, der im Dreißigjährigen Krieg seinen Höhepunkt erreichen sollte. Hinzu kamen Pestepidemien, die in Wellen über Europa hinweg rollten und ganze Landstriche veröden ließen. Es war also keine angenehme und sichere Zeit, in der Artemisia lebte, und so ist es nicht verwunderlich, dass ihre Bilder voller Gewalt und Blut und Düsternis sind. Hinzu kommt bei ihr eine besondere Variante des Themas: die Gewalt zwischen den Geschlechtern. Artemisia hatte sie selbst erlebt, sie hatte den Schmerz und die Demütigung schlucken müssen, und mit ziemlicher Sicherheit befriedigte sie bei der Ausgestaltung ihrer Judith-Bilder eine vielleicht gar nicht so geheime Rachefantasie. Aber sie blieb dabei nicht stehen. Sie stellte keusche Heilige dar, stillende Marien, ängstliche Susannen, bezaubernde Musen und Minerven – sie konnte, wenn es verlangt wurde, auch lieblich malen. Außerdem verfertigte sie viele Portraits von hochstehenden Persönlichkeiten, die gutes Geld einbrachten. Man wird in ihr aber wohl immer die Darstellerin der tötenden Judith sehen. Und wenn man ihre Lebensgeschichte kennt, ist man geradezu froh darüber, dass hier eine Frau mit Mitteln der Kunst den Spieß einmal umdreht und auf ihre Weise all den Männern, die im Laufe der Zivilisation Frauen Gewalt angetan haben, bewaffnet (mit dem Pinsel) entgegentritt. Ihr Gemälde *Judith und ihre Magd* ist heute in Florenz im Palazzo Pitti zu sehen. Andere Werke aus den vier Jahrzehnten ihres Schaffens finden sich im Museo Nazionale di Capodimonte in Neapel, im Museo del Prado in Madrid oder im Metropolitan Museum of Modern Art in New York.

Artemisia kehrt 1621 nach Rom zurück. Sie ist inzwischen eine prominente Künstlerin und kann unter ihren Auftraggebern wählen. In ihrer eigenen Werkstatt stellt sie auch männliche Mitarbeiter ein. Zehn Jahre später geht sie über Venedig nach Neapel, damals eine besonders lebendige, schnell wachsende Stadt, größer als Rom. Sie gestaltet die Kathedrale von Pozzuoli bei Neapel mit und schafft einige ihrer größten Gemälde – ihre *Heiligen Drei Könige* und ihre *Kleopatra*. Als sie 1635 vom englischen König Karl I. – ihr Vater wirkt schon seit Jahren an seinem Hofe – eingeladen wird, zögert sie lange: In Nordeuropa herrscht Krieg, London ist von der Pest bedroht ... Schließlich fährt sie doch. Sie gestaltet mit Orazio die Decken des Queen's House in Greenwich. Nach ihrer Heimkehr entwickelt sie einen weicheren und ruhigeren Spätstil. Wann und wo genau sie starb, ist nicht bekannt. Vermutlich um 1652/53 in Neapel. Dort wurde sie auf dem Friedhof der Kirche San Giovanni di Fiorentini beigesetzt.

Das Leben der Artemisia Gentileschi ist nur fragmentarisch dokumentiert. Es gibt die Prozessakten und Briefe, manchmal fehlt jahrelang jede Spur. Und ihre Bilder? Auch die gingen nach ihrem Tode verloren, verstaubten auf Abstellböden oder wurden übermalt. Es ist nur ein Bruchteil erhalten. Niemand pflegte das Andenken dieser nach den Maßstäben ihrer Zeit nicht als Vorbild geltenden Frau – viel zu ehrgeizig und mit einer dubiosen Vergangenheit geschlagen – und so blieb sie über dreihundert Jahre lang vergessen. Bis unsere Zeit sie erneut entdeckt und ihre Werke zu bewundern lernt.

Königin Christine von Schweden

Minerva des Nordens

* 1626 in Stockholm
† 1689 in Rom

Sie war die umstrittenste Majestät des 17. Jahrhunderts. Geschmäht von bösen Zungen als »Hure beider Geschlechter« war sie bei ihrem schwedischen Volk als »jungfräuliche Königin« beliebt; beschimpft als Verschwenderin, die die Abgaben ihrer Untertanen verprasste, galt sie zugleich als Asketin, der nichts an irdischen Genüssen lag. Beargwöhnt als Sünderin, die vom wahren Glauben abgefallen sei, priesen ihre Freunde sie als nimmermüde Gottsucherin. Die Königin sagte dazu schlicht: »Meine Religion ist die der Philosophen.«

Christine Wasa wurde in den Krieg hineingeboren. Der (später so genannte) Dreißigjährige Krieg tobte; Schweden war tief verstrickt, und Christines Vater Gustav II. Adolf war mehr im Feld als bei Hofe in Stockholm. Als seine Gemahlin Maria Eleonora von Brandenburg, die bis dahin nur Fehlgeburten erlitten hatte, im Dezember 1626 von einem gesunden Säugling entbunden wurde, hielt die Amme das Kind zunächst für einen Knaben. Ein Orakel hatte es so vorhergesagt, und außerdem krähte das Kind, dessen Körperchen von dichtem dunklem Flaum bedeckt war, mit ungewöhnlich tiefer Stimme. Erst als die Hebamme, die das frohe Ereignis schon weitergetragen und stürmisches Geläute über Stockholm ausgelöst hatte, das Neugeborene badete, entdeckte sie ihren Irrtum. Angstvoll gestand sie der Mutter die Wahrheit, die daraufhin verzweifelte und das Kind nicht sehen wollte. Anders der Vater. Er nahm den Säugling in den Arm und sprach: »Danken wir Gott. Ich hoffe, dass diese Tochter den Wert eines Sohnes für mich haben wird. Ich bin zufrieden.« Er verfügte, dass dieses Kind wie ein Prinz zu erziehen sei.

Christine liebte ihren Vater innig. Das Mädchen schluchzte tagelang, als Gustav II. Adolf in der Schlacht bei Lützen fiel. Ihre freudvolle Kindheit fand so ein frühes Ende. Die Sechsjährige war nun die Thronfolgerin: Königin von Schweden, der Goten und Wenden, Großherzogin von Finnland, Herzogin von Pommern und der Kaschubei, Prinzessin von Rügen, Herrin von Ingrien und Wismar. Der unmündigen Wasa wurde als Regent Axel Oxenstierna zur Seite gestellt, ein fähiger Staatsmann, der Christine auch unterrichtete und den sie sich, trotz mancher Differenzen, zum Vorbild nahm. Im Westfälischen Frieden sicherte dieser Kanzler Schweden Vorpommern, Rügen und Bremen. Er stand lange loyal zu Christine – und sie zu ihm. Und er bestellte hochrangige Lehrer für die Prinzessin, ganz so, wie der königliche Vater es angeordnet hatte. Christine lernte Reiten und Jagen, sie sprach später alle wichtigen Sprachen und erhielt eine gründliche Ausbildung in Geistesgeschichte und Philosophie mit Schwerpunkt auf der Antike.

Ihre späte Kindheit verlebte Christine bei einer Tante und deren Sohn, ihrem Vetter Karl Gustav – mit beiden verstand sie sich gut. Als sie 18 Jahre als war, übernahm sie formell die Regierungsgewalt und präsidierte dem Reichsrat. Schon damals war sie eine auffallende Erscheinung. Sie trug ein Wams und Männerstiefel, ließ ihre Haare fallen, wie sie wollten, und wies mäkelnde Hofdamen barsch aus ihren Gemächern. Frauen, sofern sie sich in die gängigen Rollen schickten und ihr Leben »zwischen Kamm und Spiegel« verbrachten, gingen der Königin auf die Nerven. Sie brauchte wenig Schlaf. In aller Herrgottsfrühe stand sie auf, ritt aus und erschien mit zerzaustem Schopf und bespritzten Beinkleidern zur Ratssitzung. Dem abfälligen Gemurmel der Minister gebot sie mit herrischer, tiefer Stimme Einhalt. Schon als sehr junge Frau duldete sie keinen Widerspruch. Wer ihr dumm kam, fing sich auch schon mal eine Maulschelle ein.

Trotz – oder wegen? – ihres abweichenden Verhaltens war die junge Königin beim Volk beliebt. Sie war eine Wasa und besaß das charakteristische Äußere der Königsfamilie: ein schmales Gesicht mit sehr großen Augen und einer langen Adlernase. Sie war nicht groß und in Folge eines schlecht verheilten Schulterbruchs ein wenig verwachsen. Aber das machte ihr nichts aus. Die Königin war körperlich sehr gewandt; sie ritt wie der Teufel und tanzte gern. Gleichzeitig sammelte sie seltene Bücher, verbrachte Stunden mit Lektüre und verwickelte ihre Berater in lange Diskussionen über die Lage in Europa, die religiöse Spaltung des Kontinents und die Verlautbarungen des Papstes. Das höfische Zeremoniell war ihr ebenso unangenehm wie die kirchlichen Rituale. Die schwedischen Pastoren nannte sie »grauenhafte Langweiler«. Während der Predigten blätterte sie gern in einem Buch. Ihre Erzieher hofften, es handele sich dabei um die Bibel. Wie entsetzt waren sie, als herauskam: Die Königin liest in der Kirche Vergil und Lukrez.

Christine Wasa war das, was man heute eine Intellektuelle nennt. Ein Leben lang studierte sie politische, philosophische und schöngeistige Literatur, sie sammelte Gemälde und Skulpturen, begeisterte sich für das Theater und verwickelte den geistlichen Beistand, der bei Hofe auch für die Königin obligatorisch war, in endlose Kontroversen über den wahren Glauben. Ihr gedankliches Zuhause war und blieb die Antike. Sie verstand sich selbst, dem humanistischen Zeitgeist folgend, als »Neostoikerin« – deren Ziel es sein musste, alle Leidenschaften zu beherrschen, wenn nicht zu besiegen. Unter dem Einfluss französischer Denker wie La Rochefoucauld korrigierte sie ihre Position: »Man triumphiert über seine Leidenschaften nur dann, wenn sie schwach sind.« Christines stärkste Leidenschaft war der Wille zum Wissen.

Ihre Lehrer hatten der Prinzessin von der großen Elisabeth von England erzählt und ihr diese Queen als Vorbild empfohlen. Zum Ärger der Pädagogen und zum Kummer Oxenstiernas eiferte die schwedische Königin der britischen Majestät ausgerechnet in dem einen Punkt nach, mit dem knapp hundert Jahre zuvor schon Elisabeth ihre Minister zur Verzweiflung getrieben hatte: Sie verweigerte die Ehe. »Mein Unabhängigkeitsgefühl sträubt sich gegen das Band einer Ehe. Ich habe keine Lust, der Acker eines Mannes zu sein. Und was den zu erzeugenden Erben betrifft, so könnte ich ja ebenso gut einen Nero wie einen Augustus zur Welt bringen.« Man vermutet, dass

Christine Frauen geliebt hat. Mit ihrer Hofdame Ebba Sparre verband sie eine innige erotische Zuneigung, die durch Briefe belegt ist.

Es gab weitere Ähnlichkeiten mit Elisabeth von England: die Liebe zum Theater, zur Jagd und zum Tanz; die Neigung, Kopfnüsse zu verteilen und die Bevorzugung männlichen Umgangs bei Hofe, sowie der Versuch, religiöse Fehden mit Toleranz zu entschärfen. Doch die Unterschiede waren ebenfalls bedeutend: Eine Vollblutpolitikerin wie die Engländerin ist Christine nie gewesen. Sie war und blieb die Denkerin, die »Minerva« (Göttin der Weisheit) auf dem Thron. Und dieser Thron wurde ihr schließlich lästig.

Als regierende Königin wirkte Christine nur zehn Jahre. Sie suchte eine andere Macht als die der Königin, sie wollte als Philosophin überzeugen. Kunstkenner, Theologen und Wissenschaftler aller Fakultäten lud sie ein an ihren Hof; manche sagten Nein, denn das Stockholmer Pflaster besaß trotz aller Mühen Christines – verglichen mit Paris, Rom oder Venedig – kein besonders Prestige. Wer aber ihrem Ruf folgte, war der berühmte französische Philosoph Descartes, dessen Losung lautete: »Ich denke, also bin ich.« Er starb 1651 in Stockholm, nur fünfzehn Monate nach seiner Ankunft am Königshof. Die nordische Witterung sowie die Angewohnheit der Königin, bereits früh um fünf Uhr zur ersten philosophischen Erörterung zu laden, hatten seine Gesundheit untergraben. – Schon kurz nach ihrer offiziellen Krönung im Jahre 1650 spielte Christine mit dem Gedanken, dem Thron zu entsagen, die protestantische Religion zugunsten der katholischen aufzugeben und Schweden zu verlassen. Es war Oxenstierna, der sie dazu bewog, noch ein paar Jahre durchzuhalten. In dieser Zeit sorgte Christine auf ihre Weise für einen Nachfolger. Sie rang lange mit dem Reichsrat, um ihren Vetter Karl Gustav als neuen König durchzusetzen. Als ihr das gelungen war, dankte sie gegen den Willen von Kanzler und Rat im Jahre 1654 ab. Und so beurteilte sie sich selbst: »Das Wohl des Staates habe ich über alles gestellt. Ohne überheblich und hoffärtig zu sein, habe ich die Macht ausgeübt, und ich trenne mich leicht und ohne Schmerz von ihr.«

Mit Christine ging die letzte Wasa. Von ihrem Konversionsvorhaben ließ sie vorsichtshalber zunächst nichts verlauten, weil sie befürchten musste, durch diesen Schritt ihre Apanage zu verlieren. Die große Frage ist: Warum tat sie das? Warum konvertierte sie zu einem Bekenntnis, das mit der Inquisition die ihr verhassten Hexenprozesse betrieb? Und warum verließ sie Schweden? Christine hoffte, in Rom – wohin sie zu emigrieren gedachte – mit den Theologen des Vatikans auf Augenhöhe über Fragen des Glaubens diskutieren zu können. Die anderthalb Jahrtausende alte ehrwürdige römische Kirche schien der Selbstbewussten besser geeignet, ihren theologischen Erkenntnisdrang zu unterstützen. Und nach wie vor fühlte sich Christine geistig in der Antike zu Hause; sie wollte dort wandeln, wo ihre großen Vorbilder, von Epiktet bis Lukrez, gelebt hatten.

Die Politik, zu der die Königin jetzt doch noch entschlossen war, trug Züge klandestiner Verschwörungen. So plante sie mit Kardinal Mazarin von Frankreich die Befreiung des unter spanischer Herrschaft schmachtenden Königreiches Neapel – sie selbst wollte nach dem Coup die neapolitanische Krone tragen. Die Sache flog auf, den Verräter ließ Christine ermorden, was sie Sympathien in Frankreich kostete. Auch ihr Versuch, die polnische Königswürde zu erwerben, scheiterte. Vereinsamt starb Christine Wasa 1689 in Rom.

Maria Sibylla Merian

Künstlerin und Forscherin

* 1647 in Frankfurt a. M.
† 1717 in Amsterdam

»Es ist vollbracht«, denkt sie und lächelt unwillkürlich, während die Küste Surinams vor ihren Augen am Horizont verschwimmt. »Ich habe sie alle gesehen und habe sie festgehalten: gezeichnet und gemalt. Ich habe sie gesammelt, beobachtet und ihr Leben studiert; die Leuchtzikaden und die Goldkäfer, die Ameisen und die Kolibris, die Vogelspinnen und die Tropenfalter – alle.« Sie schüttelt über sich selbst den Kopf, als sie daran denkt, wie lange sie mit dieser Reise gezögert hat. Keinen Monat zu früh ist sie gefahren, denn das Leben in den Tropen ist hart, und sie ist nicht die Jüngste. Dass sie sich die Malaria einfangen musste – das war ein herber Schlag. Dieses Fieber, diese Schwäche! Aber es wird vorübergehen, und zu Hause in Amsterdam werden ihr die Besucher die Türen einrennen, um ihre Schätze zu bestaunen.

Es war im Jahre 1701: Maria Sibylla geschiedene Graff, geborene Merian, befand sich auf der Heimreise von Niederländisch-Guayana nach Holland. Sie war 54 Jahre alt und eine europäische Berühmtheit: Die Tochter des ebenfalls weltweit bekannten Kupferstechers und Verlegers Matthäus Merian hatte sich zunächst als Zeichnerin und Koloristin einen Namen gemacht: Ihr *Blumenbuch*, 1675-1680 in drei Teilen als Stickvorlage für Damen mit Geschmack erschienen, erregte seiner ungewöhnlichen Kunstfertigkeit und Genauigkeit wegen einige Aufmerksamkeit. Mit dem 1679 folgenden *Raupenbuch* kam ein Echo nicht nur von Kunstfreunden, sondern auch vonseiten der Wissenschaft: Die Merianin hatte nämlich, sozusagen als Nebenprodukt ihrer Arbeit, die Insektenkunde (Entomologie) mitbegründet. Der volle Titel des Raupenbuches lautet: »Der Raupen wunderbare Verwandlung und sonderbare Blumennahrung, worinnen durch eine neue Erfindung der Raupen, Würmer, Sommervöglein

(= Schmetterlinge), Motten, Fliegen und anderer dergleichen Tierlein Ursprung, Speisen und Veränderungen, fleißig untersucht, kürzlich beschrieben und nach dem Leben abgemalt, ins Kupfer gestochen und selbst verlegt von M. S. Graffin, Matthäus Merians des Älteren selig Tochter.« Würmer, Käfer, Raupen und ähnliches Gewimmel galten zu ihrer Zeit als schlammgeborenes Teufelsgezücht, das der wissenschaftlichen Neugier eines Christenmenschen unwürdig war. Maria Sibylla Merian aber kannte solche Vorurteile nicht. Wo sie beobachtete, da zeichnete sie, und wo sie zeichnete, da beobachtete sie. Die naturwissenschaftliche Neugier des 17. Jahrhunderts, in dem man begann, die religiösen Scheuklappen abzulegen, hatte sich auch dieser zeichnerisch und forscherisch hochbegabten Frau bemächtigt. Nie liebäugelt Maria Sibylla mit dem barocken Zeitgeschmack. Überladene Arrangements liegen ihr fern: Sie zeichnet – exakt, naturgetreu und geduldig –, was sie sieht. Und da sie genau hinsieht, geschieht das Wunder, dass ihre Tulpen, Anemonen und Schlüsselblumen vom Blatt weg duften und atmen, dass ihre Spinnen, Schnecken und Mücken sich zu bewegen, zu krabbeln scheinen. Plötzlich stellt sich dem Betrachter die Frage: Wie leben diese Tiere eigentlich? Und je länger die Merianin als Zeichnerin arbeitet, desto stärker beschäftigt auch sie diese Frage.

Als Maria Sibylla 1647 in Frankfurt am Main geboren wird, steht der Dreißigjährige Krieg kurz vor seinem Ende. Frankfurt hat seinen Glanz verloren, Hunger und Pest haben die Bevölkerung dezimiert. Maria ist drei Jahre alt, da stirbt ihr Vater Matthäus Merian. Die zeichnerische Begabung der kleinen Maria scheint schon früh offensichtlich gewesen zu sein, denn der alte Merian soll ihr eine bedeutende Zukunft prophezeit haben. Mutter Johanna Catharina Merian, ein eher schlichtes Gemüt, hält nichts von solchem Ehrgeiz bei Töchtern. Glücklicherweise heiratet sie nach dem Tod ihres ersten Mannes den Blumenmaler Jacob Marrell, der die Begabung seiner Stieftochter erkennt. Er sorgt für eine Ausbildung des Mädchens im Zeichnen und Kupferstechen. Auch lernt sie, mit Wasser- und Ölfarben zu malen. Von dem Besuch einer Seidenraupenzucht bringt sie einige Raupen in kleinen Kisten mit nach Hause und beobachtet die Entstehung und Verwandlung des Seidenwurms. Mit dreizehn Jahren zeichnet sie erstmals die Entwicklung der Seidenraupe in allen ihren Phasen und fügt eine kurze Beschreibung hinzu.

»Ich habe mich von Jugend an mit der Erforschung der Insekten beschäftigt. Zunächst begann ich mit Seidenraupen in meiner Geburtsstadt Frankfurt am Main. Danach stellte ich fest, dass sich aus anderen Raupenarten viel schönere Tag- und Eulenfalter entwickelten als aus Seidenraupen. Das veranlasste mich, alle Raupenarten zu sammeln, die ich finden konnte, um ihre Verwandlung zu beobachten. Ich entzog mich deshalb aller menschlichen Gesellschaft und beschäftigte mich nur mit diesen Untersuchungen.«

Die Mutter hat das nicht gerne gesehen, aber sie hatte ihre Tochter bereits an die Wissenschaft verloren.

So also begann Maria Sibylla ihre naturwissenschaftlichen Studien: ganz auf eigene Faust, und sie legte damit den Grundstock für ihr gesamtes Werk. 18-jährig ehelicht sie den zehn Jahre älteren Marrell-Schüler Johann Andreas Graff, und drei Jahre später kommt das erste Kind, die Tochter Johanna Helena, zur Welt. Die Familie übersiedelt nach Nürnberg, der Heimat Graffs. Dort gründet Maria Merian eine Stick- und Malschule, stellt selbst Farben und Firnis her und organisiert einen Handel mit den zum Malen notwenigen Utensilien. Die Arbeit in ihrer Schule regt sie zu ihrem ersten Buch, dem *Blumenbuch* an. Unermüdlich ist Maria Sibylla tätig: als Zeichnerin, Kupferstecherin, Verlegerin, Schulleiterin, als Entwicklerin und Vermarkterin wasserfester Farben, als Insektenforscherin, Mutter und Hausfrau. 1678 wird die zweite Tochter, Dorothea Henriette, geboren. Beide Töchter werden später Blumenmalerinnen und Graveurinnen.

Wie hielt es Maria Sibylla mit der Religion? Sie war eine gläubige Protestantin, schwärmerisch der Natur zugewandt, in der sich, wie sie es sah, Gott offenbarte. Naturmystische Begeisterung und aufklärerischer Forschergeist, kindliche Ehrfurcht vor dem Zauber der Flora und Fauna und vor des Schöpfergottes Macht sowie nüchterne

Entomologie schlossen sich in ihren Augen nicht aus. Aus dem Vorwort zum *Raupenbuch*: »Suche demnach hierinnen nicht meine, sondern allein Gottes Ehre: Ihn als einen Schöpfer auch dieser Kleinsten und geringsten Würmlein zu preisen.« Ein Hang zur Weltflucht nach dem Scheitern ihrer Ehe mit Graff – der Gatte sah sich von seiner Frau beruflich in den Schatten gestellt – führt sie 1685 in den Schoß der asketischen Labadisten-Sekte nach Wieuwerd in Holland. Ihre beiden Töchter, siebzehn und sieben Jahre alt, nahm sie mit. Man lebte dort nach den Prinzipien der pietistischen Lehre des Jean de Labadie in einer Art Kommune und war vor allem bedürfnislos und fromm.

Und hier hört Maria Sibylla von der fantastischen Kleintierfauna Surinams – labadistische Missionare berichten nach ihrer Rückkehr aus der Kolonie davon. Die Insektenforscherin ist beeindruckt und fortan von dem Wunsch beseelt, selbst durch den Dschungel zu streifen und das tropische Getier mit eigenen Augen zu beobachten. Sie verlässt die Sekte und geht nach Amsterdam, wo ein hohes wissenschaftliches Niveau und das freieste politische Klima Europas herrschen sowie avancierte Technik zur Verfügung steht. Hier freut sie sich am Erfolg ihres *Raupenbuches* und wird von vielen Bewunderern aufgesucht, unter denen, wie fantasievolle Biographen mutmaßen, der eine oder andere Freund, vielleicht sogar die große Liebe, zu finden gewesen sein müsste. Genau weiß man es nicht, denn die Quellen sind lückenhaft. Aber man wünscht es der Merianin von Herzen.

Einige Jahre wartet sie noch, es geht auch ums Geld für die Überfahrt, das muss erst zusammenkommen. Im Jahre 1699 dann macht die Merianin ihr Testament und schifft sich mit der jüngeren Tochter Dorothea auf einem Frachter nach Südamerika ein. Hier, in der niederländischen Kolonie Surinam wird sie das unschätzbare Material für ihr drittes großes Buch, die *Wunderbare Verwandlung der Insekten Surinams* finden, das Werk, das sie unter die Pioniere der modernen Naturforschung einreiht. Sie wagt sich auch in die Zoologie vor und fertigt Präparate von Krokodilen, Leguanen, Schlangen und Schildkröten an. Surinam ist nicht nur Forschungsfeld für sie, sondern auch Erfahrungsfeld für eines der größten humanen Probleme jener Zeit: die Sklaverei. Entsetzt über das, was sie sieht, interveniert Maria Sibylla Merian bei den örtlichen Autoritäten. Vergebens. Die herrschende Pflanzerpartei hat nichts als ihren Zuckerrohrprofit im Sinn, und die kritische Europäerin muss sich mit der freundlichen Förderung der ihr unmittelbar unterstellten schwarzen Menschen begnügen.

Zurück in Amsterdam, schließt sie ihre Manuskripte ab und genießt den aufkommenden Ruhm. Briefe erreichen sie in großer Zahl, und interessierte Besucher melden sich an, Wissenschaftler, Verleger, Künstlerinnen, Reiseveranstalter. Im Jahre 1705 stellt Merian ihr in einer holländischen und lateinischen Ausgabe erschienenes Werk *Metamorphosis Insectorum Surinamensium* der Öffentlichkeit vor. Es werden darin auf 60 Kupfertafeln in Folioformat mehr als 90 unterschiedliche Insekten- und an die 50 Pflanzenarten Surinams dargeboten. Man sieht meistens zwei Exemplare von Insekten, paarweise angeordnet, mit Früchten oder Pflanzen, die ihnen zur täglichen Speise dienen, gemeinsam dargestellt. Dazu schrieb Merian einen wissenschaftlichen Begleittext. Aus dem Vorwort:

»Ich habe keine Kosten bei der Ausführung dieses Werkes gescheut. Ich habe die Platten von den berühmtesten Meistern stechen lassen und das beste Papier dazu genommen, damit ich sowohl den Kennern der Kunst als auch den Liebhabern der Insekten Vergnügen und Freude bereite, wie es auch mich dann freuen wird, wenn ich höre, dass ich meine Absicht erreicht und gleichzeitig Freude bereitet habe.«

Man bestaunt die exotische Kleintierwelt, wie sie mittels der Merian'schen Farbgebung in nie gesehener Leuchtkraft und Sattheit im Buch zu sehen ist. – Merians Gesundheit allerdings stellt sich nicht ganz wieder her. 1717 stirbt sie, betreut von Dorothea und deren Familie. Sechs Pflanzen, neun Schmetterlinge, eine Motte und zwei Wanzen wurden später nach der großen Naturforscherin benannt.

Émilie du Châtelet

Die Satisfaktionsfähige

* 1706 in Paris
† 1749 in Lunéville

Im Café Gradot zu Paris sitzt der bekannte Mathematiker Moreau de Maupertius mit Freunden und Kollegen zusammen. Man genießt den bitteren Türkentrank, mehr noch aber das Gespräch unter Lehrern und Forschern. Großes Thema ist der englische Physiker Isaak Newton. Seine Principia Mathematica beschäftigten damals alle philosophischen Geister, über Auslegung, Anwendung und Kritik der Thesen redeten sich die Gelehrten die Köpfe heiß, stritten, lärmten, lachten und tranken noch einen Kaffee. Gerade hebt Maupertius zu einem kleinen Vortrag über die Newton'sche Mechanik an, als ihn ein Getöse am Eingang ablenkt. Alle schauen zur Tür.

Dort ist eine junge Dame zu erkennen, eine große eindrucksvolle Erscheinung, die mit erhobener Stimme Einlass begehrt. Der Wirt persönlich bemüht sich, sie zu beschwichtigen, zwei Kellner haben die Hände erhoben, um den Gast am Eintritt zu hindern. So war es damals, im Jahre 1733, in Paris und nahezu überall: Frauen durften sich in öffentlichen Kaffeehäusern nicht blicken lassen, und um keinen Ärger zu machen, versuchten sie es auch gar nicht erst. Nicht so diese Dame.

Maupertius erhebt sich. Er kennt die hochgewachsene Frau. Es ist Émilie du Châtelet, einst seine Schülerin, heute eine werte Freundin und wichtige Partnerin beim Disput insbesondere über Newton. Wenn irgendjemand in die Gedankenwelt des großen Physikers eingedrungen ist, dann sie. Gar zu gern hätte er sie jetzt dabei, hier am Tisch im Café Gradot – sie hätte zu der eben zwischen ihm und seinen Kollegen aufgebrochenen Kontroverse einiges zu sagen. Kurz überlegt Maupertius, ob er den Wirt beiseite nehmen und ihm ein Geldstück zustecken soll, damit er Émilie passieren lässt. Aber da hat sie auch schon den Rückzug angetreten. Die Eingangstür fällt zu.

Wirt und Kellner schauen sich ein wenig betreten um, einer schüttelt den Kopf, der andere macht sich mit Geschirr zu schaffen, allen ist der Zwischenfall ein bisschen peinlich. Maupertius setzt sich und führt das Gespräch fort. Kurz denkt er: »Schade um Émilie. Warum wurde sie nicht als Mann geboren!«

Die Tochter eines königlichen Beamten, des Barons de Breteuil, hatte schon als Kind lebhaftes Interesse an Mathematik und Naturwissenschaften gezeigt. Aber auch Sprachen, darunter Deutsch, studierte sie mit Hingabe; Latein und Griechisch waren ein Muss für alle, die in die Philosophie eindringen wollten, und das wollte Émilie. Reiten lernten junge Damen seinerzeit zuweilen, fechten kaum, die Baronesse de Breteuil beherrschte beides. Außerdem spielte sie Spinett, sang und schauspielerte gern und gut. Das Hofleben gefiel ihr. Sie brillierte nicht nur mit dem Reiz der Jugend, sondern auch mit ihren Geistesblitzen, was Männer zuweilen verschreckte. Und sie genoss den Luxus ihres Standes.

Mit 19 Jahren heiratete sie den Marquis de Châtelet, einen General. Es war eine arrangierte Ehe. Der Marquis war stolz auf seine talentierte Frau, gewährte ihr Mittel für ihre Forschung und verschaffte ihr Kontakte zu bekannten Gelehrten. Émilie gebar ihm drei Kinder. Danach, fand sie, hätte sie als Gattin ihre Schuldigkeit getan und ging fortan eigene Wege. Der Marquis tat desgleichen, beide blieben Freunde. Nach ein paar Affären traf Émilie den Schriftsteller und Philosophen Voltaire. Er wurde ihre große Liebe. Als er wieder einmal wegen seiner Angriffe auf die Geistlichkeit einer Verhaftung zu entgehen versuchte, versteckte ihn Émilie in einem halbverfallenen Schloss mit Namen Cirey-sur-Blaise, das ihrem Mann gehörte. Mit Voltaires Geld restaurierten die beiden das Anwesen und machten daraus ein präsentables Palais und eine regelrechte Forschungsstätte. Émilie übersetzte Newton. Ihre und Voltaires Debatten über die Schwerkraft, die Planetenbewegungen und die Gottesgerechtigkeit zogen sich über Tage und Nächte hin. Voltaire betete Émilie an, und Madame hatte endlich den Mann gefunden, der ihr ebenbürtig war. Der preußische König Friedrich wollte Voltaire unbedingt als Vorzeigephilosophen an seinen Hof holen, aber der konnte sich zu dieser Reise nicht entschließen – die Trennung von Émilie war eine nicht hinnehmbare Bedingung. Auch Émilie korrespondierte mit Friedrich. Eine Briefstelle zeigt, wie selbstbewusst sie war:

»Ich bin ein eigener Mensch und mir allein verantwortlich für alles, was ich bin oder tue. Es mag Metaphysiker und Philosophen geben, deren Wissen größer ist als das meine; ich habe sie noch nicht kennen gelernt. Doch auch sie sind nur schwache, mit Fehlern behaftete Menschen, und wenn ich meine Gaben zusammenzähle, so darf ich wohl sagen, dass ich niemand unterlegen bin.«

Nach einigen Jahren durfte Voltaire wieder in Versailles erscheinen. Das tat er – mit Émilie an seiner Seite, die erneut entzückt am Hofleben teilnahm. Fast sechzehn Jahre dauerte die Liebesbindung. Dann starb Émilie – im Kindbett. Sie war noch nicht einmal 43 Jahre alt. Obwohl die Tochter, die Émilie zur Welt gebracht hatte (und die ebenfalls nicht überlebte), von einem anderen Mann stammte – Émilie hatte sich in einen jungen Höfling verliebt – war Voltaire vor Schmerz um den Verlust außer sich. Jetzt endlich folgte er der Einladung des preußischen Königs an den Hof nach Potsdam. Über seine Geliebte schrieb er: »Sie war ein großer Mann, dessen einziger Fehler es war, eine Frau zu sein.«

Zurück ins Café Gradot. Émilies Auftritt dort im Jahre 1733 – es war das Jahr ihrer Begegnung mit Voltaire – ihr erster Versuch, im Café an den Disputen mit ihrem Lehrer Maupertius teilzunehmen, war nicht ihr letzter. Es dauerte nur so lange, wie ein geschickter Schneider braucht, um einen eleganten Überrock und ein paar gutsitzende Beinkleider herzustellen, bis erneut eine hier noch unbekannte, hoch gewachsene Person Einlass in das Café begehrte. Der Kellner, der den Eingang im Auge hatte, ließ den Gast passieren, und Émilie – denn sie war es, in Männerkleidung auf den ersten Blick nicht zu erkennen – bahnte sich ihren Weg an den Tisch des Maupertius. Dort empfing ihr Lehrer sie mit Bewunderung und leisem Kichern, stellte sie den anderen vor, und ohne Umschweife ging es mitten hinein in die Materie: Zur Infinitesimalrechnung hatte Madame du Châtelet einiges beizutragen.

Émilie kam täglich ins Gradot. Sie war bald ein gern gesehener Gast, der auch mal die Runde freihielt. Der Wirt hatte irgendwann herausbekommen, wer sich unter dem eleganten Überrock verbarg. Aber solange der Schein gewahrt blieb, dachte er nicht daran, diesen vornehmen Gast vor die Tür zu setzen. Dennoch kitzelte es ihn, der bekannten Dame mitzuteilen, dass er Bescheid wüsste. Der folgende Dialog ist nicht belegt, er ist nur eine Legende. Aber warum soll es sich nicht so zugetragen haben?

Der Wirt brachte Madame gern selbst den Kaffee. Und er ging auch gern an ihren Tisch, um zu kassieren. »Monsieur«, sagte er, »meinen Sie nicht, dass ich auf eine doppelte Bezahlung Anspruch erheben kann? Einmal für Monsieur und einmal – für Madame?« »Ach, bester Wirt«, antwortete Émilie, »wenn Sie die Dinge so sehen, erhebe ich Anspruch auf zwei Tassen Kaffee, eine für Monsieur und eine für Madame. Doch wenn's dann ans Bezahlen geht, seien Sie versichert, dass ich wie ich hier sitze, nur *einen* Geldbeutel mit mir führe und dass darin nur das Entgelt für *eine* Tasse Kaffee enthalten ist.« Alle lachten. Der Wirt musste sich geschlagen geben, und er hat seinen Erpressungsversuch nicht wiederholt.

Émilie du Châtelet, ihr Leben und ihr Ruf, erzählt viel über die Lage der Frauen um die Mitte des 18. Jahrhunderts. Zwar war Émilie als hoch begabtes Mädchen und als Tochter, in deren Bildung – ganz gegen die Gepflogenheit – die weitsichtigen Eltern bereitwillig investiert hatten, eine Ausnahme, aber die teilt gerade in besonders klarer Weise mit, wie es sich mit der Regel verhielt. Sowohl Maupertius als auch Voltaire, beide waren äußerst kluge Köpfe, bedauerten, dass Émilie kein Mann war. Voltaire kann das nicht ganz ernst gemeint haben, denn schließlich war er ihr Liebhaber, und er pries ihre Liebestalente. Dennoch hat er geschrieben, ihr »einziger Fehler« sei es gewesen, als Frau geboren zu sein. Was dahinter steckt, ist das Empfinden dieser beiden Männer – und sicher noch manch anderer – dass Frauen niemals »satisfaktionsfähig« sein können, dass aber

Émilie es doch war. Wenn Voltaire schreibt, sie sei ein großer Mann gewesen, billigt er ihr diese Satisfaktionsfähigkeit zu, erkennt er sie als gleich, als gleich befähigt, als gleichwertig an. Émilie hat auf ihre Art das Spiel mitgespielt, sie hat sich in Männerkleidern ins Café Gradot begeben und so die Schranke, die ihrem Geschlecht gesetzt war, geöffnet. Die Überzeugung, dass das weibliche Geschlecht in Sachen Begabung, Intelligenz, Geist und Entschlusskraft weit unter den Männern stünde, war so stark und allgemein, dass eine begabte, intelligente, geistreiche und aktive Frau in einen Mann umdefiniert werden musste, damit die Welt wieder im Lot war. Das hieß zugleich: Gleichheit zwischen den Geschlechtern, gleiche Rechte für Männer und Frauen, könne es niemals geben. Émilie du Châtelet hat allein mit ihrer Existenz den durchschlagenden Gegenbeweis angetreten.

Maria Theresia

Die grosse Dynastin

* 1717 in Wien
† 1780 in Wien

Als der Erzherzog von Österreich Karl VI. im Jahre 1740 plötzlich starb, war es wieder so weit: Ein Erbfolgekrieg konnte beginnen. Das 18. Jahrhundert war voll von Erbfolgekriegen. Wann immer in den großen Monarchien die Nachfolge nicht eindeutig geregelt war, gingen die übrigen Königshäuser in Lauerstellung, um zu sehen, ob da nicht etwas zu holen sei. Denn der Hochadel bildete europaweit ein einziges Verwandtschaftsnetz, und so konnte ein Machtvakuum vortrefflich genutzt werden, um eine Umverteilung von Ländern oder Einflusszonen vorzunehmen.

Was war 1740 los in Wien? Karl VI., Haupt des Erzherzogtums Österreich, zugleich König von Ungarn und Böhmen sowie Kaiser des Heiligen Römischen Reichs deutscher Nation, hatte keinen männlichen Erben. Es gab »nur« zwei Töchter: Maria Theresia und Marianne. Die aber waren, da der Kaiser bis zum Schluss auf einen Sohn gehofft hatte, in keiner Weise auf das hohe Amt der Regentschaft vorbereitet worden. Zwar war Karl klug genug gewesen, mittels eines Erlasses, genannt »Pragmatische Sanktion«, zu verfügen, dass im Falle des Aussterbens seines Geschlechtes »im Mannesstamm« die weibliche Erbfolge gelten sollte – doch seine älteste Tochter Maria Theresia, 23 Jahre, verheiratet mit dem wenig bedeutenden Fürsten Franz Stephan von Lothringen und gesegnet mit zwei Töchtern, ein junges Muttchen also ohne jede Erfahrung in Staatsangelegenheiten, hatte ja wohl kaum die Kraft oder Absicht, die weit voneinander entfernt liegenden Besitztümer des Hauses Habsburg zusammen zu halten und eine starke Stimme im Konzert der europäischen Mächte zu erheben. So jedenfalls dachten die Monarchen in Preußen, Bayern, Sachsen, Frankreich, Spanien und der Türkei und rüsteten zum österreichischen Erbfolgekrieg.

Sie sollten sich alle miteinander gewaltig getäuscht haben! Die Frau, die jetzt in Wien die Zügel in die Hand nahm, erwies sich als eine der stärksten und machtbewusstesten Herrscherpersönlichkeiten ihrer Zeit. Es gelang Maria Theresia nicht nur, das Geschlecht der Habsburger aus der drohenden Bedeutungslosigkeit zu neuen Höhen zu führen und einen großen Teil ihrer Stammlande sowie der italienischen und niederländischen Besitzungen zu halten – sie wirkte außerdem als Reformerin im Sinne eines aufgeklärten Absolutismus unbeirrt und voller Energie an vorderster Front. Sogar ihr ärgster Feind (und entfernter Vetter) Friedrich II. von Preußen wird von ihr sagen: »Sie hat ihrem Thron und ihrem Geschlecht Ehre gemacht.«

Das konnte im Jahre 1740 allerdings niemand wissen. Und besonders Freigeist Friedrich, der von Frauen wenig hielt und die katholisch-fromme Wienerin vorab geringschätzte, sah seine Stunde gekommen. Er war gut gerüstet, seine Armee in Bestform, und seine Eroberungslust auf dem Höhepunkt. Und so marschierte Friedrich II. ohne Kriegserklärung in das zu Österreich gehörende Schlesien ein. Er stieß auf nur geringen Widerstand. Doch wahrscheinlich hat Friedrichs Coup dazu beigetragen, dass aus der jungen Maria Theresia im Geschwindverfahren eine Realpolitikerin wurde.

Diese erste Etappe des österreichischen Erbfolgekriegs wird auch »Erster Schlesischer Krieg« genannt. Es gab also noch weitere. Tatsächlich zog sich das Ringen um die relativ hoch entwickelte Provinz Schlesien durch die gesamte Regierungszeit Maria Theresias. Die Habsburgerin konnte die widerrechtliche Annexion dieses Teils ihrer Erblande trotz wiederholter Versuche (Zweiter und Dritter Schlesischer Krieg) nie rückgängig machen.

Anfangs stand sie unter Schock. Friedrich war der Patensohn ihres Vaters gewesen; dieser hatte ihm sogar das Leben gerettet, als der junge Rebell vom eigenen Vater zum Tode verurteilt worden war. Dank der Intervention des Wiener Kaisers hatte der Berliner Soldatenkönig davon abgesehen, das Urteil vollstrecken zu lassen. Maria Theresia hatte Gründe zu hoffen, dass sie mit ihrem werten Cousin europäische Friedenspolitik treiben könnte. Und jetzt das!

Aber statt die vollendeten Tatsachen hinzunehmen, wie es der Beraterstab, den die Herrscherin von ihrem Vater übernommen hatte, empfahl – lauter resignierte, im Amt ergraute Männer – lief die junge Erzherzogin zur entschlossenen Kämpferin auf. Sie arbeitete sich mit Eifer und Erfolg in eine Materie ein, die ihr bislang völlig fern gelegen hatte: das Militärwesen. Das war ja der wunde Punkt, die Überlegenheit der preußischen Armee hatte sie Schlesien gekostet. Am Ende ihres Lebens wird sie bekennen, dass das Militär »der einzige Zweig der Staatsverwaltung (war), für den ich Interesse hatte.« Da hat sie tiefgestapelt, denn in den Staatsfinanzen, der Justiz, der Wirtschaft, der Bildung – überall war sie reformierend tätig, überall erwarb sie Sachverstand bis in die Details und stellte fähige Leute ein. Jeden erstaunte ihr Überblick, alle fürchteten ihre Einmischung. Als Realpolitikerin, zu der sie sozusagen von heut auf morgen gereift war, hatte sie indessen gar keine andere Wahl, als ein Stück in die Richtung ihres Feindes Friedrich zu gehen und die Schlagkraft der Armee zu optimieren.

Diese Frau scheute den Krieg und musste ihn doch ständig führen. In die Mitte ihrer 40-jährigen Regierungszeit fällt der von Historikern als allererster Weltkrieg bezeichnete Siebenjährige Krieg. Große Triumphe hat die militante Herrscherin im Feld nie feiern können, höchstens mal einen Etappensieg. Aber am Ende ihrer Ära hatte sie den Herrschaftsbereich des Hauses Habsburg einigermaßen gesichert, was bei den desaströsen Ausgangsbedingungen, die sie vorfand, eine enorme Leistung war.

Die Erziehung Maria Theresias hatte, wie für Töchter damals üblich, den Schwerpunkt auf die Religion gelegt. Für Fürstenkinder kamen Mehrsprachigkeit und Schöne Künste hinzu. Letztere bedeuteten Maria Theresia wenig. Nicht einmal Mozart imponierte ihr. Stark ausgeprägt waren ihre sozialen Talente. Sie wusste, was in anderen vorging, konnte verstehen, überzeugen, ausgleichen – und sich durchsetzen. Das knapp siebenjährige Reserl (so der Rufname des Kindes) begegnet 1724 dem 15-jährigen Franz Stephan von Lothringen. Der junge Mann soll an der Hofburg zu Wien seine

Erziehung vervollkommnen. Es gefällt ihm dort, er bleibt lange. Zwischendurch muss er wieder nach Hause, und in der Zeit, in der Reserl und Franz getrennt sind, merken beide: Sie mögen sich ganz arg. Aus der Jugendfreundschaft wird Liebe.

Und da es sich fügt, dass die Verbindung der Häuser Habsburg-Lothringen für beide Teile Vorteile bringt, und da die Tochter darauf besteht, kommt es 1736 zur Vermählung und damit zum seltenen Fall einer politisch motivierten Verbindung im Hochadel, die zugleich eine Liebesheirat ist. Die Ehe wird glücklich. Sechzehn Kinder gehen aus ihr hervor. Das sanftmütige Naturell des »Prinzgemahls«, der später zum deutschen Kaiser gekrönt wird (eine Repräsentativ-Position mit nur wenig realer Macht) ergänzt und dämpft den Ehrgeiz und das ungestüme Temperament Maria Theresias.

Nach dem Tod von Franz 1765 trug die Witwe nur noch schwarz und vereinsamte innerlich. Aber sie führte die Regierungsgeschäfte mit gewohnter Umsicht fort, arbeitete unermüdlich an ihrem Reformwerk und an der Verheiratung ihrer Kinder – eine eminent politische Tätigkeit. Die stärkste Kraftquelle für Maria Theresia war ihr Glaube. Ihre Frömmigkeit war sprichwörtlich und im Zeitalter der Aufklärung auch eine Zielscheibe für Hohn und Spott. Den ließ die Fürstin an sich abprallen. Unbeirrt besuchte die treue Tochter ihrer Kirche täglich die Messe und verlangte ein Gleiches von ihren Kindern. Aus dem Gebet bezog sie die Kraft für ihr politisches Werk – und aus der festen Überzeugung, von Gott gesandt zu sein, um die Geschicke des »Erzhauses« (so nannten die Habsburger ihren Stamm) zum Wohl ihrer Untertanen zu lenken. Die Dynastin diente ihrem Ziel auf zwei Wegen: erstens durch Reformen, die das Land nach außen wehrhaft und nach innen entwicklungsfähig machen sollten und zweitens als Mutter, die Kinder bekam. Fünf Söhne und elf Töchter hat sie geboren, von denen ihr vier Jungen und sieben Mädchen blieben. Sie war also zwischen ihrem 20. und 40. Lebensjahr (sechzehn davon waren Regierungsjahre) ohne Unterbrechung entweder schwanger oder lag im Wochenbett. Und das mit Freuden, denn für sie war das dynastische Prinzip der Herrschaft gottgewollt. – Als ihr Mann Kaiser geworden war, hätte sie sich zur Kaiserin krönen lassen können. Doch lehnte sie ab. Franz Stephan stand ohnehin in ihrem Schatten. Die Kaiserwürde sollte er ganz für sich allein haben.

Maria Theresia hat mit Befremden gesehen, wie sich das »Monster von Potsdam«, dieser Räuber und Ketzer Friedrich II., ausgerechnet den größten Kirchenkritiker der Zeit, Voltaire, an den Hof holte. Noch größer ist ihr Entsetzen, als Sohn Joseph, der nach dem Tod seines Vaters als Mitregent neben ihr thront (und später ebenfalls deutscher Kaiser wird), sogar mit dem von ihm heimlich bewunderten Preußenkönig zusammentrifft. Die ganze Richtung passt ihr nicht. »Die Welt ist jetzt so leichtfertig, so wenig wohlwollend; alles wird ins Lächerliche gezogen und als Bagatelle hingestellt.« Als Maria Theresia im November 1780 einer Erkältung wegen unpässlich war und vor ihrem Sofa zusammenbrach, half ihr Sohn Joseph auf, schaffte es aber nicht ganz, sie richtig zu lagern. »Majestät liegen sehr schlecht«, sagte er. »Gut genug, um zu sterben«, antwortete sie. Wenige Atemzüge später verschied die große Monarchin ohne Kampf.

Olympe de Gouges

Femme galante und Frauenrechtlerin der ersten Stunde

* 1748 in Montauban
† 1793 in Paris

Sie war eine Schriftstellerin, obwohl sie Lesen und Schreiben kaum gelernt hatte. Sie war eine Dramatikerin, die mit den Schauspielern und Theaterprinzipalen im Paris des ausgehenden 18. Jahrhunderts permanent im Streit lag. Und sie war eine Revolutionärin zu Zeiten der Republik in Frankreich, die doch königstreu gesonnen blieb. Eine Frau mit mehr als einem Widerspruch.

Geboren wurde Olympe de Gouges als Marie Gouze im Jahre 1748 in Montauban, einer Stadt nördlich von Toulouse, wo man statt Französisch Okzitanisch sprach. Mutter Anne-Olympe war Wäscherin, der Vater Metzger; man nimmt aber an, dass der Erzeuger des Mädchens Marie ein Landadliger namens Jean-Jacques Lefranc de Pompignan war. Dieser Mann ist jedoch im Leben Olympe de Gouges' nie in Erscheinung getreten, wobei umstritten ist, ob die Mutter ihn zurückwies oder ob er die damals einem Adligen zustehende Freiheit von allen Pflichten gegenüber seiner »natürlichen« Tochter nutzte.

Mit 17 Jahren wurde Marie Gouze in eine Ehe mit dem Gastwirt Louis-Yves Aubry gedrängt. Sie bekam einen Sohn, wurde bald Witwe und tat nun genau das nicht, was man erwartet hätte. Sie schaute sich nicht nach einem neuen Ehemann um. Stattdessen streifte sie den Namen Aubry ab wie eine lästige Fessel, schlüpfte mit dem Vornamen ihrer Mutter und einem ausgedachten, durch ein »de« (= von) aufgewerteten Nachnamen in eine neue Identität und zog nach Paris. Sie wusste genau: Ihre Schönheit und Jugend würde es ihr leicht machen, wohlhabende Gönner zu finden, so dass sie ein Leben im Elend nicht zu befürchten brauchte. Und sie hoffte, dass ihre Klugheit sie davor bewahren könne, im Milieu der leichtlebigen Frauen unterzugehen.

Sie ist 22 Jahre alt, als sie mit ihrem kleinen Sohn in der Hauptstadt Fuß fasst. Nicht nur ihre Reize, auch ihr funkelnder Geist führen ihr bald begeisterte Verehrer zu. Monsieur Jacques Biétrix de Rozières, ein betuchter Unternehmer, der ein Monopol auf militärische Warentransporte innehat, kennt sie noch aus ihrer Heimat. Er wird für lange Zeit an ihrer Seite bleiben. Ein gemeinsames Kind stirbt früh. Aber obwohl es zwischen Olympe und Jacques wohl Liebe war, scheut die Frau eine feste Bindung, und sei es die einer käuflichen Dame an einen treuen Freier. Es gibt andere Männer. Die schöne Brünette aus der Provinz führt in den Jahren vor der Revolution ein Pariser Leben als *Femme galante*, als Salonière, Freundin und Liebhaberin wichtiger Männer, darunter Louis Philippe, Herzog von Orléans, und der Roman- und Theaterstückeschreiber Louis-Sébastien Mercier. Sie verdient als Kurtisane gutes Geld, ist verschwenderisch, genießt den Luxus, denkt aber auch an ihre in sehr beschränkten Verhältnissen lebende Mutter, der sie eine Rente aussetzt. Olympe ist beliebt, bekannt als hilfsbereit und freundlich zu jedermann. Allerdings vergisst sie nie, woher sie kommt, Überheblichkeit kann sie nicht ausstehen. In dieser Zeit des Ancien Régime, wo in den Salons eine verfeinerte anspielungsreiche Kunst des Gesprächs und in den Boudoirs eine subtil-frivole Art der Konversation vorherrscht, besticht diese Lebedame aus der Provinz just durch ihre Einfachheit und natürliche Grazie. »Eine Taille wie eine Nymphe, große schwarze Augen, ein Teint wie Milch und Blut«, so die Beschreibung eines Verehrers aus dem Jahre 1780.

Olympe wollte nicht nur Furore als käufliche Schönheit machen. Sie wollte die Welt, in der sie lebte, verstehen und mitgestalten. Nicht weniger interessant als ihre Laufbahn als *Femme galante* ist folglich ihre intellektuelle Karriere. Olympe war ein ungewöhnlich neugieriger Mensch, der mitdachte und mitreden wollte. Sie verbesserte ihre Bildung, lernte Französisch – das vom Okzitanischen, ihrer Muttersprache, durchaus verschieden ist – und schaltete sich selbstbewusst in politische Debatten ein. Die Revolution von 1789 fiel ja nicht aus den Wolken, sie kündigte sich an durch Aufklärung und Religionskritik, durch Unzufriedenheit im Volk und immer neue beunruhigende Themen in den Salons und Gaststätten, nicht zuletzt durch die Unabhängigkeitserklärung der Vereinigten Staaten von Amerika. Da es bei Olympe de Gouges jedoch mit dem Schreiben haperte, tat sie das, was damals weit verbreitet war, auch unter Politikern: Sie diktierte ihre Gedanken einem bezahlten Sekretär.

Und diese Gedanken waren umstürzlerisch. Sie dachte die damals viel diskutierte Kategorie der (politischen) Gleichheit zu Ende: Warum sollten die Frauen nicht gleiche politische Rechte und Pflichten haben wie Männer? Warum nicht auch die Schwarzen in den Kolonien? Olympes Theaterstück *Die Sklaverei der Neger*, 1789 in Paris uraufgeführt, löst einen Skandal aus und wird gleich wieder vom Spielplan abgesetzt. Die Zeit war noch nicht reif für dieses Thema. Olympe de Gouges hat immer wieder Stücke für die Bühne geschrieben, wurde aber nicht nur von der Kritik, sondern auch von den Theaterdirektoren und den Schauspieltruppen kaum je ernst genommen. Sie bewies jedoch großes Stehvermögen, indem sie stets von Neuem daran ging, ihre dramatischen Ideen zu Papier zu bringen und Theaterleuten zur Realisierung anzutragen.

Am bekanntesten ist Olympe de Gouges bis heute als Autorin politischer Pamphlete und Manifeste, die sie im revolutionären Paris veröffentlichen lässt. In der Streitschrift *Erklärung der Rechte der Frau und Bürgerin* von 1791 heißt es in Artikel 1: »Die Frau ist frei geboren und bleibt dem Manne gleich in allen Rechten.« Und weiter fragt sie:

»Mann, bist du fähig gerecht zu sein? Eine Frau stellt dir diese Frage. Sag an, wer hat dir diese selbstherrliche Macht verliehen, mein Geschlecht zu unterdrücken? Blind und aufgeblasen fällt der Mann in diesem Jahrhundert der Aufklärung und der Vernunft in gröbste Unwissenheit zurück und glaubt, despotisch über ein Geschlecht verfügen zu können, das alle intellektuellen Fähigkeiten besitzt. Wir, Mütter, Töchter, Schwestern, Vertreterinnen der Nation, verlangen, in die Nationalversammlung aufgenommen zu werden. In Anbetracht der Tatsache, dass Unwissenheit oder Missachtung der Rechte der Frauen die alleinigen Ursachen des öffentlichen Elends und der Korruptheit der Regierung sind, haben wir uns entschlossen, in einer feierlichen Erklärung die natürlichen, unveräußerlichen und heiligen Rechte der Frau darzulegen.«

Zur Veranschaulichung ihrer Thesen formuliert de Gouges folgenden herrlichen Satz, der sie glücklicherweise um Jahrhunderte überlebt hat: »Die Frau hat das Recht, das Schafott zu besteigen, also muss sie auch das Recht haben, die Rednertribüne zu besteigen.« Soll heißen: sich politisch in der Öffentlichkeit zu betätigen. Auch diesmal wieder ist Olympe de Gouges ihrer Zeit voraus. Die Revolution kippt in die Phase des Terrors um, Frauenrechte der ersten Stunde, wie die Gründung eigener Clubs und Publikationsorgane, werden wieder einkassiert, ganz zu schweigen vom Recht auf politische Betätigung oder gar höhere Bildung. Gewidmet hat de Gouges ihr Manifest übrigens der Königin. Sie konnte sich, so radikal ihre Ideen in Sachen Gleichheit auch waren, innerlich nie ganz von Glanz und Verheißung der Monarchie lösen. So war es für den Schlächter Robespierre ein Leichtes, diese widerspenstige Zwischenruferin 1793 als Verräterin an den Idealen der Revolution aufs Schafott zu schicken.

Aus ihrer Zeit als Kurtisane hat Olympe de Gouges einige Lehren bezogen, die in ihre politische Arbeit eingeflossen sind und in denen sie die »Freiheit der Frauen« auch im Hinblick auf Leib und Liebe, also als sexuelle Freiheit neu erklärt und interpretiert hat. So tritt sie für die Rechte nicht-ehelicher Kinder ein und für das Recht von Frauen, die Scheidung einzureichen. Die Ehe erklärt sie »zu einer Grabstätte des Vertrauens und der Liebe«. Und sie erklärt freimütig, dass es zwischen den so genannten ehrbaren Frauen und den Kurtisanen keinen Unterschied gebe. Es sei denn, man betrachte die Liebeskunst. »Der Unterschied zwischen den Prüden und den Frauen, die sich offen als *Femmes galantes* zu erkennen geben, ist wie der zwischen einer Amateurin und einer Künstlerin.«

Mary Wollstonecraft

Verteidigerin der Rechte der Frau

* 1759 in Spitalsfields
† 1797 in London

Heiraten? Nein. Liebe braucht keinen Stempel. Und: Was ist der Stempel wert, wenn die Liebe erlischt? Freiheit beginnt im Kleinen. Und so, wie der Geist die Freiheit braucht, um zu erkennen, kann auch das Herz nicht ohne sie schlagen und lieben … Mary legt die Hand auf ihren Leib. Sie ist mit ihrem zweiten Kind schwanger. William, der Vater des Babys, das sie erwartet, hat die Ehe als Besitzverhältnis beschrieben, unwürdig eines liebenden Paares. Mary denkt wie er. Aber werden die Kinder das auch so sehen? Noch versteht Fanny – ihr erstes Kind – nicht, was die Leute sagen. Aber bald schon wird sie mit Wörtern wie »Bastard« und »illegitim« Herabsetzung und Schmerz verbinden. Sie wird den Preis für eine Entscheidung zahlen, die sie nicht selbst getroffen hat. Und dieses noch ungeborene Kind … William fasst ihre Hand. Er sagt: »Lass es uns tun. Ich bestelle morgen das Aufgebot. An unseren Gefühlen wird sich nichts ändern.« Bald darauf, im März 1797, heiraten Mary Wollstonecraft und William Godwin. Sie tun es der Kinder wegen. Aber sie selbst, Freigeister und Revolutionäre, halten gar nichts von der staatlichen und kirchlichen Beglaubigung einer Leidenschaft. Und sie treffen Vorsorge: Neben der gemeinsamen Wohnung soll es Rückzugsräume für beide geben, Freundschaften und Arbeitsverhältnisse sollen ohne Einmischung des anderen geschlossen werden können. Sie suchen persönliche Bewegungsfreiheit trotz Ehe. »Ich fühle mich noch immer unabhängig«, schreibt Mary, »ich werde weiterhin meine eigenen Ideen und Prinzipien entwickeln und sie an meine Kinder weitergeben, auch wenn mein Ehemann sie ablehnt.«

Mary Wollstonecraft wurde im Jahre 1759 in einer Vorstadt Londons geboren. Ihr Vater, der ein kleines Erbe rasch durchgebracht hatte, versuchte sich erfolglos als Geschäftsmann. An eine

Ausbildung der Töchter war nicht zu denken. Mary flüchtet oft aus dem häuslichen Kreis; der Vater trinkt und schlägt die Mutter. Bei den Eltern von Freundinnen und bei Nachbarn erhält das intelligente Kind Anregungen: Sie bildet sich weiter, so gut sie kann. Sobald sie alt genug ist, nimmt sie schlecht bezahlte Stellungen als Gesellschafterin und Hauslehrerin an. Zusammen mit einer Freundin und zwei Schwestern gründet sie eine Mädchenschule, die sie jedoch bald wegen Geldmangels wieder schließen muss; sie versucht sich an Übersetzungen und beginnt ihren ersten Roman. Der Kontakt mit ihrem Verleger Joseph Johnson, einem liberalen Geist und unkonventionellen Mann, der einen Zirkel fortschrittlich denkender Menschen um sich schart – unter ihnen der Schweizer Maler Henry Füssli und der Sozialphilosoph William Godwin –, kommt ihr in mehr als einer Hinsicht zugute. Der Druck ihres Erstlings, *Mary, a Fiction* (Mary, ein Roman), bringt ihr zumindest ein wenig Geld ein. Und sie knüpft Verbindungen zu Zeitgenossen, die im Zeichen der Aufklärung wirken: raus aus den Gefängnissen von Religion, Hierarchie, Ungleichheit und Unwissenheit. Lasst uns wagen, die Menschen frei, gleich und brüderlich zu denken. Die Amerikaner und die Franzosen haben es vorgemacht.

Es gehörte auch Ende des 18. Jahrhunderts noch viel Mut dazu, als ledige Frau in einem Intellektuellenzirkel zu verkehren, Bücher zu schreiben und an politischen Debatten mitzuwirken. Mary Wollstonecraft besaß diesen Mut. In ihrer ersten Polemik wendete sich gegen den Reaktionär Edmund Burke, der die Ziele der französischen Revolution heftig bekämpfte. Sie verfasste die Streitschrift: *Eine historische und moralische Ansicht des Ursprungs und Fortgangs der Französischen Revolution*. Zwar applaudierten die Mitglieder von Johnsons Kreis ihr begeistert, aber hier galt die etablierte Alltagsmoral ja auch nichts. Doch Marys Familie, ihre Vermieterin und der Ladeninhaber an der Ecke sahen die Sache ganz anders. Man nahm sie zur Seite, bat sie, von weiteren umstürzlerischen Büchern und auch Gedanken abzusehen. Manche beschimpften sie sogar. Für Mary waren das nur ein paar Gründe mehr, an ihren republikanischen und egalitären

Überzeugungen festzuhalten. In einer zweiten Kampfschrift geht es ihr um die Benachteiligung der Frauen, vor allem auf dem Felde der Bildung. Ihr *Plädoyer für die Rechte der Frau*, das bis heute als Bibel der Emanzipation gilt, erscheint 1792.

Marys Ansatzpunkt für eine Gleichstellung der Geschlechter ist die Erziehung. Hier ist sie ganz Tochter der Aufklärung, die dem Menschen und seiner Vernunft Vieles zutraut, was zuvor ganz in Gottes Hand gelegen hat. Wollstonecraft war gleichwohl – auch hierin Kind ihrer Zeit – überzeugt von der Existenz eines höheren Willens und hielt eine Gleichbehandlung von Knaben und Mädchen für besser übereinstimmend mit dem Schöpfungsplan. Trotz des leidenschaftlichen Tons, mit dem die kluge Autodidaktin ihre Zeitgenossen herausforderte, muss sie gewusst haben, dass ihre Reformideen und Emanzipationsvorstellungen nicht von heute auf morgen umgesetzt werden konnten. Eine neue Erziehung verlangte eine neue Generation – nicht nur von Kindern, erst recht von Lehrkräften. Andererseits: Mary lebte in einer Zeit der Umbrüche. Man sah es ja in Frankreich, Veränderungen geschehen auch über Nacht. Und sie geschehen gewaltsam, wenn sie allzu lange aufgeschoben werden. Insofern war Marys Ungeduld nicht nur begründet, sondern fast vonnöten.

Es zieht die junge Wollstonecraft auch deshalb so oft zu den Treffen bei Johnson, weil sie sich in den Maler Heinrich Füssli verliebt hat. Die Chancen für eine Erfüllung dieser Liebe stehen allerdings schlecht. Füssli ist verheiratet, und er entscheidet sich für seine Ehe. Inzwischen ist die Französische Revolution in eine neue Phase eingetreten, und es herrscht der Terror. Ängstliche Naturen fahren jetzt lieber nicht nach Paris. Mary jedoch fährt. Sie braucht Abstand von London, von Johnsons Zirkeln und vor allem von Heinrich. In Paris kennt man sie, ihr Buch über die Rechte der Frauen wird hier diskutiert, und sie findet bald Aufnahme in intellektuellen und politischen Kreisen, die den Girondisten nahestehen. Als Girondisten bezeichnete man die gemäßigten Vertreter des Jakobinerclubs, der den Verlauf der französischen Revolution entscheidend mitbestimmte.

Sie alle waren Abgeordnete des Departements Gironde – daher der Name. Ziel war die Republik. Hier wird Politik gemacht, zwar außerhalb der etablierten Institutionen, dabei aber werden neue geschaffen. Hier gehört Mary hin, ist sie in ihrem Element. Weiterdenken, etwas Neues herausfinden, zu Ende denken – das ist es, was sie braucht, was sie kann und was sie glücklich macht. Dass Frauen nicht auf die Rolle als Gattin und Mutter reduziert werden dürfen, dass auch sie etwas lernen, beruflich tätig sein und eigenes Geld verdienen müssen, dass sie politisch mitbestimmen und eine »bürgerliche Existenz im Staate« führen sollen – das ist ihr Anliegen, und sie trägt es mit Feuer vor:

»Die Zeit ist reif für eine Revolution weiblicher Sitten, die den Frauen die verlorene Würde wiedergibt, damit sie als Teil der Menschheit daran arbeiten können, durch eigene Veränderung die Welt zu verändern.«

Sie trifft den Weltumsegler und Republikaner Georg Forster und korrespondiert mit Wilhelm von Humboldt. Für ihre Ansichten muss sie auch in Paris kämpfen, denn selbst die fortschrittlichen Franzosen stimmen ihr nicht immer zu. Der Gedanke von der Gleichheit der Geschlechter war auch im Kontext der *grande révolution* keineswegs populär. Aber er war möglich geworden.

Wie ungleich Männer und Frauen faktisch lebten, erfuhr Mary am eigenen Leibe. Für einen jungen Mann war die Liaison mit einer Frau, die von ihm schwanger wurde, damals nicht von großer Bedeutung; an seiner Laufbahn, seiner Reputation, seiner Stellung in der Welt änderte sich nichts. Aber wie stand es mit der Frau? Mary war vor der Liebe geflüchtet, nur um ihr aufs Neue zu begegnen. Der Erwählte hieß Gilbert Imlay, war Amerikaner und hatte sich als Buchautor in Paris einen Namen gemacht. Es entwickelte sich eine Liebschaft, die auf Marys Seite von starken Gefühlen erfüllt war. Doch Imlay ist ein Herzensbrecher. Schon bald hat er eine andere. Mary ist schwanger, will den Freund nicht unter Druck setzen und sieht sich zur gleichen Zeit von Verhaftung bedroht, da die Girondisten gejagt werden. Sie muss sich verstecken. Imlay hält sie hin und geht auf Geschäftsreisen. Sie schenkt ihrer Tochter Fanny das Leben, verbringt einen harten Winter im hungernden Paris. Schließlich erkennt sie, dass sie den Geliebten verloren hat. Sie kehrt nach London zurück, schreibt Gilbert einen Abschiedsbrief, in dem sie ihren Selbstmord ankündigt. Tatsächlich stürzt sie sich in die Themse, wird aber gerettet. Inzwischen ist sie 36 Jahre alt.

Sie fängt noch einmal neu an. Schreiben ist ihr Beruf geworden, sie hat schon eine Reihe von Publikationen herausgebracht, jetzt schreibt sie weiter. Literatur und Politik sind ihr Leben. Sie besucht alte Bekannte und frischt die Freundschaft mit William Godwin auf. Es wird mehr daraus. Mit ihm macht sie endlich die Erfahrung, dass Erotik und Geborgenheit sich nicht ausschließen müssen. Das Wichtigste aber bleibt für dieses Paar der geistige Austausch, die Neugier auf das Argument des anderen, die Debatte. Wenige Monate nach ihrer Heirat im Jahr 1797 kommt die Tochter Mary zur Welt. Die Eltern sind glücklich. Aber die Mutter erholt sich nicht; 38-jährig stirbt sie im Kindbett. William Godwin trauert lange. Er adoptiert die kleine Waise Fanny. Er gibt Wollstonecrafts Werke in vier Bänden heraus und schreibt ihre Biographie.

Fast scheint es, als wäre Mary Wollstonecraft in ihrer und Godwins Tochter wiedergeboren. Auch diese Mary erweist sich später als klug und wissbegierig, folgt gegen Sitte und Anstand ihrem Geliebten, dem (verheirateten) Dichter Percy B. Shelley, bekommt »illegitime« Kinder und wird Schriftstellerin. Sie ist die Autorin des berühmten *Frankenstein*.

III

»Fürchten Sie nichts!« (britischer Minister an Florence Nightingale)

–

Das 19. Jahrhundert

Louise Aston

Eine Radikale zu Zeiten von 1848

* 1814 in Gröningen
† 1871 in Wangen im Allgäu

Die junge Frau, die im August des Jahres 1845 in Berlin ankam und dort eine Bleibe suchte, fiel auf. Sie war brünett, zierlich, hübsch, und sie war unbegleitet – weit und breit kein Ehemann, kein Bruder oder Vater in Sicht. Stattdessen eine kleine Tochter. Die junge Frau richtete sich in der Schumannstraße ein, bescheiden, fast dürftig. Der kostbarste Besitz, den sie mit sich führte, war ein Heft mit Gedichten, die sie hoffte, bald publizieren zu können. Sie hieß Louise Aston und hatte jüngst die komfortable Existenz als Ehefrau eines erfolgreichen Industriellen hinter sich gelassen. Die preußische Metropole mit ihrer lebendigen Debattenkultur, den jungdeutschen Poeten, den kirchenkritischen »Lichtfreunden« und den junghegelianischen »Freien«, die trotz scharfer Zensur ihre Kritik in die Öffentlichkeit trugen, hatte sie zu ihrer neuen Heimat erkoren.

Louise will dabei sein, wenn die alte Welt wankt, wenn die Willkürherrschaft von König und Klerus unter dem Ansturm des zornigen Volkes zusammenbricht, sie will bei diesem Umsturz, dessen Näherkommen seit der französischen Julirevolution 1830 allenthalben spürbar ist, mitreden und mitkämpfen. So sucht sie Anschluss an die Berliner Linksintellektuellen, lernt den Dichter Rudolf Gottschall kennen, der sie in die Hippel'sche Weinstube mitnimmt, wo sich die »Freien« treffen. Louise gehört bald dazu. Zeitgenosse Carlos von Gagern nennt sie gar »ein unverwüstliches Kneipgenie«. Aber beim Zechen und Rauchen – Louise pafft mit Vorliebe dicke Zigarren – hat es nicht sein Bewenden. Man will die Gesellschaft verändern. Louise fängt gleich bei sich selber an. In Männerkleidern durchstreift sie am Arm Gottschalls die Berliner Szene, und alle dürfen wissen, dass er ihr Geliebter ist. »Freiem Leben, freiem Lieben /

Bin ich immer treu geblieben«, reimt sie. 1846 erscheint ihr erstes Werk, der Lyrikband *Wilde Rosen*.

Woher kam dieses unerschrockene Frauenzimmer? Louise war eine Pfarrerstochter, sie wurde 1814 im beschaulichen Gröningen geboren, wo ihr Vater Johann Gottfried Hoche als Konsistorialrat wirkte. Wie in vielen Pfarrhaushalten wurde auch hier auf Bildung Wert gelegt, wann und wie jedoch Louise all das lernte, was sie später dazu qualifizierte, mit Gottschall und den anderen »Freien« über die französischen Frühsozialisten, die Religionskritik Ludwig Feuerbachs und die deutsche Einheit zu diskutieren, wissen wir nicht. Über ihre Kindheit und frühe Jugend ist so gut wie nichts bekannt. Louise tritt erst in Erscheinung, als sie 20-jährig ihr Elternhaus verlässt, um den doppelt so alten Magdeburger Maschinenfabrikanten Samuel Aston, einen Engländer, zu heiraten. Und auch aus dieser Lebensphase gibt es nur spärliche direkte Mitteilungen – indirekte aber in Fülle. Denn Louise Aston hat außer Gedichten auch Romane verfasst, drei an der Zahl, und in diesen Werken ergreift sie die Gelegenheit, die so genannte Konventionsehe, die zunächst auch ihr Schicksal war, nach Kräften zu geißeln. Zuerst ist es nur die ohne Liebe geschlossene Versorgungsehe, die sie anprangert, später die Ehe überhaupt: »Ich kann ein Institut nicht billigen, das mit der Anmaßung auftritt, das freie Recht der Persönlichkeit zu heiligen, während nirgends gerade dieses Recht mehr mit Füßen getreten wird.« Zwar muss man sich hüten, das Los der Hauptfigur Johanna in Astons erstem Roman *Aus dem Leben einer Frau* als Autobiographie zu lesen. Aber dass es da einige Parallelen gibt zwischen der Schriftstellerin und der fiktiven Pfarrerstochter Johanna, die mit einem viel älteren Industriekapitän unglücklich verheiratet ist, darf man annehmen. Johanna löst sich aus dieser Ehe, die ihr ein Luxusleben ermöglicht hat und geht erhobenen Hauptes einer ungewissen, aber selbstbestimmten Zukunft entgegen.

Im wirklichen Leben der Louise Aston ging das Scheidungsverlangen vom Gatten aus. Samuel war der Eskapaden seiner eigenwilligen Ehefrau überdrüssig. Zum Zeitpunkt der Scheidung ist

Louise schwanger. Als dieses Kind drei Jahre später stirbt, finden die Eltern wieder zusammen. Und da Louise bald darauf erneut schwanger ist, heiraten sie ein zweites Mal – wohl, um dem Kind einen Namen und eine Familie zu geben. Tochter Jenny kommt zur Welt, kann aber die Neuauflage dieser Ehe nicht stabilisieren. Ein drittes Kind stirbt als Baby. Aber da sind Louise und Samuel schon wieder geschieden – diesmal endgültig.

Als Louise mit der vierjährigen Jenny in Berlin ankommt, hat sie ihre Erfahrung mit der Konventionsehe also gemacht. Aber es geht eben nicht, sagt die frisch geschiedene Frau, wenn das Herz nicht dabei ist. Jedenfalls geht es dann nicht ohne »Entsagung«, wie das auf die brave Ehe- und Hausfrau gemünzte Stichwort damals hieß. Und Louise will nicht länger entsagen, schon gar nicht als erotische Persönlichkeit. Sie träumt von einem ganz anderen Leben: erotisch selbstbestimmt, sozial experimentell, politisch riskant. Sie träumt nicht nur, sie traut sich.

Ihre tolle Zeit mit der Berliner Bohème ist, kaum dass sie so richtig angefangen hat, auch schon wieder (vorerst) zu Ende. Louise fällt auf, und so fällt sie auch der Polizei auf, sie wird überwacht. Nachbarn sind auf die ungewöhnliche Erscheinung aufmerksam geworden und haben den Ordnungshütern etwas gesteckt. Da läuft ein Weib mit Kurzhaarfrisur herum, das raucht auf der Straße und hat wechselnde Mannsleut zu Gast. Sie habe auch bekannt, dass sie nicht an Gott glaube. Aus einer anonymen Eingabe: »Sowohl für Familien als auch für die öffentliche Ruhe ist dies Weib ein gefährlicher Gegenstand.« Zu allem Überfluss hat Gottschall zwei Gedichte publiziert, die er Louise widmet. Darin heißt es: »War's Ketzerei, dies glühende Verlagen, / Den süßen Leib in Liebe zu umfangen?« Das sei Unzucht, meint die Zensur. Die Polizei aber interessiert sich weniger für den Poeten als für seine Geliebte. Was die Herren so treiben, dafür möge Gott sie strafen, bei unbotmäßigen Weibsleuten hört die Gemütlichkeit auf. Im März 1846 erhält Louise Aston einen Ausweisungsbefehl. Sie hat Berlin binnen acht Stunden zu verlassen.

Die Ausgewiesene wehrt sich mit einer *Rechtfertigungsschrift*, die sie publiziert. Aber es hilft nichts, sie muss ihre Koffer packen. In Köpenick nimmt sie Quartier, von hier aus begibt sie sich immer wieder, als Junge verkleidet, nach Berlin zu den Freunden. Louise plante damals, sich unter männlicher Larve und Identität an der Universität einzuschreiben. Daraus wurde nichts, aber immerhin vollendet sie ihren ersten Roman. Im zweiten, *Lydia*, legt sie dar, was geschieht, wenn man die jungen Mädchen konsequent dem Reich der Sinne fernhält und sie in die Ehe schickt, ohne dass sie die geringste Vorstellung davon haben, was in der Hochzeitsnacht geschieht. »Wir ziehen sie auf wie Unschuldslämmer und geben sie dann preis wie Stutenfüllen«. Den Roman zu diesem Satz der französischen Schriftstellerin George Sand schrieb deren Fan Louise Aston, er kam 1848 in Magdeburg heraus.

Mittlerweile hat Louises Ex-Mann einen Sorgerechtsprozess um die kleine Jenny angestrengt, den er gewinnt. Louise muss die Tochter hergeben, was sie hart ankommt. Aber das Jahr 1848 lässt ihr keine Zeit für Kummer. Wo sie im März gewesen ist, lässt sich nicht rekonstruieren. Doch in ihrem dritten und besten Roman: *Revolution und Konterrevolution* hat sie den Berliner Häuserkampf so detailgetreu geschildert, dass man annehmen darf, sie sei dabei gewesen. Sie kannte sich mit Verkleidungen und Schleichwegen aus. Vielleicht hat sie ja im Schatten einer Barrikade Bleikugeln gegossen? Ihre Liaison mit Gottschall (der ihr zeitlebens gewogen blieb) war zu Ende gegangen, sie hatte sich den Volksredner Friedrich Wilhelm Held als neuen Gefährten erwählt. Es kann gut sein, dass sie von Held mit Informationen aus erster Hand über den Aufstand versorgt worden ist. Jedenfalls wusste sie genau, was los war, als der König seine ersten Zugeständnisse machte, dann aber auf das Volk schießen ließ und die »Märzgefallenen« zu bedauern hatte. In ihrem Roman kommt das alles vor; sie lässt ihr fiktives alter Ego, die agile Schönheit Alice von Rosen, die eine Waffe mit sich führt und gern als Mann verkleidet unterwegs ist, in vorderster Reihe kämpfen.

Genau das wollte aber auch die wirkliche Louise Aston. Es entsprach dem emphatischen Begriff von Praxis, den sie sich bei den Junghegelianern angeeignet hatte, dass auf das große Wort die mutige Tat folgen müsse. Als im Norden ein Krieg ausbricht, weil Dänemark sich Schleswig einverleiben will, was preußische und Bundestruppen verhindern müssen, schließt sich Aston dem Freikorps von Ludwig von der Tann an und geht als Krankenschwester an die Front. Louise kriegt einen Streifschuss ab – viel schlimmer jedoch als alle Entbehrungen des Soldatenlebens ist für sie der Kompromiss von Malmö, durch den ein Waffenstillstand erwirkt wird. General Wrangel zieht seine Truppen ab und löst die Freicorps auf. Für Louise ist klar: Die Revolution ist vorbei.

Während des Feldzuges hat sie ihren zweiten Mann kennen gelernt, den Arzt Eduard Meier. Bei ihm in Bremen schreibt sie einen Großteil von *Revolution und Konterrevolution*, das Buch erscheint 1849. Zur erneuten Heirat entschloss sich die Ehegegnerin vielleicht deshalb, weil sie es satthatte, verfolgt und ausgewiesen zu werden; als Frau des angesehenen Bremer Bürgers und Klinikchefs in spe dürfte sie endlich ein Stück Respektabilität zurückgewinnen. Aber es kommt anders. Als seine Verlobung mit der Aston bekannt wird, erhält Dr. Meier von höherer Stelle den Rat, die berüchtigte Madame doch besser nicht zur Frau zu nehmen, man würde ihm sonst den Posten bei der Klinik verweigern müssen. Meier missachtet den Wink, er heiratet Louise, wird gekündigt und – ausgewiesen!

Das Ehepaar denkt nun wie so viele 48er ans Auswandern. In Odessa kann Meier während des Krimkrieges ein Lazarett leiten, Louise geht mit ihm. Danach verliert sich die Spur der Vertriebenen. Sie reisen durch den Osten Europas, wo der Doktor immer wieder Anstellungen findet, kommen schließlich nach Wangen im Allgäu. Von Louise Aston-Meier hört und liest man nichts mehr. Sie stirbt 1871 in Wangen, wahrscheinlich an Tuberkulose. Die Schriftstellerin und Revolutionärin gerät vollkommen in Vergessenheit. Erst die Frauenbewegung unserer Epoche entdeckt diese Vorkämpferin neu.

Clara Schumann

Eine Virtuosin im 19. Jahrhundert

* 1819 in Leipzig
† 1896 in Frankfurt a. M.

Als Clara Wieck im Jahre 1819 das Licht der Welt erblickt, hat ihr Vater Friedrich, der in Leipzig als Klavierlehrer tätig ist und dort eine Musikalienhandlung betreibt, ihre Laufbahn bereits vorgezeichnet. Sie soll Klaviervirtuosin werden.

Wieck hat keine Vorurteile bezüglich der Leistungsfähigkeit von Mädchen und geht mit viel Ehrgeiz an Claras Ausbildung. Sie lernt Kadenzen improvisieren, noch bevor sie Noten lesen kann, dann Musiktheorie, Partiturenlesen, Harmonielehre und Kontrapunkt. Sie spielt Geige und natürlich Klavier. Zur Schule geht sie nur etwa anderthalb Jahre. Sie macht die Erfahrung, dass es vor allem gute Leistungen am Instrument sind, die ihr Anerkennung und Liebe sichern.

Wiecks Hoffnungen auf Claras Laufbahn erfüllen sich. Sein erstes Solokonzert gibt das Kind im Leipziger Gewandhaus mit gerade mal elf Jahren. Auf Konzertreisen übernimmt ihr Vater alle organisatorischen Aufgaben, unermüdlich in dem Eifer, sie bekannt zu machen. Aber er behält auch alle ihre Einnahmen. Als sie fünfzehn ist, lässt die sonst so verschlossene Clara mit dem traurig-ernsthaften, unverwandten Blick ein gesteigertes Interesse für einen anderen Schüler ihres Vaters erkennen: den neun Jahre älteren Komponisten Robert Schumann. Wieck ist sofort alarmiert. Er fürchtet, seine Tochter könnte von der Musik abgelenkt werden, und nicht zu Unrecht hält er Schumann für undiszipliniert und wenig gefestigt. Doch trotz seiner Bemühungen, Clara von Robert Schumann fernzuhalten, entwickelt sich zwischen den beiden jungen Menschen eine Liebesbeziehung.

Es beginnt ein jahrelanger Kampf zwischen Schumann und seinem Lehrer. Und zwischen Clara und ihrem Vater. Die Lage ist heikel:

Clara ist von Wieck abhängig. Und Robert ist hin und her gerissen zwischen tiefer Verehrung und Wut auf den Übervater. Und dann ist da die Angebetete, die er auf keinen Fall verlieren darf – obschon er sie noch nicht gewonnen hat. Fürs Erste siegt Wieck. Fast ein Jahr haben die frisch Verliebten so gut wie keinen Kontakt. Clara wird auf Tournee nach Ost- und Norddeutschland geschickt. Wie es sich für eine Solo-Künstlerin gehört, komponiert sie, und ein Heft mit *Gesammelten Werken* steht kurz vor der Veröffentlichung. In ihrem Konzert-Repertoire finden sich neben Schumanns Werken vor allem Bach, Beethoven und Chopin, zu dessen Ruhm sie nicht unwesentlich beiträgt. Wieck triumphiert auf der ganzen Linie. Schumann ist der Verzweiflung nahe. Clara trauert und schreibt Briefe – die Wieck abfängt. Nach anderthalb Jahren erhält Robert zum ersten Mal wieder Post von Clara, und zwar heimlich, über Dritte. »Was ist wohl schöner als seine Gefühle in Töne kleiden; welcher Trost in trüben Stunden und welch erhabenes Gefühl, die Kunst so zu treiben, dass man sein Leben dafür lässt.«

Eine Tournee nach Österreich wird für Clara zum Triumph; in Wien gibt es an den Konzertkassen einen solchen Tumult, dass die Polizei einschreiten muss. Claras Selbstvertrauen wächst. Als sie neunzehn ist, reist sie ohne ihren Vater und ohne sein Einverständnis nach Paris, übernimmt das Tour-Management selbst und stellt fest, dass sie allein zurechtkommt, auch wenn sie sich manchmal einsam fühlt. Sie gibt Konzerte, trifft die Dichter Heinrich Heine und Alexandre Dumas. Am 15. Juni unterschreibt sie bei einem Notar in Paris ihre Einwilligung zur Heirat mit Schumann; es ist klar, dass sie und Robert gegen Wieck prozessieren müssen, um seine Zustimmung zu umgehen. Als sie zurückkehrt, auf die schlimmsten Zornesausbrüche ihres Vaters gefasst, findet sie die heimatliche Haustür verschlossen. Das ist der ultimative Bruch mit Wieck. Clara hat viel verloren: die häusliche Sicherheit, den väterlichen Schutz, ihre Tagebücher und Kleider, die Noten und den Flügel. Aber sie hat auch gewonnen: Das Gericht erteilt die Heiratserlaubnis. In Weimar spielt sie kurz darauf zum letzten Mal als Clara Wieck. – Erst im Jahre 1843 kommt es zur Aussöhnung. Den ersten Schritt tut der Vater.

Die frühe Zeit ihrer Ehe in Leipzig ist für die Schumanns die Erfüllung eines Traumes. Sie führen ein gemeinsames Ehetagebuch, musizieren, machen lange Spaziergänge, geben sich ganz ihrem Glück hin. Besucher gehen aus und ein; Felix Mendelssohn Bartholdy bietet an, Robert Schumanns Erste Symphonie uraufzuführen. Ein Jahr nach der Hochzeit erblickt Claras erstes und am freudigsten erwartetes Kind das Licht der Welt: Marie. Bald erwartet sie das zweite, doch die Musik kommt nicht zu kurz. Zwischen 1840 und 1854 gibt sie über 139 öffentliche Konzerte und ist so gut wie immer schwanger. Es werden alles in allem acht Kinder, vier von ihnen sterben noch zu Claras Lebzeiten. –Ihr Mann steht ihrem Ehrgeiz ambivalent gegenüber; einerseits respektiert und bewundert er ihre Kunst, andererseits möchte er, dass sie zu Hause bei ihm und den Kindern bleibt. Doch Clara lässt sich nicht beirren, der Ehrgeiz des Vaters ist längst schon ihr eigener geworden, und so startet sie 1844 eine lang ersehnte Tournee nach Petersburg. Robert begleitet sie. In Decken gewickelt fahren sie wochenlang mit Kutsche und Schlitten durch die verschneiten Wälder Russlands. Die 23-jährige Clara spielt vor Zar und Zarin, und im Rausch des Erfolges entgeht ihr die Ernsthaftigkeit von Roberts beginnendem Nervenleiden. Nach ihrer Rückkehr und Roberts körperlich-geistigem Zusammenbruch entschließen die beiden sich, nach Dresden überzusiedeln. Das Klima soll Roberts Gesundheit zugutekommen. Clara pflegt ihren Mann, kümmert sich um die Kinder und den Haushalt – und komponiert Präludien und Fugen, ihr Trio in g-moll und viele, bis heute noch unveröffentlichte Stücke. Nachdem sich Robert gefangen hat, setzt das Ehepaar seine Zusammenarbeit fort: Clara erstellt für ihn die Klavierauszüge seiner Orchesterkompositionen und bringt sämtliche seiner Klavierwerke zur Uraufführung. Aber sie leidet auch, wenn sie nicht genug zum Üben kommt, und ein schwerer Schlag ist für sie der frühe Tod von Felix Mendelssohn Bartholdy.

Nachdem der jüngste Sohn gerade gestorben und Clara erneut schwanger ist, zieht die Familie noch einmal um, diesmal nach Düsseldorf, wo Schumann eine Stelle als städtischer Musikdirektor angenommen hat. Clara ist stolz auf seine Position – auf ihr eigenes glänzendes Spiel beim Niederrheinischen Musikfest nicht weniger. Hier beginnt die langjährige Freundschaft und Zusammenarbeit mit dem Geigenvirtuosen Joseph Joachim. Auf dessen Empfehlung hin besucht der zwanzigjährige Johannes Brahms die Familie Schumann und spielt seine eigenen Kompositionen vor. Clara und Robert sind von dem jungen Genie begeistert. Durch ihn erleben sie noch einmal etwas von der Aufbruchsstimmung und dem Glück ihrer ersten Zeit in Leipzig.

Doch dann versinkt Robert wieder in geistiger Umnachtung. Nach einem Selbstmordversuch, den man vor Clara zu verheimlichen sucht, geht er in eine Heilanstalt nach Endenich. Die Ärzte isolieren ihn. Es gibt einen Briefwechsel, doch Clara fühlt sich nicht in der Lage, ihn zu sehen, gequält von der Angst, er könnte nicht mehr er selbst sein. Kurz vor seinem Ende 1856 kommt es dann doch noch einmal zu einem Wiedersehen. Er erkennt sie und schlingt seinen Arm um sie.

Während dieser Zeit ist Brahms an Claras Seite. Beider Gefühle gehen über Freundschaft hinaus. Sie unternehmen eine lange Rheinreise, auf der Brahms seine Befürchtung, dass es für ihn und Clara keine gemeinsame Zukunft geben könne, offen ausspricht und einen Schlussstrich zieht. Im Stillen liebt er Clara für immer – und auch sie ist eifersüchtig, wenn er sich für andere Frauen interessiert. Ihre Bindung hält bis zuletzt, trotz einiger Krisen. Alle Briefe der Freundin an ihn aus der Zeit vor 1858 werden später vernichtet.

1857 verlässt Clara Düsseldorf und geht nach Berlin. Sie arbeitet mit großem Erfolg als Virtuosin, Herausgeberin und Lehrerin, ihre Zeit als Komponistin aber ist mit Robert Schumanns Tod zu Ende. Sie verdient gut, doch aufgrund der vielen Menschen, die sie versorgt – einschließlich der Witwe ihres verstorbenen Sohnes Ferdinand und deren sechs Kindern – ist sie nie wirklich wohlhabend.

In Berlin kommt sie nicht richtig an. »Ich passe hier nicht her, kann nur in einer mittelgroßen Stadt finden, was ich für den künstlerischen wie geselligen Verkehr bedarf. Hier werde ich früher älter, als ich eigentlich bin. Mir fehlen musikalische Genüsse, künstlerischer Verkehr, der einem auch mal eine gemütliche Stunde Musik vergönnt, kurz das Licht und die Luft, die ich brauche.« Sternstunden der späten Zeit sind ihr fünfzigstes und sechzigstes Konzertjubiläum im Leipziger Gewandhaus, bei denen ein endloser Blumenregen auf die Bühne niedergeht. Als 72-Jährige hat Clara Schumann in Frankfurt am Main ihren letzten Auftritt – mit Brahms' Variationen für zwei Klaviere über ein Thema von Joseph Haydn.

Auf dem Totenbett wünscht sie sich von ihrem Enkel Ferdinand Robert Schumanns *Intermezzi op. 4*, dann die *Romanze in Fis-Dur op. 28*. Diese Musik war es, die ihr im Leben das Meiste bedeutete. Und sie erklingt, als sie im Alter von 76 Jahren stirbt. Ihr Grab befindet sich auf dem Alten Friedhof in Bonn.

Florence Nightingale

Lebensretterin

* 1820 in Florenz
† 1910 in London

Sie wäre gern Mathematiklehrerin geworden. Das Denken in Größenverhältnissen, das Kalkulieren und Knobeln lag ihr. Aber die Eltern waren gegen solche Pläne. Als Frau könne sie doch nur Mädchen unterrichten. Und was sollte eine höhere Tochter, die für die Ehe und häusliche Pflichten erzogen wurde, mit Geometrie anfangen? Wo sollten überhaupt die Schülerinnen herkommen? Also konnte Florence Nightingale ihre Begeisterung für Zahlen vorerst nicht ausleben. Aber dass sie später einen Beruf haben und etwas ausrichten wollte in der Welt, daran hielt sie fest.

Der Vater, ein liberaler Politiker und vermögender Schöngeist, wohnhaft mit der Familie auf einem Landsitz nahe Derbyshire, war von seiner klugen Tochter beeindruckt. Wenn er ihr auch das Mathematikstudium ausredete, so unterrichtete er sie doch gründlich in alten und neuen Sprachen, Geschichte und Philosophie. Die Mutter schüttelte darüber den Kopf, sorgte für schöne Kleider und hielt nach einem Heiratskandidaten Ausschau.

Vergebens. Florence zeigte sich tief beeindruckt von der amerikanischen Ärztin Elizabeth Blackwell, die gegen alle Widerstände ein Medizinstudium absolviert und den Frauen der Welt gezeigt hatte: Es geht! Florence wollte es ihr gleichtun und wenn nicht Ärztin, so doch Krankenschwester werden. Sie wusste, dass es im deutschen Kaiserswerth eine Ausbildungsstätte für Diakonissen gab: Hier konnten Frauen die Grundlagen der Krankenpflege erlernen, und hierhin begab sich – gegen den Widerstand der Familie – auch Florence. Die Organisation eines Krankenhauses, die sanitären Anlagen, die hygienischen Standards und auch das Pflegewesen, all das befand sich seinerzeit noch in den Anfängen. Eine Krankenstation für das einfache Volk war schmutzig und dürftig, die Sterblichkeit hoch. Als Pflegekräfte agierten Laien – und barmherzige Schwestern aus christlichen Orden. Nur unter ihnen waren medizinische Grundkenntnisse vorhanden. Auch in Paris gab es solche in der Pflege bewanderten Nonnen, dort sah sich Florence gleichfalls um, als sie ihre Lehrzeit in Kaiserswerth beendet hatte. Zurück in England erkannte sie beschämt, wie rückständig die Krankenpflege in ihrer Heimat war. Sie bewarb sich um die Leitung eines Sanatoriums für Damen, erhielt sie und machte sich umgehend daran, die Hygiene auf den neuesten Stand zu bringen und Schwestern anzulernen. Mittlerweile hatte sie ihren Vater davon überzeugen können, dass sie bei der Krankenpflege und nur dort am rechten Ort sei, und Mr. Nightingale rang sich dazu durch, ihr eine Rente auszusetzen. Jetzt, mit 33 Jahren, war sie endlich frei. Ihr Leben lang hat sie ihre Reformen in Kliniken und Lazaretten aus ihrem Privatvermögen mitfinanziert.

Florence Nightingale wurde 1820 geboren – in der Stadt Florenz, deren Namen sie trug. Sie war ein hoch begabtes, eigenwilliges und verschlossenes Kind. Innig redete sie mit ihrem Herrgott, der ihr, als sie heranwuchs – so sagte sie – den Auftrag erteilt hat, Gutes zu tun. Mit Anfang dreißig entschied sie sich ein für alle Mal gegen die Ehe; den Antrag eines passenden Bewerbers, den sie übrigens gut leiden konnte, wies sie zurück. Nightingale ist das Musterbeispiel eines Menschen mit Mission, der niemals aufgibt. Sie hatte ihr Leben lang hart zu kämpfen, besonders als sie daran ging, das darniederliegende britische Heeressanitätswesen zu reformieren. Das Militär wollte eine alles besserwissende Zivilperson, die dazu noch weiblichen Geschlechts war, keinesfalls akzeptieren. Doch Miss Nightingale wusste es wirklich besser und überall, wo sie auftauchte und die Dinge regelte, starben deutlich weniger Menschen. So setzte sich diese tatkräftige Organisatorin, Verwalterin, Reformerin, Medizinerin, Statistikerin und Führungskraft am Ende durch. Sie wurde neunzig Jahre alt und starb hoch geehrt 1910 in London.

1853 begann der Krimkrieg, in dem Frankreich, England und die Türkei gegen Russland zu Felde zogen. Die Verbündeten waren davon ausgegangen, dass es bei ein paar Scharmützeln sein Bewenden haben und Russland bald in die Knie gehen würde, aber es kam anders. Zwar verlor der Zar den Krieg, doch die Verluste auf beiden Seiten waren enorm. Als Meldungen über das Massensterben unter den tapferen englischen Soldaten nicht abrissen, als bekannt wurde, dass die französischen Verwundeten von barmherzigen Schwestern gepflegt, die englischen aber ihrem Schicksal überlassen wurden, rief die öffentliche Meinung in England nach Abhilfe. Florence Nightingale hatte sich kurz zuvor bei der Bekämpfung einer Cholera-Epidemie bewährt; jetzt fiel ihr Name, als es darum ging, eine fähige Person zu finden, der man zutraute, Schwestern einzuarbeiten und mit ihnen in ein Lazarett nahe Istanbul zu ziehen. Auch zahlte sich Nightingales Herkunft aus der *upper class* aus. Sie hatte gute Kontakte zur politischen Klasse und war mit Kriegsminister Sidney Herbert bekannt. Der schickte sie persönlich in den Süden, damit sie dort für die Kriegsversehrten tue, was getan werden musste.

Es war ein großer Schock für Nightingale und ihre 38 Krankenschwestern, als sie in Scutari ankamen und das Lazarett in Augenschein nahmen. Die Räume starrten vor Schmutz, Ratten huschten umher, die Verwundeten hungerten; sie lagen in ihren blutgetränkten Uniformen auf dem nackten Boden, dem Tode nah. Das britische Militär litt unter einer arroganten Führung; alle Mittel kamen allein den Offizieren zugute, die Mannschaften galten nichts, und ob sie nun im Feld oder im Lazarett verstarben, war gleichgültig. Obschon die meisten Ärzte ihre »Einmischung« zurückwiesen, machte sich Nightingale – geschützt und gestützt durch das Mandat des Kriegsministers – sogleich ans Werk. Sie begann mit einem Großputz, orderte Betten, Decken, Wäsche, Geschirr und Medikamente und bestellte Lebensmittel, die sie aus eigener Tasche bezahlte. Dank ihrer Beziehungen konnte sie schalten und walten und sogar eine Kanalisation einrichten lassen – wenn sie auch immer wieder gegen Hindernisse stieß und mehr als einmal glaubte, alles hinwerfen zu müssen.

Florence Nightingales Kampf um die elementaren Menschenrechte der verwundeten Soldaten, um ein funktionsfähiges Lazarett mit sauberem Wasser und frischer Wäsche, war in erster Linie ein endloser Papierkrieg. Das vergisst, wer die aufopferungsvolle Miss immer nur am Krankenbett vor Augen hat. Erschöpft von den Arbeiten der Verwaltung und Organisation, konnte sie sich oft erst nachts den Kranken widmen. Wenn sie von Bett zu Bett ging, Verbände wechselte, Medizin verteilte, mit den Soldaten sprach und Trost spendete, musste sie ein Licht mitnehmen. So kam sie zu ihrem Beinamen: Die Lady mit der Lampe.

Um überhaupt erst Strukturen aufzubauen und die nötigen Hilfsmittel – von der Diätküche über das Nachtgeschirr bis zum Verbandszeug – zu beschaffen, brauchte sie Geld. Das musste in London beantragt werden. Damit es bewilligt und ausbezahlt würde, hatte Nightingale nachzuweisen, dass ihre Reformen wirklich dazu taugten, die Sterblichkeit zu senken. Bei all diesen Anträgen und Verhandlungen konnte sie sich auf ihr gutes Zahlengedächtnis und ihr mathematisches Verständnis verlassen. Sie verfasste Statistiken, und um diese anschaulich zu machen, arbeitete sie mit Zeichnungen. Sie entwarf einen Kreis, markierte den Mittelpunkt, erklärte diese »Torte« zu hundert Prozent und konnte nun mit einzelnen »Tortenstücken« Größenverhältnisse plastisch machen. Von 100 ins Lazarett eingelieferten Soldaten waren zum Beispiel 30 lebensgefährlich, 40 sehr schwer und die restlichen 30 Prozent nur mittelschwer verletzt, woraufhin mit einer Gesamtverweildauer im Lazarett von soundsoviel Tagen zu rechnen wäre …

Das auch noch heute von Statistikern gern verwendete Tortendiagramm ist eine Erfindung von Florence Nightingale. Um sie ob ihrer außergewöhnlichen Leistung bei der Einführung komplexer Statistiken zur Analyse des Gesundheitswesens zu ehren, wurde die Reformerin 1858 als erste Frau in die Royal Statistical Society berufen und erhielt später die Ehrenmitgliedschaft in der American Statistical Association.

1857 kehrte Nightingale nach England zurück. Sie war jetzt eine öffentliche Person, die bekannteste Frau Englands gleich nach Queen Victoria – die zu ihren Bewunderinnen zählte und mit der sie mehrfach zusammentraf. Nightingale hatte für Publicity nichts übrig. »Gott allein gebührt die Ehre«, pflegte sie zu sagen. Mit dem Erfolg waren auch Neider und Verleumder auf den Plan getreten, aber ihre Freunde waren zahlreicher. Zuallererst fanden sich diese im einfachen Volk, denn dort gab es viele Familien, deren Söhne nur dank der Lady mit der Lampe überlebt hatten. Doch auch in der Führung des Landes wussten manche Minister, was sie der unermüdlichen Reformerin schuldeten. Einer schrieb ihr: »Fürchten Sie nichts. Der hygienische Gedanke hat nun in der öffentlichen Meinung Wurzel gefasst und kann nicht mehr als Traumgespinst abgetan werden.« Als Henry Dunant 1864 die Genfer Konvention anregte (später: Rotes Kreuz) berief er sich auf Florence Nightingale als sein großes Vorbild. 1907 wurde sie in den Order of Merit aufgenommen. Ihr Geburtstag am 12. Mai wird als Internationaler Tag der Krankenpflege begangen.

Nightingale gründete eine Krankenpflegeschule und schrieb Bücher über das »Nursing«. Krankenpflege wurde ein angesehener Beruf, der Frauen offenstand. Man könnte also sagen, dass die Reformerin Nightingale außer dem Tortendiagramm noch den Ausbildungsberuf Krankenschwester erfunden hat. Unter ihrer Leitung richtete die Regierung eine laufende Statistik zur Bevölkerungsentwicklung, zu Geburts- und Todesraten und zum Krankenstand ein. So hat Florence Nightingale schließlich doch noch Mathematik gelehrt: zwar nicht die kleinen Mädchen in der Schule, dafür die großen Herren im Parlament.

Bertha von Suttner

Friedensaktivistin

* 1843 in Prag
† 1914 in Wien

Jahrelang hatte sich Bertha auf dieses Ereignis vorbereitet. Sie war überzeugt, »der Lauf der Welt, das war nur die Maschinerie, deren sämtliche Räder zu dem Zwecke ineinandergriffen, um mir ein strahlendes Glück zu bereiten.« Als sie dann endlich achtzehn Jahre alt geworden war und in die feine Gesellschaft Wiens eingeführt werden sollte, geriet das Entrée zu einem Desaster. Auf dem Debütantinnenball wurde sie stehen, vielmehr sitzen gelassen, keiner der jungen Männer forderte sie zum Tanz auf. Der Grund: Ihr Adelsstand war tadelig, sie war die Frucht einer Mesalliance. Dabei hatte die attraktive Bertha Sophia Felicita Gräfin Kinsky von Wchinitz und Tettau eigentlich den richtigen Namen, eine gute böhmische Herkunft. Aber die Mutter, das war das Problem, entstammte dem Bürgertum. So wurde es auf dem Debütantinnenball nichts mit der Anbahnung einer Verlobung.

Berthas Vater, General Graf Kinsky, war noch vor der Geburt seiner Tochter im Jahre 1843 zu Prag verstorben, und ihre Mutter Sophie Wilhelmine Körner, entfernte Verwandte des Dichters Theodor Körner und fast fünfzig Jahre jünger als ihr Gatte, musste nun die Wohnung im vornehmen Kinsky-Palais räumen. Sie zog mit der neu geborenen Tochter nach Brünn zu einem Freund des Vaters, der Berthas Vormund wurde. Vom Erbe des verblichenen Generals konnten Mutter und Tochter einigermaßen komfortabel leben. Anders als die meisten Mädchen ihres Standes besuchte Bertha keine Klosterschule. Gouvernanten lehrten sie Französisch, Italienisch und Englisch, der Kanon der Weltliteratur war ihr bald vertraut. »Ich habe immer, unter allen Umständen und in jeder Lage, zwei Leben geführt, das eigene und das meiner Lektüre.« Berthas Belesenheit und Wissensdurst verbesserten nicht gerade ihre Heiratschancen, im Gegenteil. Frauen sollten vor allem tugendhaft sein, Einfalt und Nichtwissen galten als reizvoll. Blaustrümpfe brachten nur Widerspruch und Unbehagen, auch in der Donaumonarchie gab es keine Gymnasien für Mädchen.

Bertha wollte gern Sängerin werden und nahm Unterricht; nach einem Jahr befand die Gesangsmeisterin: »Sie können rein gar nichts.« Soweit ihre Mittel es hergaben, reisten Bertha und ihre Mutter umher und machten interessante Bekanntschaften in den mondänen Badeorten Europas. Im Jahr 1868, Mutter und Tochter weilten in Baden-Baden, machte gar König Wilhelm von Preußen Konversation mit der Komtess. Die war mächtig stolz, hatte großen Respekt. »Die Begriffe Schlachtensieger, Ländereroberer waren mir noch der Inbegriff aller Größe, allen Ruhmes.« Auch als Bertha 1871 in Berlin der Siegesparade beiwohnte, war sie begeistert. »Es war mir ein großartiger Eindruck: der Jubel, die Fahnen, die blinkenden Uniformen.« Ein Mann in Uniform galt seinerzeit als Inbegriff der Männlichkeit und beeindruckte das weibliche Geschlecht grenzenlos.

Mutter Sophie war eine leidenschaftliche Spielerin, die tatsächlich glaubte, die Casinos der großen Spas überlisten zu können. Folgerichtig verlor sie ihr dezimiertes Vermögen, die Kinskys mussten sich noch weiter einschränken und lebten zurückgezogen auf dem Land. Bertha war jetzt mit ihren 30 Jahren eine alte Jungfer und auf dem Heiratsmarkt nicht mehr vermittelbar. Sie musste sich um ein Einkommen bemühen, und wie vielen Frauen in vergleichbarer Lage blieb ihr nur die Tätigkeit als Gouvernante in einer möglichst hochstehenden Familie. Ein solcher Posten fand sich: Im Jahre 1873 zog das Fräulein Kinsky in das Wiener Palais des kinderreichen Barons von Suttner. Es gab standesgemäßes Personal und auch eine Loge in der Oper, die Bertha bald zweimal in der Woche mit ihren jugendlichen Zöglingen besuchte. Doch zunächst ging es in die Sommerfrische zum Landschloss Harmannsdorf vor den Toren Wiens – mehr als vierzig Zimmer, Privattheater, Orangerie und Park. Bertha hatte von Pädagogik keine Ahnung, das machte aber nichts, die vier Mädchen zwischen 15 und 20, denen sie Fremdsprachen beibrachte, schlossen ihre neue Gesellschafterin sofort ins Herz und nannten sie bald zärtlich Boulotte, Pummel, wegen ihrer leichten Molligkeit. Schon bald gesellte sich der Sohn der Familie, Arthur, hinzu, war bei Ausflügen, Lektionen und Opernbesuchen dabei. »Ich habe keinen Menschen gekannt, der nicht von Arthur von Suttner entzückt gewesen wäre. Im Zimmer ward es gleich noch einmal so hell und warm, wenn er eintrat.« Der so Gepriesene war sieben Jahre jünger als Bertha, doch es dauerte nicht lange, und die beiden wurden heimlich ein Paar. »Die Schwestern gaben ihren lachenden Segen dazu, die Eltern wussten von nichts.« Drei Jahre lang ging das gut, dann bekam Arthurs Mutter Wind vom Verhältnis und beendete die Anstellung.

Frau von Suttner wollte die beliebte Bertha nicht einfach vor die Tür setzen, also fahndete sie nach einem neuen Posten für sie und entdeckte diese Annonce: »Ein sehr reicher, hochgebildeter, älterer Herr sucht sprachkundige Dame als Sekretärin und zur Oberaufsicht des Haushalts.« Wer sich hinter dem »hochgebildeten Herrn« verbarg, war niemand anders als der schwedische Großindustrielle Alfred Nobel, der Erfinder des Dynamits. Er lebte in Paris und reagierte mit Interesse auf Berthas Bewerbung. Er lud sie zu sich ein, die beiden aßen und flanierten zusammen, und natürlich gab Nobel ihr die Stelle. Bald machte er deutlich, dass er weitergehende Absichten hege. Doch Bertha dachte immer nur an ihren Arthur und brachte das auch zum Ausdruck. Was für eine Enttäuschung für den verliebten Alfred Nobel! Mademoiselle Kinsky meinte, es sei wohl besser, wenn sie ihren Posten wieder aufgäbe, und Nobel fand das auch. Trotz dieser heiklen Trennung blieben beide über lange Jahre in Kontakt, denn Bertha nahm etwas mit aus Paris in ihre österreichische Heimat, und das war die Idee des Friedens. Als Erfinder und Vermarkter eines so potenten Sprengstoffes wie Dynamit war es Nobel daran gelegen, vor dem Krieg zu warnen. Er rief die Regierungen der Welt auf, ihre Waffenkammern so weit zu füllen, dass ein Gleichgewicht des Schreckens entstand, in dem niemand mehr einen Erstschlag wagen könne.

Vor ihrer Bekanntschaft mit Nobel hatte Bertha sich überhaupt nicht für Politik interessiert. Das war jetzt anders geworden. In ihrer langen Korrespondenz mit Nobel vertrat sie einen gegensätzlichen Standpunkt. Sie war davon überzeugt, dass man für den Frieden werben und vor allem abrüsten solle. Zurück in Österreich hatte sie aber erstmal ganz andere Sorgen. Sie musste ihre dringenden Herzensangelegenheiten regeln. In aller Stille traf sie Arthur, beide sahen ein, dass sie ohne einander nicht leben könnten und schlossen heimlich die Ehe. Das hieß aber auch: Sie mussten vor Arthurs Eltern flüchten, und sie entschieden sich für Georgien, wo eine Freundin, die Fürstin von Mingrelien, sie fürs Erste unterbrachte. Neun Jahre lebten Bertha und Arthur von Suttner in dieser Weltgegend unter kärglichen Bedingungen in einer Holzhütte. Aber sie hatten einander.

Doch wovon sollten sie leben? Als 1877 der Türkisch-Russische Krieg ausbrach, verdingte sich Arthur als Kriegsberichterstatter für verschiedene deutsche Zeitungen. Seine Texte wurden gedruckt, er bekam Honorare. Warum soll ich das nicht auch können? sagte sich Bertha und griff ihrerseits zur Feder. Auch Berthas Berichte, Essays und Übersetzungen kamen an und schafften zusätzliches Einkommen. Nachdem das Paar sich 1885 mit der Familie von Suttner ausgesöhnt hatte und nach Wien zurückgekehrt war, schrieb Bertha den Roman *Die Waffen nieder!*, der 1889 herauskam und ein außerordentlicher Erfolg wurde. Alle Welt las das in zwölf Sprachen übersetzte Werk, in dem die Schrecken des Krieges aus der Perspektive einer Frau geschildert und die Notwendigkeit einer weltweiten Friedensbewegung begründet wurde. Bertha von Suttner wurde schlagartig berühmt. Sie hatte nun die internationale Friedensbewegung zu ihrer Sache erkoren und blieb dabei bis zu ihrem Ende. In vielen Ländern gründete sie Friedensgesellschaften, hielt Vorträge, organisierte Kongresse und sammelte Geld ein. Besondere Hoffnung setzte sie auf die Einrichtung internationaler Schiedsgerichte – wie auf der ersten Friedenskonferenz 1899 in Den Haag.

Bertha war eine Vielschreiberin. In *Das Maschinenzeitalter* kritisierte sie das Bildungssystem, in *Die Barbarisierung der Luft* sorgte sie sich um eine neue Form der kriegerischen Auseinandersetzung, sie schrieb gegen jede Form der Gewalt an: »Die Religion rechtfertigt nicht den Scheiterhaufen, der Vaterlandsbegriff nicht den Massenmord, und die Wissenschaft entsündigt nicht die Tierfolter.« Bei aller Zustimmung erntete sie auch Häme und Spott seitens bellizistischer Intellektueller, das machte ihr aber nichts aus. Zumal Alfred Nobel ihr bewundernde Briefe schrieb, in denen er nicht verhehlte, dass er die Dinge anders sah. »Vielleicht werden meine Fabriken die Kriege schneller beenden als deine Friedenskongresse, denn wenn sich zwei gleich starke Armeen gegenseitig in einer Sekunde vernichten können, werden alle zivilisierten Nationen davor zurückschrecken und ihre Truppen auflösen.« Er blieb bei seiner, sie bei ihrer Einschätzung, und sie machte ihm den Vorschlag, doch testamentarisch einen Friedenspreis zu stiften. Das versprach er. Sie nutzte ihre Popularität und gab mit ihrem Mitstreiter Alfred Fried die Zeitschrift *Die Waffen nieder!* heraus. Bertha war keine Suffragette, doch die Frauenfrage war ihr wichtig, und so übernahm sie den Vorsitz im Bund österreichischer Frauenvereine. In all den Jahren hatten sie und Arthur ständig Geldsorgen; das Gut der Suttners war hochverschuldet und verschlang einen großen Teil der Mittel, die Bertha lieber für ihre Friedensaktivitäten ausgegeben hätte.

1896 starb Alfred Nobel, und 1901 wurde erstmals der Friedensnobelpreis verliehen.

Bertha hatte sich Hoffnungen gemacht, doch musste sie bis 1905 warten, dann erhielt sie die Ehrung, als erste Frau. Mit Arthur konnte sie die Freude nicht mehr teilen, er war drei Jahre zuvor verstorben. Das Geld und die Aufmerksamkeit gaben ihr neuen Schwung, doch der Aufrüstung und Kriegslüsternheit der europäischen Länder konnte sie letztlich nichts entgegensetzen. Sie starb im Sommer 1914, als der Erste Weltkrieg begann.

Anita Augspurg

Pazifistin

* 1857 in Verden
† 1943 in Zürich

»Ist es nicht Wahnsinn, Streitfälle, gleichviel, welche, auf solchem Wege zu regeln? Ist es nicht Wahnsinn, um Länder-, Macht- und Profitgier jeder Art zu befriedigen, die Massen der Völker gegeneinander zu hetzen, sie mit grausigsten Mitteln abschlachten zu lassen?« Dies schrieb Anita Augspurg, Feministin, Juristin und Pazifistin, viele Jahre nach dem Ersten Weltkrieg in ihren Memoiren *Erlebtes, Erschautes*, die sie gemeinsam mit ihrer Lebensgefährtin Lida Heymann verfasste.

Mit Lida betrieb die Tierfreundin Anita damals einen Bauernhof in Bayern. Ihr Arbeitszimmer schloss an den Pferdestall an, und sie mochte es, wenn durch eine eigens dafür angebrachte Öffnung in der Stallwand eines der Rösser den Kopf zu ihr hineinsteckte. Am 31. Juli 1914 macht sie sich mit ihrer Gefährtin zum Bürgermeisteramt in Icking auf, um dort eine Grundstücksangelegenheit zu regeln – eine reine Formsache. Aber der Bürgermeister hat keine Zeit für die Damen. Sie sollen ein anders Mal wiederkommen. Er müsse sich um die Mobilmachung kümmern.

Augspurg und Heymann stehen da wie vom Donner gerührt. Mobilmachung! Obwohl dem Zeitgeschehen stets auf der Spur, haben die beiden den Kriegsausbruch nicht kommen sehen. Als sie sich von ihrem Schock erholt haben, setzen sie alle Hebel in Bewegung, um mehr zu erfahren. Die Nachrichten überstürzen sich. Das Deutsche Reich erklärt Russland den Krieg, dann Frankreich. Die beiden Wortführerinnen des Pazifismus sehen ihre Ideale, ihre Ziele, ihren Fortschrittsglauben bedroht. Zwei Jahrzehnte haben sie für das Frauenwahlrecht gekämpft und sich von der Gleichstellung der Geschlechter eine friedlichere Welt versprochen. Hätten erst Frauen im Leben der Nationen mitzubestimmen, so glaubten sie, könne es keine Kriege mehr geben.

Anita Augspurg kam 1857 in Verden an der Aller zur Welt. Ihr Vater war Jurist, die Mutter entstammte einer Pfarrersfamilie. Das Töchterchen ist ein Nachkömmling, die vier Geschwister sind bedeutend älter, die Kleine wächst auf wie ein Einzelkind. Mutter Auguste ist streng und zurückhaltend, der Vater fast nie zu Hause. So ist Anita ganz auf sich gestellt, sie lebt mit den Geschöpfen ihrer Fantasie, versteckt sich gern im Garten oder in ihrer Kammer. In der Schule findet sie keinen Anschluss. Sie ist noch nicht sechzehn, als sie das Höhere Töchter-Institut verlassen muss, und eigentlich begänne jetzt für sie die Zeit des Wartens auf den »Richtigen«, den Ehemann, der ihre Zukunft sein würde. Aber Anita ist fest entschlossen, nicht zu heiraten. Die einzige außerhäusliche Beschäftigung, die für Mädchen ihrer sozialen Schicht in Frage käme, ist der Lehrberuf. Also macht Anita eine entsprechende Ausbildung und besteht das Examen. Doch insgeheim hat sie ganz andere Pläne. Bei der Sängerin Johanna Frieb-Blumauer nimmt sie Schauspielunterricht, und sie wird auch engagiert: in Meiningen, Riga und Altenburg. Das Theater als Unternehmen und die Schauspielerei als Beruf indes sind so ganz anders als die Bühne ihrer Träume. Anita begreift, dass sie mehr tun muss, um die zu werden, als die sie sich sieht. Erst einmal schneidet sie sich die Haare kurz. Dann geht sie ins damals avantgardistische München und eröffnet mit einer Freundin das Fotoatelier *Elvira* – damals war das etwas ganz Neues, und die beiden hatten Erfolg mit ihrem Laden, sie fotografierten die VIPs der Zeit. Doch Anita wirft auch hier bald wieder hin. Sie hat inzwischen Kontakte zur Frauenbewegung und den Kämpferinnen für das Frauenwahlrecht geknüpft und sieht ein: Die »Frauenfrage« ist eine Rechtsfrage. Wenn nicht im Personenstands-, Ehe- und Familienrecht eine Menge geändert wird, werden die Frauen nie frei und die Gesellschaft nie von kriegerischen Gelüsten erlöst sein. Anita entschließt sich, Jura zu studieren und immatrikuliert sich 1893 für dieses Fach – in Zürich, die einzige deutschsprachige Universität, die Frauen aufnimmt. Da im Kaiserreich allein der Ehemann über Vermögen, Wohnort und Berufstätigkeit seiner Frau entscheiden durfte, forderte Augspurg öffentlich einen Eheboykott seitens der Frauen. Wer sich unbedingt mit einem Manne verbinden wolle, solle dies in »freier Ehe« tun, also ohne Trauschein. Mit diesem Appell löste sie einen Skandal aus. Sie selbst lebte nur mit Frauen, mehr als vier Jahrzehnte mit der Hamburgerin Lida Gustava Heymann, die sie auf dem Ersten Internationalen Frauenkongress in Berlin kennen lernte.

1894 ist sie Mitbegründerin der Gesellschaft zur Förderung der geistigen Interessen der Frau, die später in Verein für Fraueninteressen umbenannt wird. Mit der Pädagogin Minna Cauer gibt sie die Zeitschrift *Frauenbewegung* heraus, für die sie eifrig schreibt. »Lediglich die Gesetzgebung kann für eine grundsätzliche und gesicherte Anerkennung der Frauenrechte die Grundlage bieten.« 1896 hält sie auf dem Ersten Internationalen Frauenkongress in Berlin eine viel beachtete Rede. Im Jahr danach wird Anita Augspurg zum Dr. jur. promoviert. Mit Partnerin Lida lässt sie sich 1904 in München nieder, die Vereine und Publikationen der Frauenbewegung sowie ihr Bauernhof füllen beide ganz aus; der Weltbund für Frauenstimmrecht wird von ihnen mitgegründet, ferner der Verein für Frauenstudium. Augspurg ist eine gesuchte Rednerin auf allen Kongressen, auf denen es um Frauenrechte geht, ihre Expertise und ihre feurige Suada, nicht zuletzt ihre volltönende ausgebildete Stimme machen sie zu einer Berühmtheit.

Unermüdlich bis zum Ausbruch des Krieges hatten Augspurg und Heymann ihre Stimmen für Gleichberechtigung und Frieden erhoben. Die Emanzipationsbewegung jener Zeit agierte jedoch uneinheitlich. Augspurg stand aufseiten des radikalen Flügels der bürgerlichen Frauenbewegung. Sie lehnte eine Politik der kleinen Schritte ab. Leidenschaftlich befürwortete sie die militanten Strategien der englischen Suffragetten. Den Vorkämpferinnen der Sozialdemokratie jedoch, Frauen wie Clara Zetkin, die auf eine Revolution setzten, stand sie skeptisch gegenüber. Das Wettrüsten in Europa beobachteten beide mit Nervosität.

Als Augspurg und Heymann im Juli 1914 nach ihrem Schock angesichts der Mobilmachung wieder zu sich kommen, bemühen sie sich sofort um eine europaweite Fraueninitiative zur Beendigung des Krieges, müssen aber feststellen, dass der heroische Internationalismus, der die Frauen noch vor wenigen Jahren auf großen Kongressen in Berlin, Amsterdam und London geeint hatte, zerbrochen ist. Jetzt heißt es: »Right or wrong, my country.« Augspurg sieht sich und Heymann isoliert unter den »der Kriegsfurie verfallenen Nationen«. Zu den wenigen verbliebenen Gesinnungsgenossinnen gehört Minna Cauer in Berlin. Andere Mitkämpferinnen von einst, wie Gertrud Bäumer, die Vorsitzende des Bundes deutscher Frauenvereine, sprechen in typisch nationalistischem Ton von einem »uns aufgezwungenen Krieg« und rufen zur Unterstützung der Heimatfront auf.

Die einzige patriotische Aktion, zu der sich die Tierfreundin Augspurg durchringen kann, ist die Gründung eines Pferde-Samariter-Corps, das todwunden Kriegsrössern den Gnadenschuss geben soll. Aus der Sache wird jedoch nichts, weil die Oberste Heeresleitung keine Zivilisten hinter den Linien duldet.

Im Frühjahr 1915 gelingt es Augspurg und Heymann mit weiteren Pazifistinnen, Frauen aus zwölf Ländern in Den Haag zusammenzutrommeln. Gemeinsam fordern sie Abrüstung und schiedsgerichtliche Austragung internationaler Streitigkeiten. Doch die Konferenz führt lediglich zur Gründung eines Internationalen Frauenausschusses für dauernden Frieden, was eher die Sehnsucht nach Einfluss ausdrückt als den Einfluss selbst. Das reale Kriegsgeschehen geht über die Aktionen der Frauen hinweg. Deren Engagement für den Frieden wird von der Polizei beobachtet und behindert. Friedensfreundinnen gelten als Vaterlandsverräterinnen. Die Treffen, die Augspurg bei sich daheim in München abhält, muss sie als Teestündchen tarnen. Nach Kriegsende resümiert Augspurg:

»Was vor unseren Augen in die Tiefe gesunken ist, ist der Männerstaat, die Männererde, die seit den Tagen der Chaldäer mit Blut und Gewalt gezimmert und gehämmert wurden und wegen dieser falschen Formel an Selbstzerfleischung und Eigenvernichtung dem Untergang verfallen mussten. Der maskuline Grundsatz: durch

Gewalt herrschen, hat seine tödliche Leere, seine destruktive Tendenz vor unseren Augen dargetan. Die Gewaltherrschaft der Männer hat das Elend der Welt erzeugt, sie ist unfruchtbar, ist tötend, ist verneinend. Das Wesen der Frau wird die Welt erlösen, es ist fruchtbar, ist schöpferisch, ist bejahend.«

Ihre Überzeugung, Frauen könnten eine bessere Welt bauen, ist aber nun nachhaltig erschüttert. Während der Revolution in Bayern kandidiert Augspurg 1919 als Parteilose auf der Liste der USPD für den Landtag, erringt jedoch kein Mandat. Nach der Niederwerfung der Räterepublik reist sie mit Heymann in die Schweiz, in Zürich findet der erste Nachkriegskongress des Internationalen Frauenausschusses für dauernden Frieden statt.

1923 beantragen Augspurg und Heymann beim bayerischen Innenminister die Ausweisung Adolf Hitlers wegen Volksverhetzung. So geraten sie früh auf die Todesliste der Nazis. Von einer Auslandsreise im Frühjahr 1933 kehren sie wohlweislich nicht mehr zurück. Ihr Münchner Besitz wird aufgrund eines Raubgesetztes des Nazis (»Gesetz über die Einziehung volks- und staatsfeindlichen Vermögens«) beschlagnahmt. Zehn Jahre leben beide mittellos, unterstützt von der Internationalen Frauenliga und anderen Hilfsorganisationen, in Zürich. Ihre pazifistische Propaganda können sie wegen ihres Flüchtlingsstatus und dem damit verbundenen Arbeitsverbot nur noch verdeckt ausüben. Gemeinsam schreibt das Paar Augspurg / Heymann seine Lebenserinnerungen. »Gewalt kann niemals durch Gewalt überwunden werden, sondern nur, und zwar im Keime ohne Zaudern, durch Vernunft und Geist.« 1943 sterben beide – Augspurg wurde 86 Jahre alt – kurz nacheinander im Züricher Exil.

Eleonora Duse

Schauspielerin der modernen Innerlichkeit

* 1858 in Vigevano, Lombardei
† 1924 in Pittsburgh

Der Applaus brandet auf. Still und aufrecht steht die Schauspielerin hinter dem noch geschlossenen Vorhang. Also doch! Paris, dieses anspruchsvolle, arrogante, heikle Publikum, das trotzig an seinen gewohnten Vorlieben festhält – jetzt klatscht, jetzt jubelt es für sie, die Fremde, die Italienerin. Kann es wahr sein? Letzte Woche noch hat dasselbe Publikum sie äußerst kühl aufgenommen und ihr allen Mut geraubt. Aber dies hier ist eine Ovation, eindeutig. Der Vorhang rauscht in die Höhe, das Licht strahlt auf, und Eleonora Duse tritt einen Schritt vor, um sich zu verbeugen. »Ich habe gesiegt«, denkt sie und spürt Tränen hochsteigen. »Ich habe gesiegt mit ihm, mit D'Annunzio.«

Als Eleonora Duse im Jahre 1897 ihren Durchbruch in Paris feierte, war sie längst eine weltberühmte Schauspielerin; sie hatte Tourneen in aller Herren Länder hinter sich, und überall waren die Kritiker des Lobes voll. Aber Frankreich war stur geblieben. Es hatte nämlich seine eigene Theaterprinzessin, die unvergleichliche Sarah Bernhardt. Und wer aus weiter Ferne herbei reiste, um sich mit ihr zu vergleichen, bekam erst einmal einen Denkzettel, das waren die Pariser ihrer Primadonna schuldig. Aber diesmal fegte die Duse alle Bedenken hinweg. In *Der Traum eines Frühlingsmorgens* von Gabriele D'Annunzio eroberte sie die Herzen der theaterbegeisterten Franzosen. Eleonora Duse und Sarah Bernhardt waren zwar gleichrangige Diven, aber sie standen für zwei völlig gegensätzliche Theaterauffassungen. Die Französin pflegte die Tradition, sie stand für subtiles Formbewusstsein, Illusion, Virtuosität, Künstlichkeit. Ganz anders die Italienerin. Die Duse hatte, als sie ihre eigene Schauspieltruppe gründete, mit der Überlieferung gebrochen. Ihr Theater sollte das Leben spiegeln, wie es wirklich war, anstatt ein geschöntes Klischee vorzuführen – ihr Darstellungsstil war innige Natürlichkeit. Sie verzichtete auf Schminke, Perücken und Blumen aus Papier; bei ihr gab es echte Seide, schwere Möbel und Rosen aus dem Garten. Auch ihre Tränen kamen von innen. Großen Ruhm errang eine Szene, in der sie einen ehemaligen Liebhaber wieder traf und langsam und wahrhaftig errötete. Im Übrigen war sie notorisch öffentlichkeitsscheu – abgesehen natürlich von der Theaterbühne. »Ich bin die Sklavin meiner Eigenart, die es mir nicht erlaubt, eine Rolle nur zu spielen, sondern mich zwingt, mit ihr zu leiden. Deshalb habe ich, wenn ich nach Hause komme, nur den Wunsch, alles, was mit meiner Arbeit zusammenhängt, zu vergessen. Sie können sich leicht vorstellen, dass Interviews mit Journalisten nicht dazu beitragen, dass ich vergessen kann. Ich habe eine große Abneigung gegen Publicity.«

Es versteht sich, dass Duses auf wahrer Empfindung beruhende Ausdruckskraft ein Höchstmaß an Einsatz und Konzentration erforderte. Eleonora, die obendrein noch an einer Tuberkulose litt, balancierte ihr Leben lang am Rande des physischen Zusammenbruchs. Aber ihre Darbietungen waren überwältigend. Sie riss die kühlsten und klügsten Köpfe ihrer Zeit zu wahren Begeisterungsstürmen hin. »Sie äugelt und schlendert – und wendet sich, eh man's noch glaubt, und ein Arm fährt durch die Luft, die Taille biegt sich, und ihre Stimme streichelt … Sie liegt in einem Stuhl, sie neckt, sie grüßt, sie dankt, sie zwinkert mit dem Mund, mit dunklen Augen. Und alle diese Anmut ist in jedem Augenblick erschütternd. Das war nicht und kommt nie wieder. Es ist der Gipfel. Das Wunder der letzten Schönheit des Südens.« So der gefürchtete Kritiker und Duse-Verehrer Alfred Kerr im Jahre 1894. Und der irische Dramatiker und Kritiker George Bernard Shaw bemerkte einmal, es sei allein die Duse, der er die Einsicht verdanke, dass es sich bei der Schauspielerei um eine hohe Kunst handele.

Eleonora, 1858 geboren, war ein Kind des Theaters; ihr Vater leitete eine Wandertruppe in der Lombardei. Ihr erster großer Erfolg ist Shakespeares Julia in der Arena von Verona, damals ist sie 15 Jahre alt.

Mit 20 gehört sie einer neapolitanischen Truppe an und verliebt sich in Martino Cafiero, einen prominenten Journalisten. Dieser verlässt sie, als sie schwanger wird. Ihr Kind, ein kleiner Junge, stirbt bald nach der Geburt. Trost findet sie bei ihrem Kollegen Tebaldo Marchetti, den sie heiratet und mit dem sie eine Tochter hat: Enrichetta. Ihre Laufbahn entwickelt sich anfangs stockend: Ihr direktes, klares Spiel ist ungewohnt. Aber nach und nach überzeugt sie das Publikum. Als ihre erste große Auslandstournee sie 1885 nach Südamerika führt, hat sie sich als eigenwillige, ausdrucksstarke Schauspielerin durchgesetzt.

Ein Problem ist und bleibt für die Duse der Spielplan. Sie will in modernen, aufwühlenden Stücken auftreten und scheitert mit diesem Ehrgeiz am Konservatismus des Publikums. Das möchte sie ständig als Kameliendame sehen. Auch andere französische Salonstücke werden verlangt – und dann natürlich Goldoni und manchmal Shakespeare. So gern die Schauspielerin die Klassiker gibt und sich in Goldonis volksnahen Wirtinnen auch von ihrer heiteren Seite zeigt – das genügt ihr nicht. Sie sehnt sich nach einem italienischen Drama, das die Konflikte ihrer Zeit aufgreift. Und da es das nicht gibt, kämpft sie erst einmal für Ibsen, dessen Düsternis aber ihre Landsleute abschreckt.

In Südamerika verliebt sich Eleonora in ihren Partner Flavio Andò und verlässt ihren Ehemann. Zurück in Italien macht sie sich an die Gründung einer eigenen Truppe. Das bedeutet: Sie ist jetzt auch eine Geschäftsfrau, muss kalkulieren, Gagen auszahlen und investieren. Ihr Leben lang hat die Prinzipalin Geldsorgen, obwohl sie keinerlei persönlichen Aufwand treibt. Aber Theaterproduktionen sind ein teures Vergnügen.

Ihre Beziehung zu Andò hält nicht lange. Ein anderer Mann tritt in ihr Leben: der Literat und Librettist Arrigo Boito. Er sorgt dafür, dass ein Mangel, den die Schauspielerin lange schon als sehr als schmerzlich empfunden hatte, behoben wird: Er vermittelt ihr Bildung. Das Komödiantenkind war nicht recht zur Schule gegangen, sie weiß viel zu wenig über die Welt, die Menschen und die Literatur.

Dankbar nimmt sie Boitos Bücherpakete entgegen, und er beantwortet alle ihre Fragen. Sie leben für eine Weile zusammen in Venedig, und an seiner Seite träumt sie sogar davon, das Theater aufzugeben und mit ihm und ihrem Kind einfach die Schönheit der Lagunenstadt zu genießen.

In der rauen Wirklichkeit folgen die Jahre ihrer größten Triumphe. Tourneen führen sie um die ganze Welt, in die großen europäischen Hauptstädte Wien, Berlin, Paris, London, auch nach Russland und Nordamerika, und überall wird sie enthusiastisch gefeiert. Anton Tschechow, auch er ein Theatermann, schrieb dies, nachdem er die Duse als Shakespeares Cleopatra auf der Bühne gesehen hatte: »Ich verstehe kein Italienisch, aber sie hat so gespielt, dass es mir vorkam, als verstünde ich jedes Wort. Welch wunderbare Schauspielerin! Ich habe noch nie zuvor etwas Gleichartiges gesehen.« Ein Wunsch der Duse ist aber jetzt noch unerfüllt: Das aufwühlende Zeitstück hat sie noch nicht im Repertoire. Da trifft der große Bühnenstar im Jahre 1895 den ebenfalls hochberühmten Schriftsteller Gabriele D'Annunzio – in Venedig, der Stadt der Liebe. Beide verbindet bald eine starke Leidenschaft, die von viel Gefühl, Sinnlichkeit und geteilter Kunstbegeisterung getragen wird. Sie ist sechsunddreißig, er einunddreißig Jahre alt, beide sind verheiratet und leben getrennt von ihren Gatten, beide verlassen einen Lebenspartner, um nur noch füreinander da zu sein: Eleonora ihren Freund Boito, D'Annunzio eine neapolitanische Prinzessin, mit der er sogar eine Tochter hat. Endlich, so glaubt die Duse, hat sie den Mann gefunden, den sie rückhaltlos lieben kann und der dem italienischem Theater das zeitgenössische Drama schenken wird.

Sie irrt sich doppelt. D'Annunzio schreibt eine Reihe von Stücken für sie, aber keines überzeugt das Publikum. Es gibt Ausnahmen, so der Erfolg des *Frühlingsmorgen* in Paris, aber auf Dauer können sich die pathetischen, schwer eingängigen Stücke des Romanciers D'Annunzio nicht durchsetzen. Die Duse kämpft unermüdlich für das Werk ihres geliebten Dichters und opfert dabei ihr gesamtes Vermögen.

1900 veröffentlicht D'Annunzio den Roman *Feuer*, in dem er Eleonora als verhärmte Geliebte eines gefeierten Dichters porträtiert, die ihr Schicksal annimmt und einer Jüngeren weicht. Das Buch wird wegen seiner Nähe zum wirklichen Leben ein Riesenerfolg, die Beziehung, die es schildert, zerbricht. Eleonora geht weiter auf Tournee, sie dreht sogar einen Film, und sie gibt trotz des Zerwürfnisses ihren Glauben an D'Annunzio als Dichter niemals auf. Während einer Gastspielreise wirft die Tuberkulose sie endgültig nieder. Eleonora Duse stirbt 1924 in Pittsburgh, wird aber nach Italien überführt und in ihrer Wahlheimat Asolo, nahe Venedig, beigesetzt.

Marie Curie

Die Frau mit den zwei Nobelpreisen

* 1867 in Warschau
† 1934 bei Passy

1919. Der Krieg ist zu Ende, aber die Opfer werden nicht wieder lebendig. Im Pariser Laboratorium der Madame Curie fehlen die Mitarbeiter. Sie hat kein Geld. Sie weiß nicht, wie es weitergehen soll. Ja, sie ist hoch geehrt, immerhin hat sie das Radium entdeckt und zwei Nobelpreise erhalten. Man kennt ihren Namen nicht nur unter Physikern.

Aber was nützt ihr das alles, wenn sie ohne Mittel dasteht? Ihr Mann ist nicht mehr am Leben. Ihr einziges Kapital sind ihre Töchter, die sich zu tüchtigen Mitarbeiterinnen entwickelt haben. Aber auch sie brauchen Geräte und Rohstoff, um experimentieren zu können.

Es gibt Momente, da helfen nur Engel. Und so ein Moment war im Leben Marie Curies jetzt gekommen. Die Tür ging auf, und eine Journalistin trat ein. Normalerweise gab die Forscherin keine Interviews, strikte Fachdebatten ausgenommen. Aber diese Amerikanerin hatte so hartnäckig um einen Termin gebeten, dass Marie schließlich weich geworden war. Da stand die junge Frau und sah sich um. Statt drauflos zu fragen, schwieg sie und blickte die große Physikerin mit einem Gemisch aus Ehrfurcht und Neugier an. Marie Mattingly Meloney war ihr Name. Und als sie Madame Curie nach ihrer Arbeit fragte, wies diese nur seufzend auf das kaputte Labor und die leeren Stühle. Meloney hatte Verbindungen, sie wusste, wie man Geld auftreibt. Ein Jahr später haben sich die Arbeitsbedingungen der Marie Curie von Grund auf geändert. Sie fährt nach Amerika, erhält Radium, ihr Labor wird instandgesetzt. Ab jetzt wird sie ihre Forschung ungehindert, mit ganzer Kraft und besten Aussichten fortsetzen können. Meloney wird ihr eine enge Freundin sein, und zu ihr reist sie sogar noch einmal nach Amerika. Wie angenehm könnte ihr Leben mit den Töchtern, den Enkelkindern und der sie noch immer ganz erfüllenden Laborarbeit sein, wäre da nicht diese Augenkrankheit. Und das Ohrenklingen. Das Nierenversagen. Überhaupt diese dauernde Schwäche …

Maria Salomea Skłodowska, 1867 geboren, ist das jüngste Kind einer polnischen Lehrerfamilie. Ihr Vater unterrichtet am Gymnasium in Warschau Physik und Mathematik, ihre Mutter unterhält ein Mädchenpensionat. Als beste Schülerin ihres Jahrgangs schließt Maria 1883 das Gymnasium ab. Ihr Interesse für Naturwissenschaften ist ausgeprägt, am liebsten würde sie sofort nach dem Schulabschluss ins Ausland gehen, um dort zu studieren. In Polen ist dies für Frauen unmöglich; aber auf ihr Traumziel Paris als Studienort muss Maria lange warten. Sie entspricht nicht dem Typus der modernen Karrierefrau. Niemals täte sie einen Schritt, der die Familie belasten würde. Konflikte müssen eben durchgestanden werden; »Lösungen«, bei denen das Herz oder der Kopf auf der Strecke bleiben, kommen nicht infrage. Und jetzt braucht die Schwester Bronja Geld für ihr Medizinstudium in Paris.

Fürs Erste also bleibt Maria in der Heimat und arbeitet als Hauslehrerin. Auf dem Lande organisiert sie sogar eine Dorfschule für Bauernkinder. Ihr Engagement imponiert dem Gutsbesitzersohn, der sich in sie verliebt. Auch Maria vergisst um des jungen Mannes willen ihre angeborene Schüchternheit, die beiden denken ans Heiraten. Aber der Gutsherr sagt nein, die Braut ist nicht standesgemäß. So endet Marias erste Liebe unglücklich. Inzwischen hat Bronja ihr Studium in Paris abgeschlossen. Sie drängt Maria: »Bitte komm!« Also packt die 24-Jährige ihre Koffer, reist nach Frankreich, ändert ihren Vornamen in Marie und schreibt sich an der Sorbonne ein. Zwei Jahre später schließt sie das Physikstudium mit Auszeichnung ab. Ein Stipendium ermöglicht ihr ein Zweitstudium: Mathematik. Auch hier übertrifft Marie mit ihren Leistungen fast alle Mitstudenten.

Die junge Polin sieht blass und mager aus, das ist kein Wunder. Sie lebt nur für ihre Studien, vernachlässigt sich selbst, isst zu wenig, arbeitet zu viel. Die von ihrer Wissenschaft besessene Physikerin ist dabei, sich aufzureiben. Da tritt ein Mensch in ihr Leben, der bereit und fähig ist, für sie zu sorgen: Pierre Curie. Er ist genauso mit Leib und Seele Physiker wie sie, beide haben immer nur die nächste Versuchsanordnung im Kopf. Aber die Liebe verwandelt jeden, sogar Physiker. Sie lässt die Menschen über sich selbst hinauswachsen, und sie bringt Pierre Curie und Marie Skłodowska dazu, miteinander an die frische Luft zu gehen und warme Mahlzeiten einzunehmen …

Pierre sieht die bezaubernd hübsche, äußerst schlicht gekleidete junge Polin an der Universität und schreibt ihr Briefe. Sie wehrt ab, will sich nach der ersten herben Enttäuschung nicht noch einmal auf ein Verhältnis einlassen. Aber jetzt kommt die Wissenschaft dazu. Zum Kuppler taugt sie so gut wie jede andere Leidenschaft. Pierre hat ähnliche Spezialinteressen wie Marie. Im Gespräch über Pyro- und Piezo-Elektrizität kommen die beiden einander näher. Jetzt weiß Marie: Er ist der Richtige. Sie heiraten 1895. Er ist 36, sie 28 Jahre alt. An ihre Warschauer Schulfreundin schreibt die junge Madame Curie: »Es ist mir sehr schmerzlich, für immer in Paris zu bleiben, aber was soll ich tun? Das Schicksal hat es gewollt, dass wir uns tief verbunden fühlen und den Gedanken, uns zu trennen, nicht ertragen können.«

Geld und Glanz bedeuten den Curies nichts. Sie leben bescheiden, ihr Urlaub besteht aus Radtouren in die Umgebung. Kurz nach der Geburt ihrer ersten Tochter Irène im Jahre 1897 geht Marie wieder ins Labor. Ihr Kind wird derweil vom Großvater väterlicherseits betreut – eine seltene und in diesem Falle sehr glückliche Familienkonstellation. Marie bereitet ihre Doktorarbeit vor. Thema: Die natürliche Strahlung des Urans, die Antoine Henri Becquerel kurz zuvor entdeckt hat. Marie isoliert die Elemente Polonium – das auf ihren Wunsch nach ihrem Geburtsland benannt wird – und Radium. Der Begriff »Radioaktivität« geht auf sie zurück. Sie benutzte ihn erstmals 1898 in einer wissenschaftlichen Veröffentlichung. Der Begriff bezeichnet die Eigenschaft bestimmter chemischer Elemente oder Isotope, in Permanenz Energie in Form von Strahlung auszusenden.

Pierre gibt seine Versuche mit Kristallen auf und schließt sich ihrer Forschung an. Obwohl beider Gesundheitszustand zu wünschen übrig lässt, arbeiten sie von früh bis spät in einem Labor, das nichts anderes als ein Schuppen ist mit undichtem Dach. Marie ist 1903 erneut schwanger, das Kind kommt zu früh und stirbt bald nach der Geburt. Ende des Jahres erhält das Ehepaar Curie gemeinsam mit Henri Becquerel den Nobelpreis für Physik.

Ein Jahr danach wird Marie von einem gesunden Mädchen entbunden. Die kleine Ève ist gerade fünf Monate alt, als ihr Vater bei einem Unfall ums Leben kommt. Marie ist untröstlich. Ihr Leben scheint stillzustehen. Und gewinnt dann doch wieder ein enormes Tempo: Sie erhält eine Professur an der Sorbonne, untersucht die physikalischen, chemischen und biologischen Wirkungen von radioaktiver Strahlung und erhält 1911 für die Reindarstellung des Radiums und die Erforschung seiner Eigenschaften den Nobelpreis für Chemie. Ihre Vorlesungen über Radioaktivität machen sie weltberühmt. Ein weiterer Erfolg ist die Errichtung des Radium-Instituts im Jahre 1914 mit einer physikalischen und einer medizinischen Abteilung. Die Leitung der physikalischen Abteilung übernimmt Marie Curie selbst. Während des Ersten Weltkriegs organisiert sie den Röntgendienst des Roten Kreuzes, richtet mobile radiologische Stationen ein, fährt selbst in die Lazarette und bildet zusammen mit ihrer Tochter Irène Ärzte und Krankenschwestern aus. Nach dem Krieg hat sie durch die Unterstützung amerikanischer Geldgeber endlich ein leistungsfähiges Laboratorium zur Verfügung. Sie genießt die Anerkennung, die ihr von überall her zuteilwird. Immerhin ist sie die erste Frau, die mit einem Nobelpreis ausgezeichnet wurde, und das gleich zweimal. Während der 1920er-Jahre unternimmt sie ihre beiden Amerika-Reisen, Irène und Ève begleiten und vertreten sie bei öffentlichen Anlässen. Denn Marie ist immer wieder völlig erschöpft.

Ihre Gesundheit gewinnt sie nicht zurück. Dass sie strahlenkrank ist, ahnt sie. Aber will sie es glauben? Sie wünscht sich so sehr, dass die Kraft, die sie entdeckt und beschrieben hat, segensreich sei.

Marie Curie stirbt 1934 in Passy, Paris, an perniziöser Anämie infolge der Kontaminierung durch Radium. Albert Einstein würdigt ihre Leistungen in einer Gedenkschrift: »Madame Curie ist unter allen berühmten Menschen der einzige, den der Ruhm nicht verdorben hat«. 1995 wurden Marie und Pierre Curie in das Panthéon nach Paris überführt. Ihre Tochter Irène Joliot-Curie und deren Mann Frédéric, die wie die Eltern Curie eine Forschungsgemeinschaft bildeten, erhielten 1935 für die Entdeckung der künstlichen Radioaktivität den Nobelpreis für Chemie.

IV

»Mein Stolz ist mein Bestes!« (Paula Modersohn-Becker)

–

Das 20. Jahrhundert

Maria Montessori

Reformerin der Pädagogik

* 1870 in Chiaravalle
† 1952 in Noordwijk aan Zee

Die Kinder waren wie Sträflinge in dem engen Raum zusammengepfercht; es gab nichts, womit sie sich hätten beschäftigen können, kein Spielzeug, überhaupt keine Gegenstände. Die kleinen Wesen hockten einfach nur da und starrten die Ärztin angstvoll an. Sie waren, so hieß es, schwachsinnig, und sie hatten so, ohne irgendeine Stimulation, nicht die mindeste Chance, aus der Irrenanstalt entlassen zu werden. »Die unglücklichen Geschöpfe«, schrieb die Beobachterin später, »mussten gleichsam neu erschaffen werden, um ihren Platz in einer zivilen Gesellschaft wieder einnehmen zu können. Ihnen zur Unabhängigkeit von der Hilfe anderer und zur Menschenwürde zu verhelfen, das war eine Aufgabe, die so an mein Herz appellierte, dass ich jahrelang nicht von ihr loskam.«

Maria Montessori begann ihre Laufbahn als Ärztin. Im Jahre 1897 war sie Assistentin an der Psychiatrischen Klinik in Rom, wo sie hautnah das Elend geistig behinderter Kinder miterleben konnte. Die kleinen Patienten wurden in der Anstalt einfach nur aufbewahrt und von Erzieherinnen beaufsichtigt, die sich ablehnend verhielten. Dr. Montessori erkannte, dass die Kinder verloren waren – wenn man sich ihrer nicht mit besonderer Sorgfalt annahm, und zwar mit der richtigen Methode: Über die Sinne, vor allem über den Tastsinn, musste man zu ihrem Verstand vordringen. Dr. Montessori experimentierte mit diesen Kindern, und ihre Vermutungen bestätigten sich: Wenn man den Kleinen etwas in die Hand gab, wenn man sie greifen, tasten, fühlen, ausprobieren, malen und machen ließ, erwachten die allzu Stillen aus ihrer Apathie, und die allzu Zappeligen lernten es, sich zu konzentrieren. Doch das richtige Material in den Händen der Kinder reichte nicht aus. Sie brauchten auch eine Umgebung, die sie als Persönlichkeiten respektierte, brauchten

Tische und Stühle, die ihrem Körperwuchs angepasst waren, und helle Räume … Und schließlich brauchten sie Lehrerinnen, von denen sie sich ernst genommen fühlten, zu denen sie Vertrauen fassen konnten. »Der Lehrer schwachsinniger Kinder gerät in eine Art Apathie: Er denkt, dass er minderwertige Menschen erzieht, und deshalb gelingt ihm ihre Erziehung nicht … Man muss vielmehr verstehen, in der Seele des Kindes den darin schlummernden wachen Menschen anzusprechen. Ich hatte diese Intuition, und ich glaube, dass nicht das didaktische Material allein, sondern diese meine Stimme, die sie anrief, die Kinder weckte und dazu antrieb, das Material zu benutzen und sich selbst zu erziehen.«

Nach ihren Erfolgen mit gestörten Kindern wandte Montessori dieselben Prinzipien der Erziehung und des Umgangs auf gesunde Kinder an – und siehe da, wieder zeigte sich, dass die Nervösen ruhig wurden und die Stumpfen lebhaft. Später baute die römische Ärztin, die von der Medizin auf die Pädagogik umgesattelt hatte, ihre Ideen zur Entwicklung der kindlichen Persönlichkeit zu der weltberühmten Montessori-Methode aus, die ihr bald überall begeisterte Anhänger verschaffen sollte. Angeregt durch die bahnbrechenden Schriften der Ärzte Jean Marc Gaspard Itard, der als Begründer der Heilpädagogik gilt, und seines Schülers Édouard Séguin erforschte sie die Möglichkeiten, die Sinne der kleinen Patienten zu schulen und durch Eigentätigkeit mit speziell entwickelten didaktischen Materialen Lernanreize zu schaffen. Ihr Ziel war es, die Kinder ohne Drill und Druck zu sich selbst kommen zu lassen, ihre Maxime: »Hilf mir, es selbst zu tun«. Dafür erfand sie eigene »didaktische Materialien«, zum Beispiel verschieden dicke und lange hölzerne Zylinder, die in jeweils passende Hohlformen gesteckt werden mussten. Auch wohl behütet aufgewachsene Kinder waren, fand Montessori, oft verstört oder verschlossen, weil die Eltern zu viel, zu wenig oder das Falsche zur falschen Zeit von ihnen erwarteten. Der Umgang mit den richtigen Materialien entspannte und verwandelte auch solche als gesund geltende Kinder, sie ließ sie sich selbst achten, was eine Vorausetzung von Menschenwürde und jeder Art Lebensfreude ist.

Was ihre eigene Kindheit betraf, so hat Maria Montessori Glück gehabt. Sie wird im Jahre 1870, dem Jahr der Einigung Italiens, in der Provinz Ancona geboren. Ihr Vater war Finanzbeamter, ihre Mutter entstammte einer Gutsbesitzerfamilie. Maria ist das einzige Kind und braucht die Zuwendung der Eltern nicht zu teilen. Zeitzeugen schildern sie als selbstbewusstes und ehrgeiziges kleines Mädchen. Als sie fünf Jahre alt ist, zieht die Familie nach Rom. Hier geht Maria zur Schule; sie liest viel und interessiert sich für Mathematik. Sie macht den Abschluss am technisch-naturwissenschaftlichen Zweig der Oberschule, was kaum einem Mädchen zu jener Zeit gelang. Nachdem sie ursprünglich Ingenieurin werden will, fühlt sie sich dann doch mehr zur Medizin hingezogen, immatrikuliert sich unter großen Vorbehalten ihres Vaters an der Hochschule und beendet das Studium im Jahre 1896 als eine der ersten promovierten Medizinerinnen Italiens.

Maria ist ein schönes Mädchen mit einer Neigung zur Üppigkeit. Zu jener Zeit, als sie, eben fertig mit dem Studium, auf die eingesperrten, geistig behinderten Kinder trifft und erstmals darüber nachdenkt, wie man ein Kind aus dem Gefängnis seiner Ängste und Blockaden befreien könnte, ist sie in den Psychiater Giuseppe Montesano verliebt, mit dem sie eng zusammenarbeitet. Sie bekommt 1898 ein Kind von diesem Kollegen, Sohn Mario. Es gibt kaum Zeugnisse über diese Zeit, die Biographen rätseln, warum das Paar nicht geheiratet hat. Mario erklärte später, dass seine beiden Eltern einander lebenslange Ehelosigkeit geschworen hätten, dass aber nur Maria den Schwur gehalten, ihr Geliebter jedoch sich anderweitig gebunden habe. Darüber sei es zum Bruch gekommen. Wie auch immer es wirklich war – Mario wuchs nicht bei der Mutter, sondern bei Pflegeeltern auf, und Maria hatte den Makel der nichtehelichen Mutterschaft zu tragen, was im Italien des 19. Jahrhunderts keine Kleinigkeit war. Aber Montessori zog Kraft aus ihrem Unglück. Sie konzentrierte sich ganz auf ihre Arbeit. Ein neues Betätigungsfeld hatte sich ihr eröffnet: die Pädagogik. Sie sieht es so:

»Das Kind wollten wir schützen und haben erkannt, dass wir selber Schutz brauchen. Wir haben nach Methoden zur Erziehung und Bildung des Kindes gesucht und wissen jetzt, dass das Kind unser Lehrmeister ist. Bilden kann dieser Lehrmeister uns nicht, aber er kann uns wie keiner sonst unsere Natur und unsere Möglichkeiten zeigen. Darum zieht das Kind uns an: uns als Individuen, als Glieder der menschlichen Gesellschaft und zum Wohle der ganzen Menschheit.«

Als 1900 die Liga für die Erziehung behinderter Kinder eine Modellschule zur Ausbildung von Lehrern gründet, wird Montessori die Leitung angetragen. Sie nimmt an. Allmählich wird sie bekannt. 1907 eröffnet sie das erste Kinderhaus, die *Casa dei Bambini.* Ihr Programm: »Es sind zwei Dinge zu tun: Erstens eine Kenntnis von Gott und allen Dingen der Religion zu geben. Zweitens die verborgenen Kräfte des Kindes zu erkennen, zu bewundern und ihnen zu dienen und demütig zur Seite zu treten, mit der Intention der Mitarbeit, so dass die Personalität des Kindes mit seiner inneren Gegenwart immer vor uns steht.«

Bald fängt sie an, ihre Erfahrungen niederzuschreiben. Ihr erstes Buch *Il metodo della pedagogia scientifica* (= Selbsttätige Erziehung im frühen Kindesalter) von 1909 wird ein überwältigender Erfolg. Vier Jahre später nimmt sie den inzwischen fünfzehnjährigen Mario zu sich – er ist nun ihr Gehilfe und Gefährte. Überall will man die Erfinderin einer neuen, kindgerechten Erziehungsmethode kennen lernen, und so reist Maria Montessori um die Welt. 1916 siedelt sie nach Barcelona um; 1924 trifft sie Mussolini. Sie überzeugt auch den Duce; an den italienischen Schulen herrscht jetzt ihre Methode vor. Montessori-Kongresse werden in Helsingør, Nizza und Amsterdam abgehalten, schließlich auch in Rom. Aber das Einverständnis mit den Faschisten endet bald; Montessori ist viel zu eigenständig, um den Einfluss der Politik auf ihre Arbeit zu ertragen. Die deutschen Faschisten lehnen ihren Ansatz ab, auch die italienischen schließen ihre Schulen. Der spanische Bürgerkrieg vertreibt Montessori aus Barcelona; sie lässt sich in Amsterdam nieder. Von dort aus lenkt sie ein weltumspannendes Netzwerk von Kindergärten, Schulen und wissenschaftlichen Instituten, die von ihrer Pädagogik inspiriert sind. Eine Zeitlang lebt sie in Indien; nach dem Krieg kann sie dafür sorgen, dass ihr Werk und ihre Methode in Italien wiederbelebt werden. Sie war, das darf nicht unerwähnt bleiben, eine gläubige Katholikin, die im hilflosen, herumgestoßenen Kind niemand anderen erblickte als Jesus Christus: »Das Kind ist der ewige Messias, der immer wieder unter die gefallenen Menschen zurückkehrt, um sie ins Himmelreich zu führen.«

Helena Rubinstein

Weltkonzernherrin der Schönheit

* 1870 in Krakau
† 1965 in New York

Krakau gehörte im Jahr 1870 zum Habsburger-Reich. Die südpolnische Stadt nahe der russischen Grenze mit ihrer tausend Jahre alten Wawel-Kathedrale und einer der ältesten Universitäten Europas war seit jeher ein Zentrum der Wissenschaft und der Kultur. Die heimliche Hauptstadt Polens, wie sie bis heute genannt wird, hatte damals rund 50 000 Einwohner, ein Drittel davon waren Juden. Während der k.u.k.-Herrschaft streifte das Viertel Kazimierz, in dem die meisten Juden wohnen, seinen Ghetto-Charakter ab und wurde ein bunter, lebendiger Kiez. Die meisten Leute lebten gerne hier. So auch die Familie Rubinstein. Im Jahre 1870 kam die älteste Tochter Chaja zur Welt.

Vater Herschel Rubinstein verkaufte auf dem Markt Eier und Kerosin. Mutter Gitel brachte während der folgenden Jahre noch sieben weitere Kinder zur Welt: lauter Mädchen! Es war selbstverständlich, dass die Älteste als Stellvertreterin und rechte Hand der Mutter mit anpacken musste; das machte sie gern, sie verschaffte sich früh Autorität, war resolut, tüchtig, streng, aber herzlich. »Schon als sehr junges Mädchen musste ich meiner Mutter zur Hand gehen und die lebhafte Kinderschar beaufsichtigen. Wenn du das älteste von acht Geschwistern bist, gewöhnst du dich daran, frühzeitig Verantwortung zu tragen und Tatkraft zu entwickeln.« Auch dem Vater half Chaja mit dem Geschäft, sie kam mit der Buchführung besser klar als der immer ein wenig zerstreute Herschel. Außerhalb der Familie war sie schüchtern und verschlossen, gleichwohl sehnte sie sich danach, die weite Welt kennen zu lernen.

Aber als sie herangewachsen ist, tut sie nicht, was alle erwarten: Sie schaut sich nicht nach einem Ehemann um. Die Eltern werden allmählich nervös und beauftragen einen gewerbsmäßigen Kuppler.

Da wird Chaja böse und schließt sich ein. Sie will eben nicht heiraten, fertig, aus! Es gab seinerzeit für heiratsunwillige Mädchen oder für solche, die einfach keinen Mann fanden, nur die Möglichkeit, innerhalb der erweiterten Familie, zur Not auch woanders, als Kindermädchen oder Haushaltshilfe zu wirken. Die Eltern Rubinstein sehen ein, dass es mit ihrer Chaja wohl so kommen wird. Und tatsächlich findet sich für sie eine Stelle im Pelzgeschäft einer Tante in Wien – das ist Chajas erster Sprung heraus aus dem Elternhaus. Der zweite kommt schon bald und führt noch viel weiter. Als die Tante samt Geschäft nach Antwerpen umzieht, entschließt sich Chaja, zu einem Bruder ihrer Mutter nach Australien zu gehen. Mit dem Postdampfer schippert sie drei Monate lang bis nach Melbourne. Auf der Passagierliste trägt sie sich als »Helena« Rubinstein ein – dieser Vorname gefällt ihr besser und soll den Neuanfang beglaubigen. Im Gepäck führt Helena zwölf Tiegel einer Hautcreme mit sich, die Gitel benutzt und allen ihren Töchtern empfiehlt, damit deren weißer Teint schön und faltenlos bleibe.

Es waren wahrhaftig diese Tiegel, mit denen Helena Rubinstein ihre Karriere als erste und erfolgreichste Kosmetikunternehmerin der Welt begann. Der Onkel in der australischen Ortschaft Coleraine war Schafzüchter, und Helena verspürte keinerlei Neigung, ihm als Hirtin zur Hand zu gehen. Lieber nahm sie eine Stellung bei dem Drogisten des Ortes an, half ihm mit der Buchführung und beriet die Kundinnen. Manche fragen die junge Frau aus dem fernen Krakau, wie sie es zuwege gebracht habe, ihre Haut so weiß und glatt zu erhalten, und die verweist zuerst nur auf ihren Sonnenschirm. Dann aber verteilt sie Proben aus ihren Tiegeln. Die Frauen sind begeistert. Helena stellt die Tiegel ins Schaufenster, bald sind alle ausverkauft. Jetzt begreift sie, was das für eine vielversprechende Marktlücke ist, die sie da entdeckt hat. Sie lässt sich vom Drogisten erklären, wie man Emulsionen herstellt, besorgt sich Zutaten – Wiesenkerbel-Elixier, Mandelöl, Honig, Lanolin und manches mehr – und experimentiert mit ihnen. Nach manchen Fehlschlägen kreiert sie eine Creme, die wirklich als eine Wohltat für die Haut empfunden wird.

Der Verkaufserfolg ist enorm. Helena plant jetzt den Umzug nach Melbourne, und sie denkt sogar an die Eröffnung eines Schönheitssalons, in dem es mehr gibt als Creme: Entspannung, Beratung, Seife, Puder und Tee. Im Jahr 1902 ist es so weit: Das *Maison de Beauté* wird in der Collins Street in Melbourne eröffnet. Die Presse ist vor Ort. Die Frauen strömen in das Institut, sogar aus dem fernen Sydney. Schon bald kann Helena den Kredit, den ihr eine Freundin für ihr Unternehmen besorgt hat, zurückzahlen. Sie telegrafiert ihrer Schwester Ceska, dass sie bitte bald nach Australien kommen und jede Menge besonderer Creme-Zutaten mitbringen solle. Dann eröffnet sie einen zweiten Salon in Sidney. Sie stellt Hilfskräfte ein, lässt ihre Erzeugnisse patentieren und baut eine Fabrik, in der ihre Produkte in großen Mengen hergestellt werden können. Während Ceska die Leitung der Salons übernimmt, begibt sich Helena auf eine lange Reise nach Europa, wo sie in Wien, Paris und Berlin an den chemischen Fakultäten der Unis quasi Nachhilfestunden nimmt. Sie muss alles wissen über die Zusammensetzung und Wirkung von Hautpflegeprodukten, ihre Neugier ist groß. Ein Leben lang hat sie selbst geforscht und erprobt, was sie dann verkauft hat, und der wissenschaftliche Anstrich, den sie ihrer Firma und auch ihren Salons verleihen konnte, hat viel zu ihrem außerordentlichen Erfolg beigetragen. Denn Kosmetik – das war seinerzeit noch etwas Neues und irgendwie Anstößiges.

Hautpflege und gar Schminke wie Lippenstift und Wimperntusche, die Helena später herstellen und vertreiben wird, waren in der Welt der vorvorigen Jahrhundertwende noch nicht als Massenartikel verfügbar. Die Ideologie dahinter hieß: Eine richtige Frau hat es nicht nötig, Make up aufzulegen, der schöne Schein ist nur etwas für Schauspielerinnen oder Prostituierte. Helena sagte: nein! Schönheit ist immer nur Schein und als solcher käuflich. Hübsche Kleider reichen nicht, auch das Gesicht soll leuchten. Sie hat sich mit dieser Devise durchgesetzt, musste aber kämpfen. Mit Australien als erstem Erdteil, den sie eroberte, hatte sie Glück. Die Menschen in diesem Kontinent waren zumeist erst kürzlich eingewandert und freier in ihren Anschauungen als die Damen und Herren im alten Europa. Man hatte hier nichts dagegen, dass Frauen sich herausputzten. In London, wo Helena sich nach ihrer Europareise niederließ und flugs einen weiteren Salon eröffnete, waren die Ladies anfangs sehr skeptisch und zogen einen Schleier über ihr Gesicht, bevor sie in den Salon schlüpften – sie wollten nicht dabei gesehen werden. Aber auch dort setzte Helena ihr neues Frauenbild durch: Selbstbewusst und reizvoll aufgemacht sollten Frauen ihren Lebensweg gehen und bei ihr im Schönheitssalon alles kaufen und ausprobieren können, was sie dafür brauchten. Die Marke HR wurde berühmt und deren Erfinderin wohlhabend.

In London war es auch, wo Helena im Jahre 1908 doch noch heiratete: den jüdisch-polnischen Literaten Edward Titus. Sie wurde durch ihn mit der Welt der Künste bekannt, lernte viel über Malerei, Musik und Literatur und wurde selbst eine eifrige Kunstsammlerin. Aber wirklich sicher hat sie sich auf dem gesellschaftlichen Parkett nie gefühlt, auch nicht, als sie steinreich geworden war und große Künstler wie Pablo Picasso und Salvador Dalí traf, Weltstars wie Marlene Dietrich verschönerte und zu ihren Empfängen das Mode-Ass Coco Chanel und den Pianisten Arthur Rubinstein (nicht verwandt!) einlud. Sie wurde die Schüchternheit ihrer Jugend nie ganz los, auch nicht ihren harten polnisch-jiddischen Akzent. Ja, sie lernte es, diesen Akzent als ein exotisches Extra auf den vielen Werbeveranstaltungen mit ihr selbst als Markenbotschafterin einzusetzen und ermunterte ihre Schwestern, die sie eine nach der anderen als Co-Chefinnen in ihre Niederlassungen zog, es ihr gleich zu tun. Am wohlsten fühlte sie sich immer im weißen Kittel in ihren »Küchen«, wie sie ihre Labore nannte. Nicht einmal ihre beiden Söhne, die sie kurz nacheinander in London zur Welt brachte, konnten dem *business* die Priorität in ihrem Leben bestreiten. Von London aus eroberte sie Paris mit einem weiteren Salon; diese Stadt hat sie von Herzen geliebt, und sie wäre wohl für immer in ihrer luxuriösen Residenz auf der Île de Saint Louis geblieben, wenn nicht der Erste Weltkrieg ausgebrochen wäre. 1914 ging sie mit ihren beiden Jungen und Edward in die Vereinigten Staaten. Es versteht sich, dass sie auch dort weitere Schönheitssalons gründete, den ersten in New York.

Ihre Ehe scheiterte; sie war ja nie zu Hause, die Söhne ihren Nannies und Mentoren überlassen, und Edward tröstete sich mit anderen Frauen. Es kam zur Scheidung, und Helena heiratete bald darauf einen deutlich jüngeren georgischen Prinzen, der vor der russischen Revolution nach Frankreich geflüchtet war. Diesmal hielt die Verbindung, obwohl auch dieser Mann so ganz anders war als sie. Er war ein Berufsspieler und Bonvivant, der eine reiche Frau an seiner Seite gut gebrauchen konnte. Helena aber war und blieb ein Arbeitstier, Urlaub war für sie ein Fremdwort, und sie expandierte munter weiter, bis in so entlegene Weltgegenden wie Südamerika, Russland und Japan. Seit ihre Produkte auch in Warenhäusern angeboten wurden, stiegen ihre Umsätze in schwindelnde Höhen. Was ihre Salons betraf, so hätte sie am liebsten alle persönlich geführt, und da das unmöglich war, reiste sie herum, von Stadt zu Stadt und Salon zu Salon, wie im Mittelalter die deutschen Kaiser von Pfalz zu Pfalz. Ihre jeweils vor Ort tätigen Schwestern und deren Angestellte fürchteten ihr oft unangekündigtes Auftauchen, denn zufrieden war sie nie, und beleidigende Worte waren für sie nichts, was man besser vermied. Als sie 80 Jahre alt war, lernte sie in New York den Modejournalisten Patrick O'Higgins kennen, der ihr Sekretär wurde und sie auf allen ihren Reisen begleitete. Er war damals 26 Jahre alt und schloss die barsche, brüske, herrschsüchtige alte Dame voll in sein Herz. Er schrieb eine Biographie über sie mit dem Titel: *Madame*. Das war die Anrede, die Helena am meisten schätzte, obwohl sie sich nach der Heirat mit dem Prinzen, den sie überlebte, auch *Princess* hätte nennen lassen können.

Helena Rubinstein starb 1969 in New York. Sie hinterließ ein Imperium. Noch heute ist die Marke zu haben, inzwischen erworben von der Konkurrenzfirma L'Oréal.

Rosa Luxemburg

Klassenkämpferin

* 1871 in Zamósc
† 1919 in Berlin

Sie war kleinwüchsig, hinkte ein wenig, und sie war eine Frau. Sie war eine Jüdin, und sie stammte aus Polen. Lauter Merkmale, die sie nicht gerade dazu ausersahen, in Deutschland irgendwo an die erste Stelle zu treten. Und doch tat sie es. Rosa Luxemburg wurde die Staatsfeindin Nr. 1 des Deutschen Reiches.

Die Welt verdankt ihr eine der scharfsinnigsten Analysen deutscher Zustände in jenen Jahren, ferner das Beispiel äußerster Entschlossenheit auf dem Felde politischer Subversion und persönlichen Mutes und schließlich den historischen Satz: »Freiheit ist immer die Freiheit des Andersdenkenden.« Sie fiel auf dem Felde des Klassenkampfes, da, wo er in viehischen Mord ausartete. Als Krieg und Revolution das Reich erschütterten, stellte die Staatsfeindin Nr. 1 eine zu charismatische Gefahr dar, als dass sie hätte überleben dürfen.

Zur Zeit Rosa Luxemburgs war die Arbeiterbewegung – und das hieß ja auch: der Kampf für gleiches Wahlrecht, auch der Frauen, um Demokratie und Versammlungsfreiheit – noch illegal. Sozialisten wurden verfolgt, Arbeiterbünde tagten klandestin, und Gewerkschaften kämpften um elementare Rechte der Lohnabhängigen. Wer sich wie Rosa Luxemburg für die Sache des Sozialismus einsetzte, stand automatisch mit einem Bein im Gefängnis. Sie saß unter anderem in Zwickau im Kerker, in Warschau, in Berlin und in Breslau. Sie saß wegen Majestätsbeleidigung, Aufstachelung zu Gewalttätigkeiten, Gefährdung des öffentlichen Friedens, Hoch- und Landesverrats. Und was hatte sie getan? Reden gehalten, Artikel geschrieben, Zeitschriften herausgebracht und Tagungen organisiert, bei denen es immer um das Eine ging: die besitzlosen Klassen zu ermutigen, um einer neuen sozialistischen Gesellschaftsordnung willen aufzustehen, die herrschenden Klassen zu enteignen und die Macht zu ergreifen – mit allen Mitteln, legalen und illegalen, politischen und gewaltsamen. Immer wieder musste Rosa Luxemburg flüchten, sich verstecken, neue Decknamen wählen, in den Untergrund gehen. Und dann tauchte sie wieder auf, stand für ihre Überzeugung ein, redete, hob die Faust und beschwor die proletarische Revolution. Es war ein Leben *under cover* und auf der Barrikade, im Versteck und auf der Rednertribüne, im Gefängnis, vor Gericht und in den Schlagzeilen. Frieden erlebte sie so gut wie nie. An die Erfüllung ihrer ganz normal-menschlichen Träume – Ferien, ein Kind mit dem Geliebten Leo Jogiches, ein Garten – war nicht zu denken.

Rosa kam 1871 im Kreis Lublin als Tochter eines jüdischen Holzhändlers zur Welt. Sie ging in Warschau zur Schule, lernte gut und schnell und fand schon als junges Mädchen Anschluss an konspirative linke Gruppen. In einem Heuwagen versteckt verlässt sie mit siebzehn ihre Heimat, ihr Ziel heißt Zürich, wo sie Philosophie studieren will. Hier lernt sie Leo Jogiches kennen und lieben, einen Revolutionär aus dem litauischen Wilna, der denkt wie sie; sechzehn Jahre währt die Liebesbeziehung der beiden Berufsrevolutionäre. Ihre Doktorarbeit schreibt Rosa im Fach Nationalökonomie; sie verblüfft durch großes Wissen und brillanten Stil.

Eine Scheinehe mit einem Deutschen verhilft ihr zur preußischen Staatsangehörigkeit. Jetzt kann sie endlich dorthin übersiedeln, wo die Sozialdemokratie trotz Verfolgung am weitesten entwickelt und die Arbeiterbewegung am lebendigsten ist: nach Deutschland. Sie wird Chefredakteurin der Sächsischen Arbeiter-Zeitung in Dresden, nimmt an den SPD-Parteitagen in Stuttgart, Hannover, Mainz und München teil, tritt bei den großen Kongressen der »Internationale« auf und erwirbt sich bald einen Ruf als feurige Agitatorin und schlagfertige Debattenrednerin. Die russische Revolution von 1905 zieht beide, Luxemburg und Jogiches, ins Geschehen. Das Paar reist unter falschem Namen Richtung Osten und wird in Warschau von der russischen Geheimpolizei gestellt. Sie kommt gegen Kaution frei, er flieht. – Rosa Luxemburgs Decknamen waren: Gracchus (nach dem altrömischen Sozialrevolutionär), Hierodus, Józef Chinura,

Junius (Pseudonym eines englischen Regierungskritikers aus dem 18. Jahrhundert, dessen Identität unbekannt blieb), Juvenis, Maciej Rózga, Mortimer, R. Kruszynska, Spartacus (nach dem altrömischen Sklavenbefreier).

1898 geht Luxemburg nach Berlin und beginnt unter ihrem Klarnamen eine reguläre Tätigkeit als Lehrerin an der neuen Parteischule in Berlin. Sie arbeitet ferner als Redakteurin bei der *Sächsischen Volkszeitung* und bei der *Leipziger Volkszeitung*. Jogiches zieht zu ihr nach Berlin, beide machen auch Politik für die Sozialdemokratie Polens. Die reisefreudige Luxemburg lässt kaum einen Sozialistenkongress aus, sie verfasst Bücher: agitatorische, historische, nationalökonomische Schriften, inspiriert vom Marxismus. Als führende Vertreterin des linken Flügels bekämpft sie den zu Kompromissen, sprich mit bloßen Reformen sich begnügenden ›Revisionismus‹ eines Eduard Bernstein, sie verteidigt stattdessen unbeirrt den revolutionären Standpunkt. Aber auch Lenins Theorie der Avantgarde (gemeint ist die Kommunistische Partei), die das Volk führt, stößt auf ihre Skepsis: Sie verficht ein Rätekonzept, das Arbeiter und Bauern als politische Kräfte direkt beteiligt, will die Demokratie nicht von der Revolution untergepflügt, sondern befördert sehen. Die Frauenrechtlerin Clara Zetkin, Herausgeberin der *Gleichheit, Zeitschrift für die Interessen der Arbeiterinnen*, ist eine enge Freundin. Auch die russische Revolutionärin Alexandra Kollontai trifft mit ihr zusammen. Aber deren Kampf für die Emanzipation der Frauen mag sich Luxemburg nicht anschließen, sie fürchtet eine Spaltung und unvorteilhafte Streuung und Schwächung der revolutionären Kräfte, hierin ganz klassische Marxistin. Die Stammväter des Kommunismus Karl Marx und Friedrich Engels hatten die Befreiung der Frauen aus der Abhängigkeit von den Männern sehr wohl für nötig gehalten, glaubten aber, sie würde sich von selbst ergeben, nachdem die Arbeiter im Klassenkampf gesiegt hätten; sie hielten die »Frauenfrage« für nachrangig, für einen »Nebenwiderspruch«. Zetkin, auch Kollontai, waren da anderer Meinung, was aber die Solidarität und auch die persönliche Sympathie für Luxemburg nicht ernstlich trübte.

Weitere Freunde und Weggefährten Rosas – aber auch Gegner in einzelnen Standpunkten – heißen Karl Kautsky, Franz Mehring, Rudolf Hilferding, Karl Liebknecht. Sie alle waren führende und einflussreichen Köpfe und Kämpen der Sozialdemokratie, aber kaum einer von ihnen besaß die Radikalität und Konsequenz einer Rosa Luxemburg. Ihr vieldiskutiertes Buch gegen den »Revisionismus« *Sozialreform oder Revolution?* erscheint 1899, sieben Jahre später ihr Einspruch gegen eine putschistische Avantgarde-Politik: *Massenstreik, Partei und Gewerkschaften*. Immer wieder versucht Luxemburg schreibend, redend, agitierend zu zeigen, dass eine Revolution von den Massen gewollt und getragen werden muss, um dauerhaften sozialen Wandel zu bewirken.

1914 beginnt der Weltkrieg – den zu verhindern Rosa alias Spartakus all ihre Kräfte bis aufs Äußerste angespannt hat. Als sie sieht, wie selbst ihre treuesten Genossen dem chauvinistischen Geist der Zeit erliegen, bricht eine Welt für sie zusammen. Den größten Teil des Krieges verbringt sie im Gefängnis. Sofort nach ihrer Entlassung 1918 stürzt sie sich in die Organisationsarbeit: Es gilt, die versprengten Kräfte der Parteilinken zu versammeln, um jetzt, wo der Krieg verloren ist, die Revolution zu gewinnen. Sie eilt nach Berlin und gründet den Spartakusbund, aus dem später die Kommunistische Partei Deutschlands, die KPD, hervorgeht. Die Zeit drängt, die Massen sind in Aufruhr. Wegen der Verhaftungsgefahr wechselt Rosa Luxemburg von einer konspirativen Wohnung zur nächsten, von einem Tarnnamen zum anderen. Aber in Berlin muss sie bleiben, hier wird sich bald viel entscheiden. Doch die Revolution in Deutschland scheitert. Luxemburg wird von den Schergen der Gegenrevolution – einem Freikorpskommando mit Mordauftrag – verhaftet, misshandelt und im Hotel Eden verhört. Anschließend verfrachtet man sie und ihren Parteifreund Karl Liebknecht in einen Wagen, vorgeblich, um sie zu einem weiteren Verhör zu transportieren. Aber beide werden unterwegs erschlagen, ihre Leichen in den Landwehrkanal geworfen. Kurz zuvor wurde Leo Jogiches in seiner Gefängniszelle umgebracht. Die Mörder kamen davon.

Aus Rosa Luxemburgs letztem Artikel vom 14. Januar 1919:
»*Die Ordnung herrscht in Berlin.* Ihr stumpfen Schergen! Eure Ordnung ist auf Sand gebaut. Die Revolution wird sich morgen schon ›rasselnd wieder in die Höh' richten‹ und zu Eurem Schrecken mit Posaunenklang verkünden: Ich war, ich bin, ich werde sein!«

Emily Davison

Die Suffragette und das Pferd des Königs

* 1872 in Blackheath
† 1913 in Epsom

»Als geschichtlicher Moment war dieses Ereignis enorm bedeutsam. In ihm explodierte sozusagen die Verzweiflung der englischen Frauen, die endlich das Wahlrecht wollten.« So äußerte sich die Journalistin Clare Balding, als sie vor neun Jahren im englischen Fernsehen eine besondere Entdeckung präsentierte. Das Ereignis, um das es ging, lag damals hundert Jahre zurück; es hatte am 4. Juni 1913 in Epsom stattgefunden. Emily Davison, eine militante Streiterin für das Frauenwahlrecht, hatte sich während des Rennens vor das Pferd des Königs geworfen und war bald darauf an ihren schweren Verletzungen gestorben. Niemand im Vereinten Königreich hat diesen Tag je vergessen. Die Kämpferinnen für das Frauenwahlrecht, die Suffragetten, erhoben Emily Davison zur Märtyrerin, die ihr Leben hingegeben habe. Der König und die Majorität der englischen Öffentlichkeit verdammten Davison als Abenteurerin, die ihr Leben weggeworfen habe. Aber was war wirklich geschehen? Man wusste es lange Zeit nicht. Und hundert Jahre später hat sich Clare Balding daran gemacht, die Zusammenhänge aufzuklären. Das Rennen wurde seinerzeit von mehreren Kameras aufgezeichnet. Zwar waren diese Geräte technisch den heutigen weit unterlegen. Aber man kann die alten Filme inzwischen digitalisieren und viel von dem rekonstruieren, was passiert ist. Genau das hat Clare Balding mit ihrem Team getan. »Es war ein außergewöhnliches Abenteuer, mehr über Emily herauszufinden, über das, wofür sie stand und was sie und die Suffragetten-Bewegung antrieb.«

Emily kam im Jahre 1872 im Londoner Stadtteil Greenwich in einer betuchten Kaufmannsfamilie zur Welt. Wie die allermeisten Mädchen ihrer Zeit und ihrer sozialen Klasse wurde sie zu Hause unterrichtet. Ein Stipendium ermöglichte ihr ein Studium der

Literatur am Londoner Royal Holloway College. Als Emily 21 Jahre alt war, starb ihr Vater, jetzt musste die Tochter zum Familieneinkommen beitragen. Sie arbeitete als Lehrerin und Gouvernante, sparte dabei aber, wo es nur ging, um möglichst bald an die Universität zurückkehren zu können. Als es so weit war, schrieb sie sich in Oxford außer für Literatur noch für Biologie und Chemie ein. Sie bestand die Abschlussprüfungen mit Auszeichnung, aber ihr wurde danach, wie auch allen anderen weiblichen Studierenden, die nur als Gasthörerinnen sozusagen geduldet waren, der ihr zustehende akademische Grad vorenthalten. Weil sie eine Frau war. Emily erkannte, dass in der englischen *society* – und nicht nur dort – etwas gewaltig nicht stimmte. Sie leistete dasselbe wie ihre Kommilitonen, die Anerkennung aber blieb bloß formal. Man nahm sie nicht tatsächlich auf in die akademische Sphäre.

Eine andere Sphäre hingegen ließ nur Frauen zu. Das war die Women's Social and Political Union (WSPU), eine Organisation, die 1903 von Emmeline Pankhurst und ihrer Tochter Christabel gegründet worden war und die für Frauenrechte, vor allem für das Frauenwahlrecht, kämpfte. Diesen Frauen schloss Emily sich an, hier fühlte sie sich verstanden und am rechten Platz. Es ging darum, im Parlament Gehör zu finden und dort das Frauenwahlrecht auf die Agenda zu setzen.

Die WSPU hatte einen Vorläufer, die National Union of Women's Suffrage Societies, kurz NUWSS. Die Bewegung, die diesen Dachverband stützte, war breit, auch viele Arbeiterinnen zählten dazu. Bei Unterschriftensammlungen für das Wahlrecht kamen enorme Listen zustande, den Herren im Parlament wurde es allmählich mulmig. Aber sie wehrten sich lange mit Hohn, Spott und Polizeigewalt. Der Premierminister riet zur »Tugend der Geduld«. Die Frauen in der NUWSS und anfangs auch die Suffragetten in der WSPU hatten bei ihrer Agitation für das Frauenstimmrecht stets strikt legalen Methoden den Vorzug gegeben. Denn: »Wir wollen uns der Bürgerrechte würdig zeigen, ob man unsere Forderung anerkennt oder nicht.« So beschränkten sich die Aktivistinnen einige Jahre auf das Abhalten von Versammlungen, das Halten von Vorträgen, die Herausgabe von Zeitungen und auf gewaltfreie Umzüge.

Die Polizei indessen ging mit Härte gegen friedlich aufmarschierende Suffragetten vor. Bei ihren Demonstrationen wurden sie von der Polizei eingekesselt und verprügelt, man schleifte sie an den Haaren über die Straße und verpasste ihnen gezielt Hiebe auf die Brüste. Emily Davison schlug zurück und wurde wegen Erregung öffentlichen Ärgernisses und Widerstands gegen die Staatsgewalt festgesetzt. Emmeline Pankhurst, die als große Rednerin hervortrat, auch ihre Töchter Christabel und Adela, landeten mehrfach in der Zelle. Irgendwann begriffen die Frauen: So geht es nicht weiter. Wir müssen uns zur Wehr setzen. Jetzt hieß die Devise: »Taten statt Worte«, und Emily war vollen Herzens dabei.

Die »Tugend der Geduld« war eben nicht jeder Frau Sache. Sie gehörte weder zu Emily Davisons Charakterstärken noch entsprach sie dem Temperament der WSPU-Gründerin Emmeline Pankhurst. Anfangs waren beide von der Theorie des gewaltlosen Widerstands gegen die Ungleichheit durchaus überzeugt, aber sie warfen alle guten Vorsätze über Bord, als sie erkannten, dass das Patriarchat, soweit institutionalisiert in Volksvertretung und Regierung, mit den Frauen Schlitten fuhr. Ab 1910, nach einer Demo, auf der über hundert Frauen verhaftet und malträtiert worden waren, ermunterte die WSPU zum Regelverstoß. Pankhurst selbst bezeichnete den Stein, der eine Scheibe splittern lässt, als »Argument«. Manch missliebiger Antifeminist fand schon mal eine tote Katze in seinem Briefkasten, Feuer brach in Kirchen aus, es ging bis zu Bombenanschlägen. Stinkbomben kamen ohnehin zum Einsatz. Dabei waren nicht nur die Suffragetten militant. Auch ihre von der politischen Unreife der Frauen überzeugten Gegner traten bei Versammlungen mit Wurfgeschossen auf, unter denen faule Eier und Tomaten zu den harmloseren zählten. Es ging hoch her. Die gemäßigte NUWSS verurteilte alle Ausschreitungen. Aber sowohl in England als auch in Resteuropa sorgten die spektakulären Aktionen der radikalen Suffragetten für eben jene gesteigerte Aufmerksamkeit in Presse und öffentlicher Meinung, welche die moderaten Frauenrechtlerinnen inzwischen kaum noch fanden. Und diese Aufmerksamkeit war dem Establishment ein Dorn im Auge.

Die Polizei rüstete auf, die Richter verhängten empfindliche Strafen. Pankhurst wurde zu drei Jahren Gefängnis verurteilt, musste aber entlassen werden, nachdem sie durch einen Hungerstreik lebensgefährlich geschwächt war. Emily Davison wurde verhaftet, als sie dem Premierminister eine Petition überreichen wollte, in der das Wahlrecht für Frauen gefordert wurde. Man befand sie der »Störung der öffentlichen Ordnung« für schuldig und verurteilte sie zu einem Monat Haft. Wegen Steinewerfens wurde sie bald darauf schon wieder festgesetzt; sie war berüchtigt für ihre Gegenwehr, wenn sie abgeführt wurde. Sie schlug um sich, strampelte, fluchte und biss. Einmal warf sie sich auf dem Weg in die Zelle eine steile eiserne Treppe hinab, woraufhin sie wegen multipler Verletzungen ins Krankenhaus musste. Emily war außergewöhnlich mutig; für sie gab es nichts, was sie nicht aufs Spiel gesetzt hätte, um ihrem Ziel, der Beteiligung der Frauen an der Politik, ein Stück näher zu kommen.

Dann kam der 4. Juni 1913. Die WSPU-Frauen hatten einen Plan geschmiedet. Beim Pferderennen in Epsom, da, wo viele einflussreiche Männer und Frauen zugegen waren, wollten sie ein Zeichen setzen. Emily gehörte zu den wenigen Suffragetten, die überhaupt auf das Gelände gelassen wurden. Als es dann so weit war und Anmer, das Pferd des Königs, auf jenen Streckenabschnitt einbog, den der König überblickte, sprang Emily aus der Zuschauerreihe auf die Rennbahn dem Tier entgegen und erschreckte es dabei so, dass es sich aufbäumte und zu Boden fiel und Emily dabei umriss. Sie starb schwer verletzt im Krankenhaus.

Ihr Begräbnis verwandelte sich in eine gewaltige Demonstration für das Stimmrecht. Emmeline Pankhurst:

»Die Militanz der Männer hat durch die Jahrhunderte die Welt mit Blut getränkt, und für diesen Horror, diese Zerstörung sind sie mit Denkmälern, großen Gesängen und Epen belohnt worden. Die Militanz von Frauen hat nur das Leben derjenigen bedroht, die diesen gerechten Kampf gekämpft haben. Nur die Zeit wird offenbaren, welcher Lohn den Frauen zugesprochen werden wird.«

Lange hatte man geglaubt, Emily habe sich aus Enttäuschung über das nicht gewährte Frauenwahlrecht das Leben nehmen wollen und ihren Selbstmord während eines Derbys besonders effektvoll in Szene gesetzt. Aber wie die Analyse der alten Filmaufnahmen im Jahre 2013 bewies, war es ganz anders. Davison wollte die Fahne der Suffragetten, die dann auch neben ihr am Boden gefunden wurde, am Zügel von King Georges Pferd befestigen, um so auf die Ziele der protestierenden Frauen hinzuweisen; sie hatte nicht damit gerechnet, dass Anmer scheuen, zu Boden stürzen und sie mitreißen würde.

Der Labour-Abgeordnete Tony Benn hat im Jahre 1999 eine Plakette am Parlamentsgebäude anbringen lassen, die an Emily erinnert. Die Inschrift: »Zur Erinnerung an eine große Frau mit einem großen Anliegen, die nicht lange genug lebte, um den Erfolg ihres Kampfes zu sehen, die aber eine bedeutende Rolle dabei spielte, diesen Erfolg zu ermöglichen.«

Das Frauenwahlrecht wurde nach dem Ersten Weltkrieg in den meisten europäischen Ländern eingeführt. Im Vereinigten Königreich erhielten die Frauen das uneingeschränkte Wahlrecht erst 1928.

Alexandra Kollontai

Eine russische Freiheitskämpferin

* 1872 in St. Petersburg
† 1952 in Moskau

›Mexiko? So fern, so fremd. Die Sprache ... das Klima ... das Temperament der Menschen ... Werde ich dort Fuß fassen? Werde ich meinem Land nützen? Wenn nicht ich, wer sonst? Klimaumstellungen habe ich doch immer ganz gut verkraftet, und die Menschen werde ich schon zu nehmen wissen. Immerhin haben sie in Mexiko gerade eine Revolution erlebt, sie haben den Sturz des Alten und den Glauben an das Neue im Blut – ganz wie mein Volk. Wir werden uns etwas zu sagen haben! Also los!‹ So hat sie gedacht, die erste weibliche Botschafterin der modernen Welt vor ihrer Reise nach Mittelamerika.

Die schöne dunkelhaarige Dame mit dem Kurzhaarschnitt wird in Mexiko womöglich nicht einmal auffallen. Und sie wird alle Hände voll zu tun haben. Denn für ihr Land, die nachrevolutionäre Sowjetunion, ist nichts wichtiger als ein Netz befreundeter Staaten, mit denen Handelsabkommen geschlossen werden können. Es gibt nicht viele Anwärter auf einen so anspruchsvollen Posten. Alexandra Kollontai hat an der Seite Lenins für den Sieg der bolschewistischen Partei gekämpft, sie war die erste Ministerin im jungen Sowjetstaat, und sie hat bereits diplomatische Erfahrung im Ausland gemacht, in Norwegen. Es wird schon gut gehen.

Im Herbst 1926 erhielt Alexandra Michailowna Kollontai ihre Ernennung als Botschafterin und schiffte sich bald darauf nach Mexiko ein. Auf die Frage eines Journalisten, ob sie eine typische Russin sei, antwortete Kollontai: »Nein. Meiner Veranlagung nach bin ich eher international infolge meiner Erziehung und durch meine Fähigkeit, die Psychologie anderer Völker zu verstehen. Ich unterteile die Welt nicht nach Nationalitäten, sondern nach Klassenmerkmalen. In keinem Land, in dem ich lebte, fühlte ich mich fremd. Dagegen war ich sehr einsam im Milieu des russischen Adels ...«

Es ging nicht gut in Mexiko. Das Land selbst hatte seinen neuen Kurs noch nicht gefunden, Kollontais Kompetenzen waren unklar definiert, die amerikanische Presse eröffnete einen polemischen Propagandafeldzug gegen sie, und bei allfälligen Attentaten und Überfällen geriet sie selbst in die Schusslinie. Nach einem halben Jahr rief Moskau sie zurück. Sie sollte wieder auf ihren vorherigen Botschafterposten in Norwegen zurückkehren. So blieb Mexiko eine Episode – aber eine typische. Alexandra Kollontai hat ihr Leben lang keine Angst vor der Veränderung gekannt. Sie war eine außergewöhnlich mutige Frau; weite Reisen, körperliche Strapazen, Gefahr und Entbehrung schreckten sie nicht. Sie hatte eine Aufgabe, eine Mission: Das war die proletarische Revolution, die Befreiung der Arbeiterschaft und der unterdrückten Bauern. Und das war die Befreiung der Frau aus dem Gefängnis von Haus und Ehe und aus der Unterordnung unter den Mann. Diese großen Anliegen der Moderne hatte sie auf ihre ganz persönliche Fahne geschrieben, und sie folgte dieser Fahne unbeirrt ein reiches, abenteuerliches Leben lang. Ihre feministischen Kampfschriften sind heute noch interessant zu lesen, ihre leidenschaftlichen Aufrufe an die Frauen der Welt, aus der Abhängigkeit vom Mann herauszutreten, eine eigene Meinung zu haben, einen Beruf zu ergreifen und eigenes Geld zu verdienen, wurden weltweit gehört, jedoch erst in der zweiten Hälfte des 20. Jahrhunderts wirklich in die Praxis umgesetzt. Für Kollontai war die Befreiung der Frau unauflöslich verknüpft mit der Befreiung der Arbeiter, und das hieß für die Bolschewistin: Diktatur des Proletariats, Führung durch die Kommunistische Partei. Sie, Kämpferin und Aktivistin der ersten Stunde, hat die Gefahr einer Parteidiktatur früh erkannt und sich in der »Arbeiteropposition«, die mehr Mitbestimmung an der Basis einklagte, gegen diese Gefahr gestemmt. Vergebens. Sie musste sich persönlich bei Lenin für ihre »Linksabweichung« entschuldigen. Leicht ist ihr das bestimmt nicht gefallen. »Würden die Genossen doch nur aufhören, es für notwendig zu erachten, sich auf jeden zu stürzen, der etwas Neues sagt, würden sie doch ihre polemische Begeisterung etwas dämpfen und nicht mehr jeden ›Maulwurfshügel‹ in eine ›Abweichung‹ und ›grundlegende Differenz‹ verwandeln.« Später, als unter Stalin der Terror das Land regierte, saß sie als Gesandte im Ausland und beobachtete die Verhältnisse in ihrem Land aus der Ferne. Außerdem rechtfertigte offenbar in ihren Augen der Druck des anti-sowjetischen, imperialistischen Auslandes die Unterdrückung jeglicher Opposition. Nur so kann man sich die Nibelungentreue erklären, mit der Alexandra Kollontai zu Sowjetrussland auch in dessen finsterster Epoche stand.

Geboren wurde sie als Alexandra Michailowna Domontowitsch 1872 in Sankt Petersburg als Tochter eines hohen zaristischen Generals. Sie erhielt im Haus ihrer Eltern Privatunterricht und machte mit sechzehn Jahren als Externe das Abitur an einem Jungengymnasium. Die Eltern wollten sie reich verheiraten, einen entsprechenden Kandidaten lehnte Alexandra schlankweg ab. Stattdessen verliebte sie sich in ihren Cousin Wladimir Kollontai, einen mittellosen Ingenieurstudenten. Die Eltern waren gegen die Verbindung, gaben dann aber nach. Alexandra heiratete ihren Wladimir und bekam ein Jahr später einen Sohn. Und so hätte ihr Leben ruhig und friedlich weiterlaufen können, wenn nicht … ja, wenn die Zeiten nicht so bewegt gewesen wären.

Die zaristische Autokratie ist politisch erledigt, die Lage der immer noch weitgehend rechtlosen Bauern menschenunwürdig, das Land weit zurückgeblieben und rettungslos sozial zerklüftet. Alexandra reist mit ihrem Mann zu den Schwiegereltern nach Tiflis, sie lernt das Landleben kennen, seine Primitivität, seine Hoffnungslosigkeit. Zugleich nutzt sie die Angebote der Stadt: Sie liest, sie lernt, sie gerät in Kontakt mit Sozialisten. Zum Schlüsselerlebnis wurde für sie der Besuch einer der größten Textilfabriken Russlands in Narwa. Die katastrophalen Lebens- und Arbeitsbedingungen der Proletarier vertieften ihr Bewusstsein für soziale Ungerechtigkeit und führten zu einer intensiven Auseinandersetzung mit dem Marxismus. Zurück in Sankt Petersburg, schloss sie sich der sozialdemokratischen Partei an und setzte sich mit der revolutionären Bewegung Russlands auseinander. Ihr altes Leben fällt von ihr ab – auch ihre

Ehe zerbricht, denn Wladimir will ihren Weg nicht mitgehen. Für Alexandra gibt es jetzt nur noch eins: die soziale Revolution. Sie knüpft Verbindungen zu illegalen Zirkeln, lernt Fremdsprachen, bildet sich in sozialistischer Theorie, Geschichte und Politik, studiert zwischenzeitlich Sozial- und Wirtschaftswissenschaften in der Schweiz. Sie ist jetzt sechsundzwanzig und schreibt ihre ersten Artikel für die sozialistische Untergrundpresse. Die Revolution von 1905 treibt sie zu den Parteileuten um Lenin. Immer wieder versucht sie, Frauenbewegung und Sozialismus strategisch zu verbinden. 1909 geht sie ins Exil nach Deutschland und lebt länger in Berlin. Sie lernt Rosa Luxemburg kennen und später Clara Zetkin. Auf den großen Frauenkongressen, die damals in Stuttgart und Kopenhagen stattfanden, ist sie eine gesuchte Rednerin.

Doch auch in Berlin gerät Alexandra Kollontai in Konflikt mit der Polizei – sie flieht nach Norwegen. Hier bietet man der Exilantin eine Heimat, hier kann sie endlich zur Ruhe kommen und weiter ihre Bücher und Artikel schreiben. Aber nicht lange. In Europa wütet der Weltkrieg. Kollontai erhält eine Einladung von den amerikanischen Sozialisten und reist in die Staaten, um dort ihre Sicht der Weltlage und der sozialistischen Perspektive vorzutragen. Sie absolviert regelrechte Tourneen in Sachen Revolution. Dann wird im Jahre 1917 der Zar gestürzt, und die »provisorische Regierung« unter Kerenski ist an der Macht. Kollontai reist in die russische Heimat und streitet mit Lenin für den Sieg der Bolschewiki. Nach der Machtergreifung der Kommunisten wird sie Volkskommissarin (= Ministerin) für Soziales und Mitglied des Zentralkomitees.

»Wenn man mich fragte, welche die größte und denkwürdigste Stunde in meinem Leben gewesen sei, würde ich ohne zu zögern antworten: Das war jene Nacht, als das russische Proletariat in Stadt und Land durch die Stimmen seiner Deputierten erklärte: Die provisorische Regierung ist gestürzt … Die ganze Macht geht allerorts an die Sowjets der Arbeiter- und Bauerndeputierten über …«

Sie trat für ein soziales Gesundheitswesen ein, bessere Arbeitsbedingungen für Frauen, straffreie Abtreibung sowie Scheidung auf

Verlangen auch der Frau. »Der legalen Ehe liegen zwei gleichermaßen lügenhafte Prinzipien zugrunde: die Unlösbarkeit auf der einen Seite und die Vorstellung des Besitzes, der unteilbaren Zugehörigkeit des einen Gatten zum anderen.« Ihre offen vertretene freizügige Sexualmoral brachte ihr viel Kritik ein und führte zu Ärger mit Parteikollegen. Im Jahr der Revolution lernt Alexandra den sehr viel jüngeren Pawel Dybenko kennen. Er möchte sie unbedingt heiraten. Sie sagt aus Liebe ja – trotz ihrer Vorbehalte gegen die Ehe – und fördert seine militärische Karriere.

Der Bürgerkrieg tobt – auch Alexandra Kollontai geht an die Front, um den Soldaten Mut zuzusprechen. Ihr Mann lebt inzwischen in Odessa, ist dort Chef des Militärbezirks. Seine Bedeutung und sein Einfluss steigen ihm zu Kopf, er leistet sich eine Villa und eine Equipage und meint, ihm stünde auch eine Geliebte zu. Da trennt sich Alexandra von ihm. Er versucht, sich das Leben zu nehmen. Sie wartet noch, bis er genesen ist, dann akzeptiert sie gern den Posten als Botschafterin in Norwegen. Später, nach dem Intermezzo in Mexiko, wird sie auch noch Botschafterin in Schweden. Würdig vertritt sie das sowjetische Russland, wird seine Repräsentantin beim Völkerbund. Am Zustandekommen des Waffenstillstands mit Finnland im Zweiten Weltkrieg ist sie maßgeblich beteiligt. Ihre letzten Jahre verbringt sie in Moskau, wobei sie bis zu ihrem Tode 1952 eine wichtige Funktion als offizielle Beraterin des sowjetischen Außenministeriums erfüllt.

Paula Modersohn-Becker

Meisterin der Moderne

* 1876 in Dresden-Friedrichstadt
† 1907 in Worpswede

»Ich komme mir oft vor wie ein Hohlzylinder, in welchem der Dampfkolben mit rasender Schnelligkeit auf und ab geht.« So spricht die zwanzigjährige Paula Becker. Vier Jahre später in Paris: »Ich gehe durch diese große Stadt, ich blicke in tausend Augen. Ganz selten finde ich da eine Seele. Man winkt sich mit den Augen, grüßt sich, und ein jeder geht wieder seinen einsamen Weg …« Das hört man nicht oft, dass ein junger Mensch in der Stadt der Liebe so empfindet. Paula Becker ist hin- und hergerissen zwischen tiefer Schwermut, die auf ihre Umgebung manchmal befremdlich wirkt, und unbändiger Lebensfreude, die ihre Mitmenschen ansteckt. Die Traurigkeit hat sie vom Vater Karl Woldemar Becker, dem sie besonders nahesteht. Und wie er, verlangt sie viel von sich und anderen. Sie ist scheu und kann einsilbig sein, aber wenn sie sich wohl fühlt, sprüht sie vor Humor. Ihre Mutter ist eine eher optimistische Natur: In einer Adelsfamilie aufgewachsen, betrachtet sie das Leben von der heiteren Seite. Paula spricht mit ihr wie mit einer Freundin. Mit ihren Eltern, besonders dem Vater, bleibt sie lebenslang in Briefkontakt. Der vertrauliche Ton und das Gespräch von Gleich zu Gleich waren damals für Eltern und Kinder nicht selbstverständlich. In der behaglichen Atmosphäre des Becker'schen Hauses spielen Musik, Dichtung und Malerei eine große Rolle. Goethe, nicht Gott, ist die Leitfigur. Die Bibel aber gilt als wichtiges Buch, und die Sonntagsruhe wird – weil man um die wohltuende Wirkung weiß – eingehalten. Doch damit ist der Konvention auch schon Genüge getan.

Paula wird 1876 im noch jungen Kaiserreich in Dresden geboren. Sie hat fünf Geschwister, mit denen sie sich gut versteht – die Familienbande werden ihr ein Leben lang wichtig sein. Zwölf Jahre ist sie alt, als die Familie nach Bremen übersiedelt, Ingenieur Becker wird Baurat bei der Eisenbahn. Wegen Krankheit muss er sich früh pensionieren lassen – er stirbt bald nach der Jahrhundertwende. Mathilde Becker führt auch in der Hansestadt ein offenes Haus und gibt mit Begeisterung Feste, zu denen die Kinder stets einen Beitrag leisten müssen. Durch diesen vielfältigen sozialen Umgang entwickelt die kleine Paula ein ausgeprägtes Selbstbewusstsein. Ihr sicheres Auftreten sollte ihr als Frau und Künstlerin später noch manche Probleme bereiten. Die Umwelt reagierte unbeholfen bis ablehnend auf selbstbewusste Frauen, die die Kunst in den Mittelpunkt ihres Lebens stellten und nicht die Familie oder wenigstens die Liebe.

Als Siebzehnjährige geht Paula für ein Jahr zu einer Tante nach England, wo sie auch ersten Zeichenunterricht erhält. Es kommt zum Zerwürfnis, weil von ihr Unterordnung erwartet wird. »Mein Stolz ist mein Bestes! Nun kann ich aber Demütigungen nicht ertragen …«

Wieder zu Hause muss Paula auf dringlichen Wunsch des Vaters eine zweijährige Lehrerinnenausbildung absolvieren – als Brotberuf, denn parallel dazu ermöglicht er ihr auch Malunterricht, den sie »prachtvoll« findet. Ein ungeliebter Kochkurs muss außerdem absolviert werden, denn sie soll ja später ihrem Mann eine vollwertige Ehefrau sein. Nach bestandenem Lehrerinnenexamen wirft ihr der Vater, als sie nicht gleich an die Schule will, Trägheit vor – auch aus Sorge, denn das Geld ist knapp. Sie möchte sich aber erst einmal in der Welt umschauen und ausprobieren – immerhin ist sie erst 20. Als sie nach Berlin darf, um in der Malschule des Vereins der Berliner Künstlerinnen zwei Jahre zu lernen, stellt sich bei ihr »glühendes Interesse und Verlangen« ein. Frauen werden noch nicht mit Männern zusammen ausgebildet. Deshalb gründet man für sie eigene Institute. Die Lehrer sind hauptsächlich Männer. Und männliche Akte sind nur in Badehose zu haben. Für Paula wird es eine arbeitsreiche Zeit – acht Stunden täglich malt sie in der Schule.

Abwechslungen bieten Ausflüge – auch nach Worpswede. Ein Jahr zuvor hatte sie sich dort bereits umgesehen; die Künstlerkolonie hatte einen besonderen Ruf, doch Paula beeindruckten deren Bilder nicht sonderlich. Aber die Gegend, das flache, moorige Land mit den schwarzen Kanälen und der dörflichen Einsamkeit packt sie so, dass sie kurzerhand dorthin zieht. Bei Fritz Mackensen und Heinrich Vogeler nimmt sie Unterricht, spürt aber bald, die sie etwas anderes will. Das Selbstverständnis der Malergemeinde kommt ihrem Wesen durchaus entgegen. Die Künstler, die sich bewusst aus den Großstädten und Akademien zurückgezogen haben, wollen nicht aggressiv provozieren oder sich aus der bürgerlichen Gesellschaft verabschieden. Sie betreten einfach neues Land – sie bilden eine »Kolonie«. Während der Urbarmachung bleibt zunächst keine Zeit, sich um eine passende Ordnung zu kümmern; man lernt und experimentiert, und erst allmählich bilden sich neue Verhaltensweisen und Normen heraus. In diesem Spannungsfeld wird die Persönlichkeit Paula Beckers, aber auch ihre Rolle als Frau und Tochter wieder auf die Probe gestellt. Ihre Ambivalenz ist symptomatisch für das weibliche Freiheitsstreben zu jener Zeit. Einerseits neigt sie zur Weltflucht, dann aber wieder will sie mitten hinein. In der Malerei zieht sie die dunklen Farben dem Leuchten und Flimmern vor. Sie liebt den Trubel, aber auch die Abgeschiedenheit, sie ist gern anregender Mittelpunkt und dann wieder verschlossen und wählerisch. Die Künstlerkollegen, insbesondere Otto Modersohn und Clara Westhoff (die bald Rainer Maria Rilke heiratet, mit dem auch Paula eine Freundschaft verbindet), bewundern die Anmut ihrer Kleidung, ihrer Haltung und Bewegung. Dabei liebt sie das Schlichte. Die Einfachheit der Landschaft und der Menschen in Worpswede machen einen starken Eindruck auf sie. Und doch wird es ihr bald zu eng – sie macht sich auf nach Paris.

Dort ist sie berauscht und bedrückt zugleich, lernt viel und fleißig und entdeckt ihre Wesensverwandtschaft mit Paul Cézanne, der gerade bekannt wird. Sie belegt Kurse an der Académie Colarossi und an der École des Beaux-Arts. Als sie nach einem halben Jahr in die Kolonie zurückkommt, verlobt sie sich heimlich mit dem zehn Jahre älteren Otto Modersohn; dessen Frau war erst wenige Monate zuvor gestorben. Von nun an signiert sie mit P.M.B. ihre Arbeiten. Hochzeit gefeiert wird 1901. Otto Modersohn wird ihr ein liebevoller Gatte sein, der ihr die Freiheit gibt, die sie braucht, und doch ist Paula in ihrer Ehe nicht glücklich, fühlt sich eingeengt. Ein zu großer Teil ihrer Energie fließt in die Familie – Modersohn bringt eine Tochter in die Ehe mit – und den Haushalt. Trotz aller Disziplin kommt die Malerei zu kurz. An ihre Mutter schreibt Paula: »Dass ich für mich brause immer, immerzu, nur manchmal ausruhend, um wieder dem Ziele nachzubrausen, das bitte ich dich zu bedenken, wenn ich manchmal liebearm erscheine. Es ist ein Konzentrieren meiner Kräfte auf das Eine. Ich weiß nicht, ob man das noch Egoismus nennen darf. Jedenfalls ist es der adeligste.«

Paula flüchtet für einige Wochen nach Paris und nimmt wieder Unterricht, obwohl sie künstlerisch schon eine Menge zu bieten hat. Aber noch ist sie nicht entdeckt worden; die Kritiker lehnen ihre Bilder als hässlich und düster ab, und sie verkauft fast nichts. Unter den Nationalsozialisten wird sie später als »entartete Künstlerin« diffamiert, und ihre Werke verschwinden aus den deutschen Museen.

In den nächsten Jahren wird sie noch mehrmals die französische Metropole besuchen. »Brausend« schafft sie viele ihrer schönsten Bilder. »Ich fange jetzt ein neues Leben an. Stört mich nicht, laßt mich gewähren. Es ist so wunderschön. Die letzte Woche habe ich gelebt wie im Rausche. Ich glaube, ich habe etwas vollbracht, was gut ist.« Innerhalb weniger Jahre fand sie zu ihrem Stil. Sie malte in dieser Zeit vor allem Menschenbilder, darunter viele Selbstporträts, und Stillleben. Otto Modersohn schickt ihr, was sie zum Leben braucht. Aber er hadert auch mit der Eigenständigkeit seiner Ehefrau.

»Begabt in der Kunst ist Paula sehr, ich bin erstaunt über ihre Fortschritte. Wenn sich damit doch mehr menschliche Tugenden verbänden! Das muss das schwerste für ein Frauenzimmer sein: geistig hoch, intelligent, und doch ganz Weib. Diese modernen Frauenzimmer können nicht wirklich lieben. Sie stolpern über ihre eigenen Beine. Mit all ihrer Intelligenz kommen sie immer weiter vom Ziele ab.«

Paula lebt jetzt ganz für die Malerei, sie pendelt zwischen Worpswede und Paris. Als sie 1906 erneut nach Paris aufbricht, ist sie fest entschlossen, die ihr zu eng gewordene Worpsweder Idylle ganz hinter sich zu lassen und neu zu beginnen. Manchmal steht sie nachts auf, um ihre Bilder lange zu betrachten und malt in der Frühe weiter. Sie ist ruhelos und glücklich. Es ist, als fühle sie, dass ihre Lebenszeit knapp bemessen ist. Bei einem Besuch Ottos in Paris wird sie schwanger. »Die Mutterschaft und der Tod, das ist meine Religion, weil ich sie nicht fassen kann«, schreibt sie an ihn. Nicht die Ehe, aber das Muttersein empfindet sie als eine Vollendung ihrer Persönlichkeit – auch ihre vielen Kinderportraits drücken das aus. Sie kehrt nach Worpswede zurück und bringt dort ihre Tochter Mathilde zur Welt. Es ist das Jahr 1907, Paula ist 31 Jahre alt. Drei Wochen nach der Niederkunft, als sie das erste Mal wieder aufstehen darf, stirbt sie an einer Embolie. »Wie schade«, sind ihre letzten Worte.

In den Jahren nach 1900 waren von ihrer Hand über 600 Studien und Gemälde und mehr als 1000 Zeichnungen entstanden. Zu ihren Lebzeiten wurden jedoch nur auf zwei Ausstellungen Bilder der P.M.B. gezeigt. Bei der zeitgenössischen Kritik stieß ihr Werk auf Unverständnis. Ihr Mann schrieb über sie: »Sie ist eine echte Künstlerin, wie es wenige gibt in der Welt, sie hat etwas ganz Seltenes. Keiner kennt sie, keiner schätzt sie – das wird anders werden.« Er hatte recht. Heute gilt Paula Modersohn-Becker als eine bedeutende Meisterin der Moderne.

Isadora Duncan

Erneuerin der Tanzkunst

* 1877 in San Francisco
† 1927 in Nizza

»Sie kam durch diese schmalen Vorhänge, die nicht höher waren als sie selbst. Vorne auf der Bühne saß der Pianist an einem großen Flügel. Neben ihm stehend wartete sie, vielleicht fünf oder acht Sekunden lang. Dann erklang Musik von Chopin. Sie begann, sich zu bewegen, einen Schritt zurück, einen anderen seitwärts. Einfache Bewegungen, keine Pirouetten. Isadora erzählte der Luft etwas, von dem wir immer schon geträumt hatten, ohne zu glauben, dass wir es je hören würden.«

So beschrieb der Bühnenbildner Gordon Craig einen Auftritt seiner Lebensgefährtin. Isadora Duncan war von Amerika nach Europa gereist, um der alten Welt Beine zu machen. Schlicht sollte er sein, der neue Tanz, ungekünstelt, wahr und innig, wie ein Gebet. Die Künstlerin war eine kühne Neuerin, Wegbereiterin des modernen Ausdruckstanzes. Geboren 1877 in San Francisco, hatte sie schon als kleines Mädchen getanzt und als Teenager Kinder aus der Nachbarschaft im tänzerischen Ausdruck unterrichtet. Das Ballett lehnte sie als zu preziös ab – wie auch manches andere, das sie als zwanghaft und äußerlich empfand, etwa Kleidervorschriften und Geschlechterrollen. Wahrheit und Schönheit komme, so sah sie es, von innen, und deshalb sollte jede Tänzerin auf ihre eigene innere Stimme hören. Zunächst wird Isadora mehr belächelt als belobigt. Aber in Europa wendet sich das Blatt. Es sind die Berliner und Pariser, denen ihre feine, zugleich innige und nervöse, von ihr selbst als vergeistigt beschriebene Bewegungskunst etwas sagt. »Die Gesellschaft, in der sie lebt«, schreibt die Tanzexpertin Marianne Wick, »ist von der gleichen fiebrigen Sehnsucht nach Auflösung der überholten Kunstformen befallen wie Isadora selber. Hauptsächlich in den Salons aristokratischer Persönlichkeiten findet sie für ihre neue poetische

Tanzform ein williges Publikum. Ihre nackten Füße berühren den Boden, so wie er berührt werden muss, damit der Körper harmonische Schwingungen in Bilder umsetzen kann.«

In Paris lernt Duncan Loïe Fuller kennen und bewundern. Diese Künstlerin, die farbig angestrahlte Stoffbahnen durcheinanderwirbelte und deshalb *Fée d'électricité* (= Fee der Elektrizität) genannt wurde, brachte dem Tanz die Freiheit von der Narration, sie öffnete ihm das Reich der reinen Zeichen. Duncan brachte ihm die Freiheit von der geronnenen klassischen Form, sie öffnete ihm das Reich der impulsiven Bewegungslust. Beide großen Tanzpionierinnen waren religiöse Menschen, konnten aber ihr Heilsverlangen im Christentum nicht unterbringen. So suchten sie mystische Erfahrungen jenseits der Kirche, und diese Suche floss in ihre Tänze ein. Man kann vielleicht sagen, dass beide dem Tanz eine »Renaissance« bescherten, indem sie die durch Tradition und christliche Leibfeindlichkeit aufgehäuften Hemmnisse niederrissen. Bei Isadora Duncan liegt diese Analogie auch deshalb nahe, weil sie sich eine Erneuerung der Tanzkunst durch Rückbesinnung auf antike Ästhetik und Lebensart versprach. Sie verstand diese Rückkehr zu den Griechen nicht im übertragenen Sinn, sondern unmittelbar als praktische Aufgabe. Stunden und Tage verbrachte sie in Museen, versunken in den Anblick tanzender Figuren auf griechischen Vasen und Tonscherben. Genau diese Anmut, diese Würde, diese schlichte Grazie wollte sie dem Tanz der Gegenwart zurückgeben. Von ihren ersten Gagen finanzierte sie eine Reise (mit Mutter und Geschwistern) nach Griechenland, wo sie auf einem Berg Land erwarb, einen Tempel zu bauen begann und die Kinder der benachbarten Schafhirten das Tanzen lehrte. Dieser heroisch-einzelkämpferische Versuch einer Hellenisierung der Tanzkunst verlief im Sande, aber die antike Gelassenheit in der tänzerischen Bewegung blieb für Isadora ein Leben lang das Ideal. Sie tanzte stets barfuß und in einem einfachen Überwurf nach Art des griechischen Chitons. Wie auch Fuller zog sie klassische Musik heran als Geburtshilfe für die tänzerische Emotion.

Isadora Duncan war und blieb eine Einzelkämpferin. Ihr ethisch-soziales Interesse am Tanz war genauso groß wie das ästhetische. Sie fühlte sich als Missionarin einer Verwandlung des Lebens mit den Mitteln des von einengenden Konventionen befreiten Tanzes. So wird verständlich, dass die Tanzschulen, die sie an verschiedenen Standorten gründete, eine so große Rolle in ihrem Lebenswerk spielten. Diese Internatsschulen waren für Kinder gedacht, die dort nicht nur tanzen lernen, sondern mit wachen Sinnen das wahre Leben erspüren sollten, vermittelt über ein Gefühl für Rhythmus, Musik und Bewegung. Mit solchen Ideen stand Isadora Duncan nicht allein da. Sie lagen im Zug der Zeit, die sich angesichts der Industrialisierung und des schnellen Wachstums der lauten schmutzigen Großstädte zunehmend für Freikörperkultur, Wandern, Turnen und ähnliche Reformideen begeisterte. Gemeinsamer Ahnherr dieser Bewegungen war der französische Philosoph Jean-Jacques Rousseau mit seinem Wahlspruch: »Zurück zur Natur!«

Auch für das Leben der Frauen wollte Duncan ein revolutionäres Vorbild sein. Sie hatte sich schon als Kind geschworen, nie zu heiraten. Das Schicksal ihrer Mutter vor Augen, die mit vier Kindern von ihrem treulosen Ehemann sitzen gelassen worden war, entschied sie sich für die Freiheit. Dazu gehörte aber nicht, wie man mutmaßen könnte, der Verzicht auf Kinder. Duncan hielt es für das Naturrecht jeder Frau, Kinder zu gebären, wann und von wem sie wollte, ohne sich dafür Ehefesseln einzuhandeln. Dieses ungestüme, in der damaligen Zeit schwerlich praktizierbare Freiheitsverlangen übertrug sie auf ihre Kunst, den Tanz, und dort war es geradezu idealiter praktizierbar!

Als Duncan ihre Tochter Deirdre geboren hatte, kam es für sie nicht in Frage, mit deren Vater, dem Bühnenbildner Gordon Craig, die Ehe einzugehen. Wegen dieses für die damalige Zeit skandalösen Lebenswandels entzogen ihr empörte Berliner Mäzeninnen die Zuwendungen für ihre dortige Tanzschule. In Paris konnte sie freier leben; sie verband sich hier in dem schwerreichen Nähmaschinen-Erben Paris Singer und bekam auch von ihm ein Kind, den Sohn Patrick. Singer schenkte ihr ein Schloss, in dem sie eine Schule ganz nach ihren Plänen und Idealen einrichtete; der Erste Weltkrieg vernichtete dieses Projekt. Isadora war indes schon zuvor zu einem Weltstar aufgestiegen, Tourneen führten sie in ihr Heimatland Amerika, auch nach Südamerika und in Europa in alle großen Städte. Besonders erfolgreich war sie in Wien, München, London, Paris, Berlin und Sankt Petersburg. Sie führte ein rastloses, gleichwohl erfülltes Leben, denn ihre einmaligen Darbietungen wurden allseits bejubelt. Ein schwerer Schlag war 1913 der Tod ihrer beiden Kinder, die bei einem Autounfall in die Seine stürzten und ertranken. Sie trauerte lange.

Die große Resonanz, die sie ausgerechnet in Russland fand, wo ja das Ballett eine ganz besonders hohe Blüte erlebt hat, führte sie ab 1921 zu längeren Aufenthalten in der jungen Sowjetunion. Hier sollte sie eine Schule gründen können, die aber dann, wie so viele ähnliche Unternehmen, an unzureichender Finanzierung scheiterte. Und hier heiratete sie doch noch: den sehr viel jüngeren Dichter Sergej Jessenin. Sie schloss die Ehe, wie sie in ihren Memoiren erzählt, um dem jungen Mann, in den sie verliebt war, die Ausreise nach Westeuropa und Amerika zu ermöglichen, sie wollte ihm die Welt zeigen, aus der sie kam und wollte ihrer Welt den großartigen Dichter vorstellen. Jessenin hätte als Revolutionär aus dem bolschewistischen Russland ohne den Status eines Duncan-Gatten keine Einreiseerlaubnis erhalten. Doch die Tournee wurde ein Fehlschlag. Jessenin war ein Heimatdichter, in Westeuropa und Amerika fühlte er sich fehl am Platze. Auch die Ehe zerbrach.

Duncans Tod 1927 war so außergewöhnlich wie ihr Leben. Sie strangulierte sich unfreiwillig selbst, als sie an der Côte d'Azur in einem offenen Sportwagen saß, in dessen Speichen sich beim Start ihr langer roter Schal verfing. Doch ihr Werk überlebte – und das will bei einer Tänzerin etwas heißen. Es waren nicht die Fotos, Plakate und Elogen, die fortwirkten, sondern die Idee: eines Tanzes, der natürlich und zugleich Kunst ist.

Duncan hat sich gerne lustig gemacht über die Inbrunst, mit der vor allem die Deutschen über Kunst debattieren, wobei sie aber eingestand, dass sie die »deutsche« Art eines geistigen Zugangs zur Kunst im Grunde teilte.

»Mein Tanz wurde Gegenstand hitziger Debatten. Ganze Kolumnen erschienen ständig in den Zeitungen, die mich entweder als Genius einer neu entdeckten Kunstform feierten oder als Zerstörerin des klassischen Balletts beschimpften. Wenn ich von einer Vorstellung nach Hause zurückgekehrte, noch beglückt über das Publikum, das vor Begeisterung außer sich gewesen war, saß ich gerne in meinem weißen Überwurf bei einem Glas Milch und grübelte über Kants ›Kritik der reinen Vernunft‹, ein Werk, von dem ich mir, der Himmel weiß warum, Inspiration versprach bei meiner Suche nach Bewegungen von reinster Schönheit.«

Ob das nun stimmt, was sie über ihre Kant-Lektüre mitteilt oder ob sie ein bisschen angibt und einen einmaligen Versuch zu einer lieben Gewohnheit befördert – typisch ist diese Episode für sie auf jeden Fall. Duncan wollte einen veredelten Tanz voller Noblesse und Tiefgang, und sie versprach sich für die Zukunft dieser Kunst viel von Übungen in Ideenlehre. Ein wenig exaltiert war sie schon, außerdem durchaus arrogant und voller Verachtung für Revue und Tingeltangel und die Art von Tanz, die dort geboten wurde. Für sie war Tanz eine hohe Kunst oder sollte es wieder werden. Wann immer sie es sich leisten konnte, schlug sie Engagements aus, die sie auf Spielstätten geführt hätten, deren Publikum sie für unfähig hielt, die sublime Botschaft ihrer Schau zu verstehen. Der wortgewandte Tanzkritiker Max von Boehn mochte sie nicht, er nannte sie »die tanzende Gouvernante«, musste indes anerkennen: »Miss Duncan hat den Tanz wieder in seine Rechte als individuelle Kunst eingesetzt, sie hat die Bahn freigemacht für den neuen Tanzstil, der sich mit der schematischen Akrobatik des Balletts nicht mehr begnügt.«

Lise Meitner

Die erste grosse Physikerin

* 1878 in Wien
† 1968 in Cambridge

»Wenn Professor Meitner sich mitten in einem wichtigen Experiment befindet, kann sie die Uhr vergessen. Sie lässt sich ein Stück Brot und ein paar Äpfel bringen und hält dann oft bis in die frühen Morgenstunden durch. Sie isst nur wenig und neigt dabei der vegetarischen Kost zu. Sie trinkt gerne Kaffee und kümmert sich um die Blumen.« Das stand über sie in der Zeitung, als sie schon weltbekannt war. Der gängigen Vorstellung von einer Forscherin hat Lise Meitner also durchaus entsprochen. Nur dass Frauen zu Beginn des 20. Jahrhunderts in der Forschung noch eine seltene Ausnahme waren. Und dass später in diesem Jahrhundert eine jüdische Akademikerin fast ohne Ausnahme ihren Posten verlor. Durch all diese Unbill hindurch hat Meitner ihre Erforschung der Radioaktivität mit einer absolut einmaligen Konsequenz und Hartnäckigkeit immer wieder neu aufgenommen und zum Erfolg geführt. Dass nicht sie selbst, sondern ihr Kollege Otto Hahn 1944 den Nobelpreis für die Entdeckung der Kernspaltung bekam, obwohl sie es war, die dieses »Zerplatzen« als erste erkannt und beschrieben hatte, schien ihr gar nicht viel auszumachen. Sie sagte schlicht, Hahn habe den Preis »voll verdient«.

Lise kam in Wien zur Welt, als Tochter eines gebildeten Anwalts. Von Max Planck stammt diese kleine Betrachtung: »Der Jahrgang 1879 war für die Physik besonders prädestiniert. 1879 sind Einstein, Laue und Otto Hahn geboren. Und auch Lise Meitner muss man dazurechnen. Nur ist sie als vorwitziges kleines Mädchen schon im November 1878 zur Welt gekommen; sie hat ihre Zeit nicht abwarten können.« Eine starke Neigung zu den Naturwissenschaften hat Lise früh gespürt. Sie ist fasziniert von den schönen Farben, die auf einer Pfütze entstehen, wenn Öl darauf schwimmt. Aus ihrem naiven Erstaunen entwickelt sich ein Berufswunsch, den der Vater zwar finanziell unterstützt, aber von einer praktisch orientierten Bedingung abhängig macht: Zuerst soll sie eine Ausbildung in einem typischen Frauenberuf machen. Sie willigt ein und schließt eine Lehramtsausbildung für Französisch ab. Um danach Zugang zur Universität zu erhalten, bereitet sie sich auf die externe Matura an einem Jungengymnasium vor. Als sie 1902 ihr Studium in Physik, Mathematik und Philosophie beginnt, ist sie eine der ersten Frauen, die überhaupt an der Wiener Universität zugelassen werden. Sie hört Vorlesungen bei dem Physiker Ludwig Boltzmann und promoviert 1906 als zweite Frau im Fach Physik mit einer Abhandlung über die *Wärmeleitung in inhomogenen Körpern.* Während der folgenden beiden Jahre arbeitet Meitner weiter am Institut für theoretische Physik. Von Anfang an fällt sie auf: Zunächst, weil sie als einzige Frau in der Physikvorlesung sitzt und dann vor allem durch ihre Begabung. »Sie war immer bereit, etwas zu lernen und ihre Unkenntnis bei Dingen einzugestehen, die außerhalb ihres Bereichs lagen. In diesem Feld bewegte sie sich aber mit großer Sicherheit, überzeugt davon, dass der menschliche Geist mächtig genug ist, um die richtigen Schlüsse aus den Gesetzen der Natur zu ziehen. Wenn sie diese Überzeugung aber in die Irre lenkte, kam die Einsicht, dass etwas falsch war, wie ein Schock.« Dies schrieb ihr Neffe Otto Robert Fischer über sie.

Hartnäckig hat sie die äußeren Widerstände überwunden und steht nun vor der Entscheidung, in welchem Teilgebiet der Physik sie langfristig arbeiten will. Interessante Möglichkeiten gibt es zuhauf. Die Physik befindet sich im Umbruch; gerade hat der zuvor völlig unbekannte Albert Einstein mit seiner These von der Relativität der Zeit für Furore gesorgt. Und mit den immer genaueren Messinstrumenten stellen sich neue Fragen: Woraus besteht die Materie? Vielleicht aus Atomen? Und was sind Atome? Gibt es womöglich noch kleinere Teile? Lise Meitner entscheidet sich für die Erforschung der Radioaktivität. Und als Ort kommt dafür ernsthaft nur die preußische Hauptstadt in Frage: Mit 29 Jahren geht sie von Wien nach Berlin. An den Universitäten denkt man inzwischen darüber nach, die höheren Bildungsanstalten für Frauen zu öffnen. Das

Beispiel Marie Curies hat die Existenz eines weiblichen Forschergeists bewiesen. Lise Meitner erhält – mit Sondergenehmigung – Zutritt zu den Kreisen um den hoch dekorierten Max Planck. Mehr noch: Als das Chemische Institut um eine Abteilung für radiochemische Forschungen erweitert wird, die Otto Hahn leiten soll, ist ihre Chance da. Hahn wählt sie zu seiner Kollegin; allerdings wird Lise Meitner, da der Institutsleiter Emil Fischer keine Frauen in den Institutsräumen duldet, in den Keller verbannt. Dort richtet sie ihr erstes Labor in der »Holzwerkstatt« ein – ein Name, den der Raum seiner eigentlichen Bestimmung verdankt und unter dem er berühmt werden sollte.

Mit der Verleihung des Nobelpreises an Ernest Rutherford für seine Erforschung des radioaktiven Zerfalls erfährt Lise Meitners Forschungsgebiet plötzlich eine Aufmerksamkeit, die es bis dahin nicht hatte. Ihre Arbeiten zur Radioaktivität werden gelesen, weitergereicht und auf Tagungen durchdiskutiert. Sie wird bekannt. Missverständnisse ergeben sich zwar: Rutherford etwa denkt, Lise sei ein Mann. In einem Bericht über einen ihrer Vorträge wird aus »kosmisch« »kosmetisch« gemacht. Aber als sie Max Plancks Assistentin geworden ist, klärt sich alles auf und die Fachwelt akzeptiert diese forschende Frau. Sie übernimmt Aufbau und Leitung der physikalischen Abteilung des neu gegründeten Kaiser-Wilhelm-Instituts für Chemie. Schließlich wird Einstein sie als »unsere Marie Curie« bezeichnen und einräumen, sie wüsste auf ihrem Gebiet mehr als er auf seinem. Für die Naturforscherin Meitner ist es eine fantastische Zeit:

»Die Radioaktivität und die Atomphysik machten unglaublich schnelle Fortschritte; nahezu jeden Monat gab es eine wunderbare, überraschende neue Entdeckung in einem der Laboratorien. Wenn unsere eigene Arbeit gut ging, sangen wir – Otto Hahn und ich – zweistimmig, meistens Brahms-Lieder, wobei ich nur summen konnte, während Hahn eine sehr gute Singstimme hatte. Mit den jungen Kollegen am nahe gelegenen physikalischen Institut hatten wir menschlich und wissenschaftlich ein gutes Verhältnis. Sie kamen uns öfters besuchen, und es konnte passieren, dass sie durch das Fenster der Holzwerkstatt hereinstiegen, statt den üblichen Weg zu gehen. Kurz, wir waren jung, vergnügt und sorglos, vielleicht politisch zu sorglos.« Zwar stoßen Meitners Forschungen auf das Interesse der ganzen Welt. Aber als 1914 der Erste Weltkrieg beginnt, ist die Zeit der abgeschiedenen Labortüftelei für immer vorbei. Noch hat Meitner eine akzeptable Rolle. Während Otto Hahn Gas als tödliche Waffe erprobt, wird sie als Frau und Spezialistin für Röntgenstrahlen gebraucht. Sie pflegt und behandelt hinter der Front die Verletzten.

1933 stößt sie mit anderen harten Realitäten zusammen. Hitler ist Reichskanzler geworden, und kurz darauf werden die Universitäten »gesäubert«: Ausgewiesene Regimegegner verschwinden, jüdische Forscher werden ohne Rücksicht auf Bedeutung und Verdienste entlassen. Nur ihre besondere Lage erlaubt es Lise Meitner, ihre Arbeit mit Otto Hahn in Berlin fortzusetzen. Zwar ist sie Jüdin, aber sie besitzt die österreichische Staatsbürgerschaft, die sie vorläufig schützt. Zunächst glaubt sie sogar, wie so viele Juden in jener Zeit, dass schon alles nicht so schlimm kommen werde. Sie hört Hitler kurz im Radio und schreibt an Hahn, er habe »sehr moderat geklungen, taktvoll und versöhnlich. Vielleicht entwickelt sich ja doch alles positiv, in Phasen des Übergangs gibt es immer mal wieder Fehler.« Dann wird der Professorin im September 1933 die Lehrerlaubnis entzogen. Doch statt zu flüchten, widmet sie sich mit Hahn einem neuen Forschungsgebiet: der Erzeugung von Transuranen. Anders gesagt: Sie untersuchen, was passiert, wenn man Uran mit Neutronen beschießt. Ihre Arbeit geht langsam voran. Und was schwerer wiegt: Die gewohnten Modelle passen nicht zu den jüngst gewonnenen Daten. Immer neue Probleme türmen sich auf. Da kommt die Nachricht vom Einmarsch der Deutschen in Österreich im März 1938. Meitner wartet noch einmal ab. Und als sie endlich ausreisen will, wird ihr die Erlaubnis verweigert. Fast 60-jährig muss sie Berlin heimlich verlassen, sie flieht über Holland nach Schweden.

In Stockholm vermisst sie vor allem eins: ihr Labor. Die Korrespondenz mit Otto Hahn muss genügen. Darin ist von Resultaten die Rede, die es eigentlich nicht geben darf: Das mit Neutronen beschossene Uran hinterlässt seltsame Reste. »Vielleicht kannst Du irgendeine phantastische Erklärung vorschlagen?«, fragt er an. Und sie findet tatsächlich die Lösung – zu Weihnachten 1938, auf einem Spaziergang mit ihrem Neffen Robert Otto Frisch, auch er ein Physiker. »Wir setzten uns auf einen Baumstamm. Dann begannen wir auf kleinen Zettelchen zu rechnen und fanden: Der Urankern glich einem wackelnden, instabilen Tropfen, der bei der geringsten Provokation, wie zum Beispiel beim Aufprall eines einzigen Neutrons, in zwei Teile zerfallen konnte.« Sie vermochte die Kernspaltung zu erklären, indem sie die Daten, mit denen Otto Hahn als Chemiker nichts anfangen konnte, richtig interpretierte. Hatte sie nicht immer schon gesagt: »Hähnchen, sei still, von Physik verstehst du nichts!«

Und noch etwas anderes war ihr nicht entgangen: Bei der Spaltung entsteht in beträchtlichen Mengen Energie. Die Nachricht wurde blitzschnell verbreitet und ihre Implikationen in zahllosen Labors sofort erfasst: Eine neue Energiequelle, womöglich ergiebiger als alles, was man kannte. Bald sollte sich zeigen, dass auch dieser Fortschritt eine Kehrseite hatte: Theoretisch war jetzt der Bau einer Atombombe möglich. In deren Entwicklung war Lise Meitner, obschon von den Amerikanern mehrfach aufgefordert, nicht involviert. Aber sie hat das Projekt verteidigt und stand zu ihrer Verantwortung für das, was ihre Forschung ans Licht gebracht hatte. Schließlich war sie von Anfang an dabei gewesen. Oder, wie es der amerikanische Präsident Truman zum Auftakt eines Gespräches mit ihr einmal gesagt haben soll: »Sie sind also die kleine Dame, die uns diesen Mist eingebrockt hat.« Den Nobelpreis für die Entdeckung der Kernspaltung 1944 erhielt Otto Hahn jedoch allein. Inzwischen ist die Fachwelt sich einig, dass Lise Meitner ihn gleichfalls verdient hätte.

Sie erhielt im Laufe ihres Lebens viele Ehrungen und Preise, darunter 1957 die Ehrendoktorwürde der Freien Universität Berlin. Sie starb 1968 in Cambridge. 1994 wurde das 109. Element nach ihr *Meitnerium* genannt.

Coco Chanel

Schöpferin von Mode und Freiheit für Frauen

* 1883 in Saumur, Pays de la Loire
† 1971 in Paris

Man muss sich das mal vorstellen: die Taille so eng geschnürt, dass Luftholen zum Problem wird; die Robe darüber ebenfalls streng auf Figur geschnitten, so dass Rippen und Magen noch einmal zusammengedrückt werden; das Dekolleté großzügig mit nicht gerade pflegeleichten Rüschen bestückt; die Röcke mehrlagig und auf dem Boden schleppend. Und die Hüte: mit Blumensträußen auf breiten Krempen, sowie Obst und Vogelfedern, mit langen dicken Nadeln in der Frisur befestigt. So liefen die Frauen im Jahre 1883 herum – das heißt, sie liefen eigentlich nicht, sondern trippelten in ihren Knopfstiefelchen, ängstlich darum bemüht, nirgends mit dem Hutrand anzustoßen, die eine Hand mit dem Raffen der Röcke beschäftigt, damit nicht allzu viel Straßenstaub mitgeschleift würde, die andere ein Beutelchen umklammernd, das Riechsalz enthielt. Denn des eng geschnürten Korsetts wegen kam es öfters vor, dass eine Dame mitten auf der Straße in Ohnmacht fiel.

Irgendjemand musste mit dieser entwürdigenden Zirkusvorstellung ein Ende machen. Dieser Jemand wurde 1883 geboren. Er war eine Frau und hieß Gabrielle Chasnel, besser bekannt als Coco Chanel. Ihr verdankt das 20. Jahrhundert eine weibliche Silhouette, die Zartheit mit Entschiedenheit, Grazie mit Kühle und Lieblichkeit mit Sportlichkeit paarte. Frauen waren in der *Belle Époque* zu Kleiderpuppen heruntergekommen, die komplizierte Toiletten, monströse Hüte und wertvolle Colliers herumzeigen mussten und damit, sofern sie zu den betuchten Schichten gehörten, auch weitgehend ausgefüllt waren. Der Erste Weltkrieg kehrte das Unterste zuoberst: materiell, sozial und ästhetisch. In dieser Stunde Null trat im Feld der Mode Coco Chanel auf und verhalf den Frauen in aller Welt zu einer neuen Würde: In ihren Kostümen mit den schmalen

Röcken und losen Jacken konnte frau laufen, atmen, gut aussehen – und Karriere machen. Es war eine Kleidung zum Wohlfühlen und Aufsteigen: schlicht, lässig, eine Spur androgyn und doch feminin. Sie gestattete Beweglichkeit, forderte aber auch Distanz und Respekt. Sie war bequem und zugleich stilvoll-streng. In aller Welt verstanden die Frauen das Signal: Unser Körper ist uns zurückgegeben. Schluss mit Schnüren und Fischbein – wir wollen uns bewegen und vorwärtskommen, dabei allerdings doch Dame sein: Her mit dem Tweed-Kostüm, dem Jersey-Kostüm und den Understatement-Farben Beige, Schwarz und Weiß. Und das »Kleine Schwarze« darf natürlich in keinem Kleiderschrank fehlen! Der Befreiungsschlag, den Chanel in der Mode für die Frauen führte, hält bis heute vor. Nie wieder hat man es gewagt, den weiblichen Körper so nachhaltig an der Bewegung zu hindern, wie vor ihrer Zeit. Was das Bauhaus für die Architektur leistete, vollbrachte Chanel für die Mode. *Form follows function*, und eine von Chanel angezogene Frau geht ihren Weg selbstbewusst und schlicht gewandet und ist dabei immer todschick.

Der Stil, den Chanel kreierte – das war sie selbst, war ihre eigene Persönlichkeit.

»Was wusste ich schon von meinem Beruf? Nichts. War ich mir der Revolution, die ich anzetteln würde, bewusst? Auf keinen Fall. Eine Welt ging unter, eine andere sollte geboren werden. Ich war einfach da, bekam meine Chance und nahm sie wahr. Ich war so alt wie das Jahrhundert. Es wandte sich irgendwie an mich, was das Entwickeln eines neuen Kleidungsstils betraf. Gefragt waren Einfachheit, Bequemlichkeit und Klarheit. Ich habe all das schon immer bevorzugt – ohne Absicht. Die wahren Erfolge sind immer Zufälle.«

Von ganz Unten schaffte es Chanel nach ganz Oben, dafür hat sie kämpfen müssen und wurde hart, auch gegen sich selbst.

Coco war das Kind armer Leute. Zeit ihres Lebens war sie bemüht, ihre Herkunft zu verschleiern und erfand widersprüchliche Geschichten von ihrer Kindheit und Jugend. Ihr Vater, ein fliegender Händler, steckte die 12-Jährige nach dem Tod der Mutter in ein Waisenhaus. Die kleine schwarzhaarige Gabrielle war dürr und schmal, zäh und aufsässig. Bravheit war nichts für sie – statt vom Nähen und Putzen wollte sie lieber vom Singen und Tanzen leben. Doch für eine Karriere als Showgirl reichte ihr Talent nicht aus; besser kam sie an, als sie sich die Haare kurz schnitt, in Männerhemden herumlief und für erste Kundinnen schlichte Hüte kreierte. 1913 eröffnet sie ein eigenes Modegeschäft in Deauville, 1915 einen Salon in Biarritz. Das Geld hatte sie von ihrem Geliebten Arthur Capel, einem wohlhabenden englischen Geschäftsmann, geliehen; sie wird ihm später jeden Franc zurückzahlen. Bald ist die Couturière und Selfmadefrau Chanel eine Kultfigur der Oberen Zehntausend – bewundert wegen der Strenge, Konsequenz und Anmut ihrer Mode, beliebt wegen ihrer gastgeberischen Großzügigkeit, gefürchtet wegen ihrer scharfen Zunge und galligen Bonmots. Als Unternehmerin lässt sie nie mit sich spaßen oder handeln. Bevor das Wort »knallhart« aufkommt, demonstriert sie, was es bedeutet: So wenig, wie sie im Ästhetischen je Kompromisse macht und stets die Perfektion anstrebt, kann sie als Geschäftsfrau nachgiebig sein. Ihre Konkurrenten macht sie (soweit möglich) fertig, manche zerrt sie gar vor Gericht, und ihre Arbeiterinnen beutet sie aus. Soziale Leistungen sind in ihren Augen gefährliche Gefühlsduselei. Im Jahre 1916 zeigt die amerikanische Modezeitschrift Harper's Bazar ihr erstes Modell, das die Marke begründet und in Serie hergestellt wird: Chanels Hemdblusenkleid.

Bevor die Couturière ihr Pariser Unternehmen in der Rue Cambon 31 eröffnet, erleidet sie einen herben Schicksalsschlag: Arthur Capel kommt bei einem Autounfall ums Leben. Diesen Mann hat Coco, die ein abwechslungsreiches Liebesleben führte, allen anderen vorgezogen; er hat sie gefördert und an sie geglaubt. Sie trauert lange um ihn. Dann flüchtet sie in die Arbeit. Ihre Erfolge lenken sie ab. Ihr erstes und bis heute berühmtestes Parfüm, die *Numéro Cinq* (= »Nr. 5«), wird 1922 auf den Markt gebracht. Der schlichte viereckige Flacon mit dem schwarz gerahmten Etikett, der nüchterne Name – ein Schlag ins Gesicht all der Erfinder so schwüler Bezeichnungen wie *Stern des Südens* oder *Rose des Serails* – ist typisch Chanel.

Der Duft und die Marke machen sie reich. In den 1930er und 1940er Jahren gehört Coco zur Künstlerszene um den Dichter Jean Cocteau, den Ballettmeister Sergej Diaghilew, den Maler Pablo Picasso und die Komponisten Arthur Honegger und Eric Satie.

Cocos Privatleben wird von Gefährten und Liebhabern bestimmt, die ihr nicht immer gut tun. 1933 lebt sie mit Paul Iribe zusammen, einem Zeichner, Dekorateur und Werbemann mit Hollywood-Erfahrung, der ein rechts stehendes Periodikum namens *Le Témoin* (= Der Zeuge) herausgibt. Coco steckt Geld in dieses Blatt, sein Geist ist auch der ihre – antisemitische Obertöne schrecken sie keineswegs. Dabei geht es mit der Marke Chanel weiter steil nach oben. Sie beschäftigt inzwischen fast 4000 Mitarbeiter und exportiert in alle Welt. Ihre Häuser, die sie sich nach und nach zugelegt hat, verkauft sie. Ihr Wohnsitz ist ab jetzt eine Suite im Ritz.

Als Paris im Zweiten Weltkrieg von den Deutschen besetzt wird, hat sie einen Nazi als Liebhaber. Sie ist schließlich so belastet, dass sie nach der Befreiung Frankreichs in die Schweiz flüchten muss. Es wird still um sie. Neue Modeschöpfer betreten die Szene: Pierre Cardin, Paco Rabanne, Christian Dior. Chanel sitzt weit ab vom Schuss und grollt. An ihren Konkurrenten stört sie alles, auch deren Homosexualität: »Da alle Frauen den Schleim der Komplimente lieben und nur die Schwulen exzessiv schmeicheln können, sind Frauen ein gefundenes Fressen für sie. Dabei sind sie die Feinde der Frauen. Sie machen Mode für sie, weil sie einen perversen Spaß dabei empfinden, sie zu verkleiden. Wenn sie Frauen so wenig leiden können, sollen sie doch Männer anziehen.« Sie kann den Newcomern das Feld nicht überlassen. Niemals! Obschon inzwischen eine alte Dame, ist sie kampflustig wie eh und je. Sie kehrt zurück nach Paris. Und das Unglaubliche geschieht: Coco schafft ihr Comeback. Auch die 1950er- und 60er-Jahre werden immer noch und wieder eine modische Chanel-Zeit sein. Coco kleidet Romy Schneider, Marlene Dietrich und Jackie Kennedy ein, ihre Linie wird für elegante Frauen in aller Welt verbindlich. *Mademoiselle*, wie sie sich nennen ließ, stirbt im Januar 1971 einsam, dem Morphium ergeben und hochbetagt in ihrem Bett im Ritz. Sie hat mehr erreicht, als eine Frau mit ihrer Herkunft und ihrem Hintergrund je zu träumen gewagt hätte. Sie war ästhetisch genial, geschäftlich hart, politisch blind und in ihrem Liebesleben vom Unglück verfolgt. Sie wurde steinreich und gab gerne. »Geld ist ein guter Diener«, soll sie gesagt haben, »aber ein schlechter Meister«.

Nach ihrem Tod übernahm das Designerteam Karl Lagerfeld die Führung des Hauses.

V

»Gut, ich bin frei, aber andererseits fühlte ich mich immer frei.«

(Aung San Suu Kyi)

—

Vom 20. Jahrhundert bis heute

Marlene Dietrich

Preussischer Weltstar

* 1901 in Berlin-Schöneberg
† 1992 in Paris

Die schönste Szene in *Marokko*, dem ersten Hollywood-Film der Dietrich, kommt gleich zu Beginn. Marlene, in Frack und Zylinder, singt vor den Gästen eines Nachtclubs. Während das Publikum klatscht, tritt sie an einen Tisch und küsst eine junge Dame. Marlenes Lächeln, als sie sich wieder aufrichtet und langsam die Lider hebt, ist wunderbar.

Es ist alles darin. Der berühmte ironische Zug, der leise Spott, ein Schuss Verachtung, ein gewisses »Was soll's?«. Es ist große Maskerade, Marlene weiß es, und sie zeigt, dass sie es weiß. Die amerikanische Filmkritikerin und Feministin Molly Haskell sagt von Marlene, sie sei *knowing* (= wissend) geboren. Ihr Regisseur Josef von Sternberg habe daher stets Schwierigkeiten gehabt, sie in Szenen, in denen sie unschuldig oder ahnungslos zu sein habe, glaubhaft herauszubringen. Es sei deshalb auch nicht richtig, den Zauber des Stars in einem »Geheimnis« zu vermuten. Was die Dietrich umgebe, sei kein Mysterium, sondern die Souveränität und der lässige Stolz derer, die ein Rätsel gelöst haben. »She knows. And she knows, she knows.«

Was steckt hinter diesem »Wissen«? Das breite Publikum hat mit Marlene Dietrich seine Schwierigkeiten gehabt. Da waren die Beine und die Stimme, gut. Aber diese Hosen? Dieser zweideutige Sexappeal? Der Durchschnittskinogänger bevorzugt Reduktionen, die er für Eindeutigkeit hält. Wenn ein weiblicher Star Frack trägt, mit dunkler Stimme singt und Mädchen küsst – was soll man davon halten? Es war eher eine Minderheit im Publikum, die das Androgyne an Marlene mochte. Die Mehrheit wusste nicht so recht. Sie ließ sich vorsingen: »Wenn ich mir was wünschen dürfte« – und bewunderte die Figur, sie nahm den Blick und das Lächeln eher verlegen in Kauf. Dieses Lächeln wusste zu viel. Marlene wusste um die Schwächen und Armseligkeiten der Leute, und sie akzeptierte sie. Sie wusste, dass das, was sie machte, Show war. Sie parodierte immer, was sie spielte, deshalb sind viele ihrer Auftritte komisch, ohne dass man lachen muss. Und sie wusste, als sie sich in *Marokko* nach jenem Kuss lächelnd aufrichtete, dass auch die Schranken zwischen den Geschlechtern ihr Scheinhaftes haben und dass man sie nicht immer ernst nehmen sollte.

Geboren wurde Marlene Dietrich 1901 in Berlin-Schöneberg. Ihr Vater war ein Polizeileutnant; er starb, als Marlene zehn Jahre alt war. Die Mutter führte ein drakonisches Regiment über ihre beiden Töchter. Früh internalisierte Marlene die preußischen Sekundärtugenden – insbesondere Disziplin und Genauigkeit sollten ihr später bei der Filmarbeit helfen. Als Kind wollte sie Geigerin werden, und sie brachte es immerhin zum Mitglied eines Orchesters, das Stummfilmvorführungen begleitete. Das reichte ihr aber nicht. Sie war ehrgeizig und wollte hoch hinaus.

In Marlenes Jugendjahren barsten die Berliner Bühnen vor tollen Shows und verrückten Revuen. Die Goldenen Zwanziger waren angebrochen; nach dem verlorenen Weltkrieg und mitten in der ruinösen Inflation wollten die Berliner nichts als tanzen. Marlene stellte die Violine in die Ecke und besann sich auf ihre übrigen Stärken: die Beine, die Stimme, das Blondhaar. Sie erhielt auch allerlei kleine Rollen, reihte sich ein in die *Chorus Line*. Auch Filmrollen gab es. Im Grunde aber war das alles bloß Tingeltangel. Bis Josef von Sternberg kam.

Der amerikanische Filmregisseur wollte Heinrich Manns Roman *Professor Unrat* verfilmen; darin geht es um einen ältlichen Schulmeister, der einem Revuegirl verfällt. Als Sternberg nach Berlin kam, hatte er schon seinen Hauptdarsteller: den hoch berühmten Emil Jannings. Er hatte einen Titel für seinen Film: *Der blaue Engel*, und er hatte einen Komponisten: Friedrich Hollaender. Aber ihm fehlte das Mädchen.

Marlene hatte inzwischen geheiratet: Rudi Sieber, einen Produzenten und Regisseur, von dem sie sich nie scheiden ließ und der ihr auch eine Stütze blieb, als sie später getrennt lebten. Das Paar bekam bald eine Tochter. Nach der Babypause stürzte sich Marlene ins Getümmel. Es ging aufwärts. Die Rollen wurden besser, und die Kritiker schrieben nicht mehr nur über ihre Beine. Der Tonfilm setzte sich durch und revolutionierte die Filmwelt. Man fahndete nach Darstellern mit interessanten Stimmen. Plötzlich verbesserten sich Marlenes Chancen um hundert Prozent. Sie konnte singen. In ihrer Stimme vibrierte etwas.

Als Sternberg sie auf der Bühne sah, wusste er, wer seine Lola Lola sein sollte. Die Dietrich war zwar bekannt, aber kein Star und immerhin schon 28 Jahre alt. Ins Kino sollte *Der Blaue Engel* die Leute wegen Emil Jannings locken. Doch es kam anders. Schon während der Dreharbeiten war klar: Wenn Lola singt, brennt die Leinwand. »Männer umschwirren mich, wie Motten das Licht«, hauchte die Dietrich, und das Publikum schmolz. Allen voran Regisseur Sternberg. Und er nahm Marlene, die sein Star war und in die er sich verliebte, mit nach Hollywood.

Insgesamt realisiert Sternberg sieben Filme mit Marlene, darunter die Meisterwerke *Shanghai Express* und *Die scharlachrote Kaiserin*, ein Historienstreifen über das Leben der Zarin Katharina II. Er kreiert das Image, das den deutschen Star zur Diva erhebt. Sternberg schminkt und beleuchtet sie so, dass sie als geheimnisvolle Sirene erscheint, die sich mit überlegener Ironie selbst enttarnt. Die Kunstfigur Marlene ist erschaffen, und sie erobert mit ihrer Schönheit und Frivolität die ganze Welt.

Sternberg hatte mit Marlene das formbarste Wachs in seinen Händen – sie tat alles, was er von ihr verlangte, und unterwarf sich stets seiner Autorität. Aber nur als Schauspielerin, nicht als Frau, nur in der Arbeit, nicht im Leben. Die Spannungen zwischen beiden wurden unerträglich. Nach dem siebten Film gingen sie auseinander.

Marlenes Stern stieg immer höher. Sie wurde ein Weltstar und drehte großartige Filme – sehr erfolgreich wurden *Engel* unter der Regie von Ernst Lubitsch, *Der große Bluff* von Henry Hathaway und *Die rote Lola* von Alfred Hitchcock. Aus einer zeitgenössischen

Filmrezension: »Miss Dietrich zeichnet sich aus durch provokative Gelassenheit und eine wunderbar sparsam eingesetzte Ausdruckskraft. Ihr Gesang ist voller diskreter Anspielungen und wesentlich kühner in seinen Andeutungen als alles, was mit schwingenden Hüften und schrillen Stimmen zum Besten gegeben wird.« Die Nazis bemühten sich um Marlene, sie hätten gern einen blonden Star als Aushängeschild für die UFA gehabt, aber Marlene ließ sich nicht heim ins Reich locken. Stattdessen wurde sie 1937 US-Bürgerin, tanzte und sang im Krieg vor den GIs und nahm bei ihrer Arbeit für die Truppenbetreuung ein hartes Leben in verlausten Quartieren in Kauf. Sie blieb stets die selbstbewusste, autonome Preußin, die sie von Beginn an gewesen war: ein Arbeitstier, zielstrebig, unermüdlich, zuverlässig und prompt. Ihr liebstes Hobby war Kochen. Und dann gab es da noch die Männer. Zu ihren Verehrern und Geliebten zählen berühmte Kollegen wie Gary Cooper und Jean Gabin, doch sie schenkte auch Schriftstellern und Regisseuren ihr Herz. Rudi Sieber und die Tochter Maria mussten sich damit abfinden, dass Marlene ohne sie lebte. Aber die Verbindung riss nie ab.

In den 1960er Jahren startete die Dietrich eine zweite Karriere als Sängerin – Tourneen führten sie rund um den Erdball. In Deutschland gedachte man ihrer mit gemischten Gefühlen – hatte sie nicht einst ihr Vaterland aufgegeben? Aber als die Berlinerin ihre Heimat besuchte, waren die begeisterten Fans in der Überzahl. Später zog sich Marlene nach Paris zurück. Sie hatte Publicity als notwendiges Übel ihrer Arbeit akzeptiert – aber jetzt, als Privatperson, wollte sie von Reportern nichts mehr wissen und verjagte neugierige Presseleute mit groben Flüchen. Sie wusste immer, wie sie sich zur Wehr und wie sie sich durchsetzen musste.

»Marlene Dietrich parodiert die konventionellen Merkmale der männlichen Autorität und das Sexualrollen-Spiel, ohne ihre Glaubwürdigkeit als Frau zu zerstören. Ihre Zähigkeit und ihr Realismus sind nicht unattraktiv und antiromantisch; im Gegenteil, sie verschmäht nur die Blindheit der Liebe, ohne die Liebe selbst anzutasten. Sie nimmt männliche Attitüden an, nicht um das männliche

Geschlecht zu diskreditieren, sondern um das Wertesystem der Kritik zu unterwerfen, durch das dieses Geschlecht sich selbst in falschen Stolz und Ehrsucht verirrt.«

So fasste Molly Haskell die Faszination der Marlene Dietrich zusammen.

Die große Schauspielerin starb 1992 in Paris. In Berlin erhielt sie auf dem Friedhof Schöneberg III in Friedenau ein Ehrengrab. Ihre Tochter Maria schrieb auf Marlenes Wunsch hin die Biographie ihrer Mutter.

Hannah Arendt

Denken und Handeln

* 1906 in Linden, Hannover
† 1975 in New York

»Sie war leidenschaftlich moralisch, aber überhaupt nicht moralistisch. Was sie auch immer zu sagen hatte, war wichtig, oft provokativ, manchmal auch falsch, aber nie trivial, nie gleichgültig, nie mehr zu vergessen.«

Dies schrieb der Philosoph Hans Jonas über die Philosophin Hannah Arendt.

Im Jahre 1906 kam Hannah in Hannover auf die Welt, sie wuchs in Königsberg auf – als einzige Tochter gutbürgerlicher jüdischer Eltern. Religion spielte keine Rolle, die Arendts neigten dem liberalen Reformjudentum zu. Der frühe Tod des Vaters und der Erste Weltkrieg warfen einen Schatten auf Hannahs Kindheit und Schulzeit. Sie lebte eng mit ihrer Mutter zusammen, der sie eine »Erziehung ohne alle Vorurteile und mit allen Möglichkeiten verdankte«. Die Devise lautete: »Man darf sich nicht ducken! Man muss sich wehren!« An ihre Schulzeit erinnert sie sich so: »Bei antisemitischen Äußerungen des Lehrers war ich angewiesen, sofort aufzustehen, die Klasse zu verlassen, nach Hause zu kommen, alles genau zu Protokoll zu geben. Dann schrieb meine Mutter einen ihrer vielen eingeschriebenen Briefe. – Wenn es (= antisemitische Äußerungen) aber von Kindern kam, habe ich es zu Hause nicht erzählen dürfen. Das galt nicht. Was von Kindern kommt, dagegen wehrt man sich selber.«

Nach Kriegsende wird das Haus der Mutter zum Treffpunkt gemäßigter Sozialdemokraten und vielseitig interessierter Intellektueller. Hannah liest mit vierzehn Kants *Kritik der reinen Vernunft*, Schriften von Sören Kierkegaard und klassische griechische Texte – im Original! Von ihrem nach dem Abitur in Marburg aufgenommenen Philosophiestudium ist sie jedoch enttäuscht. Eine Freude ist die Bekanntschaft mit dem Kommilitonen Hans Jonas, aber die Lehrkräfte …

Nach den Zerstörungen und Zerrüttungen des Weltkriegs haben sich die meisten in die Tradition geflüchtet und den Stoff »nicht so sehr vermittelt als durch bodenlose Langeweile erledigt«. Bis auf wenige Ausnahmen lehren sie Allgemeinplätze über das Denken, statt denken zu lehren. Einen Professor allerdings gibt es, der herausragt und auf das Leben der Hannah Arendt in mehr als einer Hinsicht Einfluss nehmen wird. »Sein Name reiste durch Deutschland wie das Gerücht vom heimlichen König«: Martin Heidegger.

Viel geschrieben hat der führende Vertreter der deutschen Existenzphilosophie bis dato noch nicht, dafür sind seine Vorlesungen in den intellektuellen Zirkeln Marburgs berühmt. Auch Hannah sitzt im Hörsaal und ist begeistert. Die Begeisterung beruht auf Gegenseitigkeit, und aus dem gemeinsamen »leidenschaftlichen Denken« entwickelt sich eine intensive Liebesgeschichte, die jedoch nach einem Jahr an den Realitäten zerschellt: Heidegger ist verheiratet. Und da er sich von Frau und Kindern nicht trennt, trennt Hannah sich von ihm. Ihr Studium setzt sie später in Heidelberg und Freiburg fort und schließt es 1928 bei Karl Jaspers ab mit einer Dissertation über den Liebesbegriff bei Augustinus. Besonders wichtig ist für sie in Heidelberg die Begegnung mit Kurt Blumenfeld, einem der einflussreichsten Zionisten in Deutschland, der von da an ihr »Mentor in Sachen Politik« wird. Nach der Promotion siedelt sie 1929 nach Berlin über, wo sie den Philosophen und Dichter Günther Stern (Pseudonym: Günther Anders) heiratet. Die Ehe wird acht Jahre später geschieden werden. Trotz des Eiflusses, den Blumenfeld auf sie ausübt, steht die Politik in ihrer Bedeutung für sie hinter der Philosophie zurück – das ändert sich jetzt schlagartig. Als Jüdin gerät sie ins Visier der Nationalsozialisten. Das Erwachen ist böse: »Schließlich schlug mir einer mit einem Hammer auf den Kopf, und ich fiel mir auf.« Sie muss sich ducken und gleichzeitig wehren.

Über Prag, Genua und Genf flüchtet sie 1933 aus Berlin nach Paris. Es geht nur noch ums Überleben. Die Philosophie tritt in den Hintergrund. Sie organisiert die Auswanderung Jugendlicher nach

Palästina, gesteht sich selbst jedoch nach einem Besuch in einem Kibbuz, »dass man dort nicht leben kann. Beherrschung durch den Nachbarn, darauf läuft es natürlich letztlich hinaus.« In Paris tritt 1940 ein weiterer Mann in ihr Leben: Heinrich Blücher, ein philosophischer Autodidakt, politisch aktiv auf der Linken, und »masculin sui generis«, zu deutsch: ein Mann, der ihr gefällt. Außerdem lehrt er sie »politisch denken und historisch sehen«. Die beiden heiraten. Allerdings hat sich Hannah für die Liebe und ihren Genuss wieder einen schlechten Zeitpunkt ausgesucht. Nach dem Einmarsch der Deutschen entgeht sie ihren Verfolgern nur knapp. Mit Ehemann Blücher und ihrer Mutter emigriert sie 1940 über Lissabon in die Vereinigten Staaten und lässt sich in New York nieder. Dort wird sie in den folgenden drei Jahren unter anderem für die deutschsprachige Zeitung *Der Aufbau* schreiben. Sie wird ferner Cheflektorin im Salman Schocken Verlag und Direktorin der *Jewish Cultural Reconstruction Organization* zur Rettung jüdischen Kulturguts. 1951 nimmt sie die amerikanische Staatsbürgerschaft an.

Der Neuanfang allerdings ist ihr schwer gefallen, vor allem, weil sie nicht einfach den Mund hielt. Sie plädierte im bislang neutralen Amerika für einen Krieg an der Seite Englands. Ja, sie forderte sogar eine jüdische Armee, die sich an der Befreiung Europas beteiligt. Für sie sind die Juden vor allem ein europäisches Volk. Selbst als der Mord an den europäischen Juden bekannt wird, bleibt sie skeptisch gegenüber der Forderung nach einem jüdischen Staat in Palästina. Sie befürchtet nur eine neue Variante von Nationalismus, bei der sich das politische Denken vornehmlich um die militärische Strategie drehen würde. Genau genommen bleibt sie sich treu: Für gedankenloses politisches Handeln hat sie nichts übrig. Politik ist Handeln und Denken. Nicht irgendein Denken, sondern ein Denken im Sinne einer aufgeklärten, vernünftigen, für alle besseren Welt. Sie beginnt, sich ausführlich mit dem Totalitarismus auseinander zu setzen. *Die Elemente der Schande – Antisemitismus, Imperialismus, Rassismus oder Die drei Säulen der Hölle* sollte ihre Analyse ursprünglich heißen. Zuletzt erhält das Buch, das 1951 erscheint und als ihr

Hauptwerk gilt, den Titel: *Elemente und Ursprünge totalitärer Herrschaft*. Mit ihm macht sie sich einen Namen.

Philosophisch wird ihr politisches Denken indes mit einer anderen Arbeit, die sie berühmt machen wird. Als 1961 Adolf Eichmann, ein bei der Vernichtung der europäischen Juden hauptverantwortlicher Verwaltungsbeamter, in Israel vor Gericht steht, fährt sie als Korrespondentin einer amerikanischen Zeitung an den Ort des Geschehens. Ihre Beurteilung des Massenmörders ist durch und durch philosophisch und wird entsprechend kontrovers diskutiert: Nicht nur, was er getan hat – vor allem seine »Gedankenlosigkeit« ist es, die sie verwundert. Sie sieht in ihm weder den Teufel noch eine Bestie. Er ist in ihren Augen schlichtweg banal. Hannah Arendt hat das Wort von der »Banalität des Bösen« geprägt und damit vor allem betont: Adolf Eichmann ist vieles, aber sicher kein Mensch gewesen, der nachgedacht hat. Die Denker hat sie damit nicht vor dem Bösen zu retten versucht, eher »das Denken als solches«. Denn sie hatte ihre eigenen Erfahrungen mit Denkern gemacht.

Martin Heidegger war Philosoph und trotzdem zeitweise zum Nazi geworden. Von Arendt zur Rede gestellt, weicht er aus. Dennoch treffen und schreiben sie sich; ihrer Jugendliebe hält sie auf ihre Art die Treue. Aber Politik ist ein Thema, über das die beiden nicht ernsthaft sprechen. Hierfür hat sie einen anderen (wieder) gefunden: den Philosophen und politischen Denker Karl Jaspers, ihren Doktorvater. Mit ihm zusammen erörtert sie in zahllosen Briefen die Entwicklung der Vereinigten Staaten und Europas – spannende Dokumente unruhiger Zeiten: Kalter Krieg und McCarthy, der Aufstand in Ungarn, der Vietnamkrieg und natürlich die Studentenbewegung. Wieder gehören ihre Sympathien denen, die sich nicht ducken. »Mir scheint, die Kinder des nächsten Jahrhunderts werden das Jahr 1968 mal so lernen, wie wir das Jahr 1848.« Doch wie zuvor bleibt sie auf eine seltsame Weise im Abseits, bietet Daniel Cohn-Bendit Hilfe an, für den Fall, dass er in Schwierigkeiten geraten sollte – hat aber selbst mit den theoretischen Köpfen der Studentenbewegung wenig am Hut.

Obwohl politisch hoch interessiert, ist Hannah Arendt doch immer Philosophin, das heißt: Liebhaberin der Weisheit, geblieben. Das letzte, kurz vor ihrem Tod nach einem Herzinfarkt im Dezember 1975 vollendete Werk ist vielleicht deshalb auch dem reinen Denken gewidmet. »Was ›tun‹ wir, wenn wir nur denken? Wo sind wir, die wir gewöhnlich stets von unseren Mitmenschen umgeben sind, wenn wir mit niemandem als uns selbst zusammen sind?« Eine Antwort ist die Philosophie selbst, so wie Hannah Arendt sie erarbeitet und gelebt hat.

Simone de Beauvoir

Schriftstellerin, Philosophin, Feministin

* 1908 in Paris
† 1986 in Paris

»In meinem Leben«, hat Simone de Beauvoir einmal gesagt, »habe ich einen unbestreitbaren Erfolg zu verzeichnen: meine Beziehung zu Sartre.« Sie schrieb eine Reihe von Büchern, die große Beachtung fanden, darunter *Das andere Geschlecht*, das zu einem Klassiker wurde. Sie engagierte sich auf der Linken gegen den Algerienkrieg, gegen die Unterdrückung von Einzelnen, von Völkern, von Frauen, sie war einflussreich als Pariser Intellektuelle und Meinungsmacherin – aber als ihre größte Leistung sah sie, alles in allem, ihr Leben an der Seite Jean-Paul Sartres an. Wahrscheinlich ist die Einschätzung dieser ausgesprochen vernünftigen und realistischen Frau korrekt. Denn Simone de Beauvoir hat vor allem als Partnerin Geschichte gemacht. Sie bewies, dass Gleichberechtigung möglich ist, dass sich Ebenbürtigkeit – neben einem prominenten Denker – erkämpfen lässt, und dass Partnerschaft kein leeres Wort zu sein braucht. Sie nannte auch den Preis: keine Ehe, keine Kinder, keine häusliche Gemeinsamkeit, ein Preis, der in ihren Augen nicht zu hoch war.

Die meisten Frauen wollen und können nicht so leben wie Simone de Beauvoir: Sie wünschen sich Kinder, wollen, wenn der Richtige gekommen ist, gerne heiraten und bewegen sich auch beruflich nicht in intellektuellen Zirkeln. Dennoch war und ist die Wirkung der Simone de Beauvoir weit über akademische Zirkel hinaus lebendig: Frauen sehen in ihr eine erfolgreiche Schwester, die ihren Ehrgeiz nicht auf dem Altar der Mütterlichkeit opferte, die sich durchsetzte und Autorität genoss und dennoch ein erfülltes Liebesleben hatte. Dieses Liebesleben fand – was die Reflexion darüber betraf – immer auch in der Öffentlichkeit statt. So war es mehr als eine Privatsache. De Beauvoir und Sartre wirkten als Figuren des öffentlichen Lebens, erörterten vor aller Welt die philosophische Frage: Kann man einander im Herzen treu sein und gleichwohl mit wechselnden Partnern erotische Abenteuer erleben? Das Pariser Denker-Paar hatte sich die Treue des Gefühls und des Geistes gelobt, sich aber großzügig die Freiheit des Seitensprungs eingeräumt. Füreinander, so formulierten sie es, seien sie »notwendig«, andere waren bloß »zufällig«, ohne deshalb unwichtig und verzichtbar zu sein. Sowohl de Beauvoir als auch Sartre nahmen sich die Freiheit für etliche, zum Teil langjährige und leidenschaftliche Nebenbeziehungen, kehrten aber immer wieder zueinander zurück. Einfach war diese Verbindung von Beständigkeit und Libertinage nicht. Besonders die »Dritten« hatten darunter zu leiden, sie setzten viel ein und bekamen kaum eine wirkliche Chance. Dennoch lässt sich die Partnerschaft von Simone de Beauvoir und Jean-Paul Sartre als die Erfolgsgeschichte schreiben, auf die Simone anspielt: Sie waren einander, vor allem was den geistigen Austausch betraf, vollkommen ergeben, und ihr Ruhm als Paar gründet in dieser Treue.

Simone kam 1908 in Paris zur Welt. Der Vater war Jurist, das Elternhaus stockbürgerlich und streng katholisch. Die Eltern förderten jedoch Simones Wissensdurst und ließen sie gerne viel lernen. An eine Mitgift und »große« Heirat war mangels Vermögen sowieso nicht zu denken. Wichtig wurde für sie in der Schulzeit ihre Mitschülerin Elisabeth Mabille, genannt Zaza, deren ausgeprägte Unabhängigkeit und Natürlichkeit sie tief beeindruckten. In dieser engen Freundschaft erfuhr sie »das Vergnügen des geistigen Austauschs und des täglichen Einanderverstehens«, was ihr im weiteren Leben zum unbedingten Bedürfnis wurde. Der Schritt an die Universität, die Sorbonne, machte Simone frei: Wahrheit und Wissen lockten, sie betrieb ihr Studium der Philosophie mit Eifer, Disziplin und Erfolg.

1929 bestand sie die *agrégation*, eine anspruchsvolle staatliche Prüfung zur Auswahl der besten Lehramtskandidaten; sie wurde Zweitbeste nach Jean-Paul Sartre. Diesen Mann hatte sie im selben Jahr als Studienkollegen erstmals getroffen. Die beiden umkreisten einander zunächst vorsichtig – sie waren fasziniert eine vom anderen und vice versa und zugleich misstrauisch. »Hübsch, aber scheußlich angezogen«, lautet Sartres erstes Urteil. Doch Äußerlichkeiten bedeuten beiden wenig. Für sie geht es vor allem um die Reize und Spannungen des geistigen Lebens, die Abenteuer der Gedanken. Als sie ein Paar werden, kommt die Sexualität hinzu, die, so Simone, für sie weit wichtiger ist als für ihn. Sie schließen zunächst einen »Pakt« auf zwei Jahre, den sie verlängern – bis dass der Tod sie scheidet. Sie werden immer zueinanderstehen, aber nie einen gemeinsamen Haushalt führen und auch keine Kinder haben. Das haben sie so entschieden. Lange Zeit leben sie getrennt, aber nah beieinander in Hotels.

Anfangs arbeiten beide als Lehrer. Simones Erfolg mit ihrem ersten Roman, *L'invitée* (= »Sie kam und blieb«), ebnet ihr den Weg ins Leben als freie Schriftstellerin. Jetzt ist neben dem Lernen und Denken erst recht das Schreiben wichtig. Sartre und de Beauvoir verlangen voneinander Ausdauer, Tiefe und Genauigkeit, sie prüfen und kritisieren alles, was der/die andere zu Papier bringt. Und die kreative Gemeinschaft trägt Früchte: Er entwickelt sich zu einem angesehenen Philosophen, zum Kopf des Existenzialismus, sie zu einer Romanschriftstellerin und Essayistin, der lebhafte Resonanz zuteil wird. Der Krieg trennt das Paar vorübergehend – und politisiert es. Sie engagieren sich für die sozialistische Idee, reisen um die Welt, verfassen Berichte, Pamphlete und Polemiken und gründen die Zeitschrift: *Les temps modernes* (= »Moderne Zeiten«).

Im Jahr 1947, auf einer Amerikareise, lernt Simone den Schriftsteller Nelson Algren kennen und lieben. Er zeigt ihr das Land und möchte, dass sie bleibt. Sie aber ist doppelt gebunden – an Paris und an Sartre. Die neue Liebesgeschichte dauert vier Jahre – in ihrem Buch *L'Amérique au jour le jour* (= »Amerika – Tag und Nacht«) und in ihren Memoiren erzählt sie davon. In die Zeit ihrer Bindung an Algren fällt auch die Arbeit an ihrem Meisterwerk *Le deuxième sexe* (= »Das andere Geschlecht«), zu dem Sartre sie ermuntert und gedrängt hat.

Als Algren, der es schlecht erträgt, »Dritter« zu sein, sie aufgibt, glaubt de Beauvoir nicht mehr an eine neue Liebe. Doch dann trifft sie Claude Lanzmann, einen Autor der *Temps modernes*. Der junge Jude und Marxist ist erst 25, de Beauvoir fast 20 Jahre älter. Unter seinem Einfluss denkt sie politischer, ihr großer Roman *Les Mandarins* (= »Die Mandarins von Paris«) spiegelt neue Erfahrungen, nämlich die der Isolation und Einflusslosigkeit des Intellektuellen in einer von Gewalt und Willkür beherrschten Welt. Es ist ein Buch der Enttäuschung und der Skepsis – vielleicht weil die bekannte und vielgelesene Autorin erfahren hat, wie wenig Wort und Schrift ändern.

In den 70er-Jahren entwickelt sich die neue Frauenbewegung, und in ihr ergreift Simone de Beauvoir militant Partei für das »andere Geschlecht«. Ihr gleichnamiges Buch wird jetzt überall diskutiert, sie selbst um Rat gebeten. Sie entzieht sich nicht. Sie warnt die Frauen vor der Ehe, ermutigt sie zu einem eigenen Leben, zu eigener Arbeit und eigenem Einkommen – zur Freiheit.

»In einer äußersten – manchmal lächerlichen, oft pathetischen – Anstrengung bemüht sich die gefangen gehaltene Frau, ihr Gefängnis in einen glorreichen Himmel, ihre Fron in eine souveräne Freiheit zu verwandeln, wie wir es bei ihr im Narzissmus, in der Liebe, in der Mystik finden.«

De Beauvoir kämpft gegen den Abtreibungsparagraphen, ist Präsidentin der Liga für Frauenrechte und unterstützt Häuser für geschlagene Frauen. Ihr nächstes Buchprojekt wird *La vieillesse* (= »Das Alter«) heißen, und sie schreibt ihre Lebenserinnerungen. Sartre erkrankt; sie hält den Prozess seines körperlichen Verfalls literarisch fest. Oft hat man ihr unterstellt, sie habe den großen Mann, mit dem sie so viel verband, durch die Dokumentation seines Lebensendes in *La cérémonie des adieux* (= »Die Zeremonie des Abschieds«) kleiner machen wollen als er war. Aber das ist nicht richtig. Sie hat eingelöst, was beide sich vorgenommen und voneinander verlangt hatten: immer und unter allen Umständen aufrichtig zu sein. 1980 starb der Freund. Sie überlebte ihn um sechs Jahre. 78-jährig starb sie in Paris; beigesetzt wurde sie auf dem Cimetrière du Montparnasse neben Jean Paul Sartre.

Mutter Teresa

Ein Leben für die Nächstenliebe

* 1910 in Skopje, Mazedonien
† 1997 in Kalkutta

Wir alle respektieren Wohltätigkeit. Hilfe für die Armen ist immer willkommen. Aber was diese Ordensfrau da tut, scheint sinnlose Plackerei zu sein. Sie sammelt die Sterbenden von der Straße auf! Sie schafft sie in ein Haus und hält ihnen dort die Hand. Menschen, mit denen es ohnehin zu Ende geht, die kein Krankenhaus mehr aufnimmt, weil es sich nicht lohnt. Die teuren Betten sollen doch lieber Patienten dienen, die wieder auf die Beine kommen können, die noch eine Zukunft haben – anstatt von Todgeweihten blockiert zu werden.

So dachten damals fast alle, die von den Aktivitäten der Schwester Teresa Wind bekommen hatten. Zwar wusste man, dass die Schwester auch den Straßenkindern Lesen und Schreiben beibrachte und ihnen Mahlzeiten zu beschaffen suchte, aber das erste feste Haus, über das sie verfügen konnte, ein leerstehendes Pilgerheim neben dem Tempel der Göttin Kali, das hatte sie ausgerechnet für die Sterbenden vorgesehen. Wo blieb denn da der Nutzen?

Die Ordensfrau dachte anders. Ihr war es aufgetragen, ein Leben lang für die Ärmsten der Armen da zu sein, und das waren in ihren Augen Menschen, die ohne eine liebende Hand und ein Dach überm Kopf auf der Straße sterben mussten. Die schwerste und größte Stunde eines jeden Menschen, fand Schwester Teresa, ist seine Todesstunde. Im Augenblick des Abschieds von allen verlassen zu sein, schien ihr das denkbar furchtbarste Leiden. Und das wollte sie lindern. Es kümmerte sie nicht, was die Leute da von Nutzenerwägungen und Zukunftsperspektiven redeten. Sie wusste, dass ihr Gott sie dazu aufgerufen hatte, den Allerärmsten beizustehen, und diesen Auftrag musste sie erfüllen. Hatte sie doch, seit sie mit 38 Jahren die Erlaubnis erhielt, außerhalb der Klosterpforte zu arbeiten, nie etwas anderes getan, als die Allerärmsten, das heißt Sterbende, Kranke, Arme, auch verlassene Kinder, ausgesetzte Säuglinge und Verzweifelte zu trösten und zu pflegen. Die Mission kam später. Einem Sterbenden erzählte die Schwester nicht gleich etwas von Gott oder gar vom Christentum. Sie gab ihm Zuwendung – um ihn dadurch die Liebe Gottes fühlen zu lassen.

Das Tätigkeitsgebiet der Schwester war der Slum Moti Jheel in Kalkutta, wo es eine Million Obdachlose gab. Im Jahre 1948, als Teresa ihre Arbeit aufnahm, erstritt Indien gerade seine Unabhängigkeit von der britischen Kolonialmacht – und verstrickte sich dabei in einen Bürgerkrieg, der trotz Gandhis Devise von der Gewaltlosigkeit zu grausigen Exzessen zwischen Hindus und Moslems führte. Viele Menschen irrten verzweifelt durch die Straßen der großen Städte; ihre Häuser waren abgebrannt, ihre Angehörigen massakriert und sie selbst von Elend und Krankheit gezeichnet. Oft blieb nur der Tod unter freiem Himmel; während andere Flüchtlinge über sie hinwegschritten, beendeten Verwundete und Verhungernde ihr Leben in der Gosse. Das sah Mutter Teresa, und sie verstand, was ihr Gott gemeint hatte, als er von ihr verlangte, den Ärmsten der Armen beizustehen.

Der Ruf des Höchsten hatte sie erreicht, als sie mit der Eisenbahn von Kalkutta nach Darjeeling gefahren war, um die periodischen Exerzitien (intensive Gebete) ihres Ordens zu absolvieren. Sie hatte deutlich gehört, wie Gott zu ihr gesprochen hatte, und sie kämpfte in den folgenden Monaten darum, diesem Ruf folgen zu dürfen. Ihre Kirchenoberen nämlich wollten sie nicht gehen lassen. Sie unterrichtete an einer Mädchenschule Geografie, war zugleich die Leiterin und damit eine wichtige Stütze dieses Instituts, und man glaubte, nicht auf sie verzichten zu können. Außerdem war es nicht üblich, dass Angehörige der Kongregation Unserer Lieben Frau von Loreto in Slums arbeiteten. Schwester Teresa musste eine Probezeit bestehen und einen ausgedehnten, bis hin zum Heiligen Stuhl reichenden Papierkrieg führen, bis sie die Erlaubnis erhielt, hinaus zu den Armen zu gehen.

Ihre Arbeit stieß dort nicht nur auf Zustimmung. Die Inder fürchteten, dass die weiße Schwester mit ihrer christlichen Religion die Menschen abtrünnig machen könnte – sie beschimpften und verleumdeten sie und forderten, dass das Haus der Sterbenden geschlossen würde. Aber Schwester Teresa fand Helferinnen unter ihren ehemaligen Schülerinnen und Unterstützer in der Bürokratie Kalkuttas. Sie konnte ihr Haus behalten und weitere Häuser eröffnen: für Kranke, für Kinder, für Mütter. Und im Jahre 1950 geschah das gänzlich Unerwartete: Aus Schwester Teresa wurde Mutter Teresa. Ihr Antrag auf die allerhöchste Absegnung eines neuen Ordens, den sie *Missionaries of Charity* (= Missionarinnen der Nächstenliebe) nannte, wurde vom Papst angenommen. Über hundert Jahre lang hatte Rom keine neue Kongregation mehr zugelassen. Die Helferinnen der Armen jedoch hatten ihre Approbation als eigener, selbständiger Orden erreicht, und sie fügten zu den drei obligatorischen Gelübden der Armut, der Ehelosigkeit und des Gehorsams ein viertes hinzu: das der Nächstenliebe. Ihre Ordenstracht war von jetzt an der weiße Sari mit blauer Borte. Zunächst ließ sich Mutter Teresa einige Monate lang in Patna bei den Missionsärztlichen Schwestern in Krankenpflege ausbilden und eignete sich medizinische Grundkenntnisse an. Ihre Arbeit in den Slums von Kalkutta begann sie mit der Gründung einer Schule im Stadtteil Moti Jheel. »Jesus hatte gesagt: ›Was ihr für den geringsten meiner Brüder und Schwestern getan habt, das habt ihr mir getan.‹ Die Armen von Moti Jheel waren – Jesus! Als Ordensfrau hatte Schwester Teresa sich ihm vermählt; sie musste sich ihres Bräutigams annehmen, der in diesen Armen lebte.« So beschrieb Biograf Renzo Allegri die Mission der Mutter Teresa.

Die Missionarin der Nächstenliebe entstammte selbst keineswegs einem bedürftigen Milieu. Sie wurde 1910 als Anjezë Gonxhe Bojaxhiu in Skopje, Mazedonien, geboren. Die Atmosphäre der Grenzstadt, in der ihre albanische Familie zur katholischen Minderheit gehörte, war nicht frei von sozialen und politischen Spannungen; ihr Vater, ein Bauunternehmer, kam wahrscheinlich beim Kampf um mehr Rechte für sein Volk ums Leben. Er starb, als Agnes neun Jahre alt war. Der Mutter gelang es, die Familie durchzubringen; Agnes schloss die Schule ab und entwickelte als Achtzehnjährige den Wunsch, als Missionarin nach Indien zu gehen. Sie verbrachte zunächst zwei Monate als Postulantin bei den Schwestern von Loreto im irischen Rathfarman nahe Dublin. Anschließend begann sie im Himalaya bei Darjeeling ihr Leben als Novizin. Sie nahm den Namen Teresa an. 1931 legte sie ihr erstes Gelübde ab und war danach siebzehn Jahre an der St. Mary's High School in Kalkutta tätig, erst als Lehrerin, später als Direktorin. Bis Gott sie rief und ihr auftrug, hinaus zu den Armen zu gehen.

Ohne ein Herz voll Hingabe an die Verlorenen dieser Welt wäre das Werk der Fürsorge für sie auch nicht zu vollbringen gewesen. Mutter Teresa besaß ein solches Herz. Ihr bedeuteten weder äußere Annehmlichkeiten noch Einfluss irgendetwas. Sie wollte dienen. Die Augen der Welt blickten auf ihren Orden und weinten Tränen des Mitgefühls und des schlechten Gewissens. Die Spenden flossen reichlich. Niemals beanspruchte Mutter Teresa auch nur einen Bruchteil davon für sich und die mit ihr zusammenarbeitenden Schwestern. Streng hielten die Missionarinnen der Nächstenliebe das Gelübde der Armut ein und lebten so besitzlos wie die Menschen, für die sie sorgten. Aber mit den Mitteln der Kirche und mit den Spenden der Welt konnten sie überall Häuser für Arme, Sterbende, verlassene Kinder und Kranke errichten. Zu den Preisen, die dem Orden und Mutter Teresa verliehen wurden, gehört der Friedenspreis des Papstes (1971), der John-F.-Kennedy-Preis für Menschlichkeit (1971), der Jawaharlal-Nehru-Preis für internationale Verständigung (1972), der Albert-Schweitzer-Preis (1975) und der Friedensnobelpreis (1979). In Ihrem Todesjahr 1997 wird Mutter Teresa am 20. Mai von Papst Johannes Paul II. im Vatikan empfangen. Neben weltweiter Anerkennung erntete die engagierte Ordensfrau jedoch auch Kritik, unter anderem wegen ihres vehementen Einsatzes gegen Verhütungsmittel und Abtreibung. Ein halbes Jahr nachdem sie die Leitung ihres Ordens abgegeben hatte, starb sie im September 1997 in Kalkutta. Mit einem Staatsakt wurde sie im Mutterhaus der Missionarinnen der Nächstenliebe beigesetzt. Die Ordensgemeinschaft ist in über 135 Ländern vertreten, sie unterhält 175 Häuser und es gehören ihr über 5000 Nonnen an.

Mutter Teresa schöpfte die Kraft für ihr Hilfswerk aus ihrer tiefen Frömmigkeit. Was sie erreicht hat an Linderung, Rettung, Hilfe und Wohltat, ist kaum abzuschätzen. Als ein amerikanischer Journalist ihr einmal zusah, wie sie einen Leprakranken wusch, sagte er: »Sowas würde ich nicht für eine Million Dollar tun.« Und Mutter Teresa antwortete: »Dafür würde ich es auch nicht tun. Ich tue es aus Liebe zu Gott und für diesen Kranken, der leidet.«

Ella Fitzgerald

Die Jazzsängerin

* 1917 in Newport News, Virginia
† 1996 in Beverly Hills

»*Royal Ancestry / All Heart / Beyond Category / Total Jazz*« – in diese vier musikalischen Sätze hat Duke Ellington sein *Portrait of Ella Fitzgerald* eingeteilt und zu Anfang gesagt:

»Wenn wir die Seiten ihres Familienalbums umblättern, stellen wir fest, dass sie von königlicher Herkunft – *royal ancestry* – ist, und je weiter wir durch diese Seiten blättern, desto mehr wird uns klar, dass sie eine wunderbar warmherzige Persönlichkeit ist: *all heart*. Was musikalisches Können angeht, ist sie Extraklasse – *beyond category*. Und alle drei, *royal ancestry*, *all heart* und *beyond category* finden sich vereinigt im Streben nach *total jazz*.«

Das war 1957, und Ella Fitzgerald zählte bereits zu den Großen ihrer Musikrichtung. Es durfte also schon ein wenig gemogelt werden, wenn es darum ging, sie zu darzustellen. Sie hat sich, was ihre Herkunft betrifft, sowieso eher an die Devise ihrer Mutter gehalten: »Es ist nicht wichtig, wo du herkommst, wichtig ist, wo du hingehst.« In Ellas Lage eine gute Empfehlung. Schwarz war sie, mittellos und zudem arm an weiblichen Reizen. Dazu kam der frühe Tod ihrer Mutter. Schlechte Ausgangsbedingungen also für eine Fünfzehnjährige im New York der frühen 1930er Jahre. Ihr einziges Kapital war ihre Stimme.

Sie wurde 1918 in Newport News in Virginia geboren, ihren leiblichen Vater hat sie nie kennen gelernt. Bald nach ihrer Geburt zog die Mutter mit ihr und dem Stiefvater nach Yonkers im Norden von New York, wo die Familie in ärmlichen Verhältnissen lebten. Schon früh entdeckte Ella Fitzgerald ihre Begeisterung für das Tanzen, die ihre ganze Kindheit über anhielt. Ursprünglich wollte sie Tänzerin werden. Ihre zweite Leidenschaft war das Singen. 1934 gewann sie den ersten Preis bei einem Nachwuchswettbewerb im Harlemer Apollo Theater. Zunächst war nur ihre Musikalität aufgefallen.

Sie hatte zwar kein absolutes Gehör, aber von jeder Note aus traf sie den passenden Ton. Außerordentlich war auch ihre rhythmische Sicherheit. Dazu begeisterte sie sich schon in den 1920er Jahren für die Musik ihrer Zeit: den Swing. Ein eigenes Instrument war nicht mehr nötig. Ella Fitzgerald gehörte zur ersten Generation, die mit Radio und Schallplatte aufwuchs. Die Jugendlichen hatten Lieblingsmelodien, die sie vor dem Radio nachsingen konnten. Zu Hause träumten sie sich in die Rollen ihrer Idole. Oder sie gingen tanzen. Die Tanzsäle waren stets überfüllt; vor allem in der *amateur night*: Einige Auserwählte durften, begleitet von einer professionellen Band, um die Wette singen und tanzen. Als Preis winkte ein Engagement. Für viele blieb die *amateur night* die einzige Chance für einen Auftritt – für Ella Fitzgerald war sie ein weiterer Schritt zu einer großen Karriere. Chick Webb, weithin bekannter Leader der gleichnamigen Bigband, war von ihrer Stimme beeindruckt und stellte Ella dem Betreiber des Savoy, einem der größten Tanzsäle von New York, vor. Der staunte nicht schlecht, als er das Mädchen singen hörte. Er übernahm auch die Vormundschaft für die Minderjährige und wies sie in die Tricks und Kniffe des *Showbiz* ein.

Am 12. Juni 1935 hatte sie ihre erste Plattenaufnahme. *Love and Kisses* hieß das Stück. Leider durfte sie ihrer Jugend wegen noch nicht in die Kneipen, in denen ihre Platte gespielt wurde. »Da hab ich dann einen Burschen, der schon 21 war, reingeschickt und ihn fünf Cents in die juke box einwerfen lassen, und dann stand ich draußen und hörte, wie meine eigene Stimme da rauskam.« Sie genoss den Erfolg, der sich spätestens mit ihrem ersten Hit *A-Tisket, A-Tasket* einstellte. Auf ihre Weise war sie jetzt doch *royal.*

»Wer versucht, beim Singen zu improvisieren – im Jazz heißt das *Scat* –, weiß, dass das Schwierigste daran ist, nicht falsch zu singen. Man geht die Tonleiter rauf und runter, und die Noten kommen schon Bruchteile von Sekunden, nachdem man über sie nachgedacht hat, aus dem Mund. Sänger müssen doppelt hart arbeiten, um diese scheinbar willkürlichen Noten des *Scat* mit perfekter Intonation hervorzubringen. Tja, das heißt, alle Sänger außer Ella.«

So der Kollege Mel Tormé. An anderer Stelle schrieb er: »Ich bin immer noch auf der Suche nach einer Platte von Ella Fitzgerald, auf der sie einen Ton nicht trifft, aber ich finde keine. Von mir gibt's davon genügend, von Ella Fitzgerald keine einzige!«

Ihr Privatleben allerdings war kompliziert. Sie wollte oder konnte sich nicht lange binden. Der Richter, der ihre erste Scheidung besiegelte, hat angeblich gesagt: »Singen Sie nur weiter *A-Tisket, A-Tasket.* Aber lassen Sie die Finger von den Männern.« Der erste Gatte hatte es nur auf Ellas gutes Geld abgesehen, das sie bald mit ihrem Gesang verdiente. Mit dem zweiten, einem Musiker, traf sie es besser. Sie lebten einige Zeit glücklich zusammen und adoptierten einen Jungen, der ebenfalls Musiker wurde. Aber das Glück zerbrach.

In musikalischer Hinsicht gehörten Ellas erste Erfolgsjahre dem Schlager. Erst nach und nach entdeckte sie die Kunstfertigkeit ihrer Stimme. Und das kam so: Chick Webb war 1939 gestorben. Ella Fitzgerald hatte seine Band übernommen und zahlreiche erfolgreiche Hits produziert. Bei Umfragen wurde sie regelmäßig zur besten Sängerin gekürt. Mitte der 1940er Jahre gab es dann jedoch eine Flaute. Der Swing hatte sich überlebt. Nicht wenige Musiker und Sängerinnen haderten mit den Schlagern, fühlten sich unterfordert, auch Ella. Sie sehnten sich nach einem musikalischen Ausdruck, der ihrem Können entsprach. Aus dem Swing ging der Bebop hervor, gefördert vor allem durch den weißen Jazzenthusiasten Norman Granz. Leider zog das Publikum nicht so recht mit. Die neue Musik war schwierig, klang irgendwie schräg und eignete sich vor allem nicht richtig zum Tanzen. Sie war für improvisierende Solisten gedacht und für eine aufmerksame Zuhörerschaft. Auf der Tanzfläche standen plötzlich Stühle! Ein ernstes Problem. Denn die Gäste – die Geld brachten – wollten tanzen. Aber vielleicht konnte man das Publikum ja an die neuen Töne gewöhnen. Und als Norman Granz Ellas Stimme das erste Mal hörte, hatte er den Ausweg gefunden.

Scat hieß die Lösung: eine Mischung aus Instrument und menschlicher Stimme. Die Stimme bringt keine sinnvollen Worte, sondern nur einen Schwall von Lauten hervor – Gesang ohne Worte – und fängt schließlich an, Instrumente zu imitieren. Sie wird selbst zum Instrument: Sie zirpt, piept, heult, brummt, klimpert, schrammelt, hallt und schmettert. Ella hatte ihre Stimme, trotz der Schlagersingerei, stets weitergebildet, und nun griff sie das Neue des Bebop, die Improvisationskunst, auf, »als wolle sie die Improvisation auf einen neuen Stand bringen«, so der Gitarrist Barney Kessel. »Der relativ schlichte Anfang ihres Solos entwickelt sich zu einem furiosen Sturzbach von Noten, der eine genaue Parallele zu denen vieler Bläser bildet«, schrieb Dan Gailey – Saxophonist, Komponist und Musikprofessor – im *Jazz Educator's Journal*. Und zugleich milderte sie das Fremdartige des Neuen durch die vertraute Leuchtkraft ihrer Stimme. Gegen das Publikum hätte Ella Fitzgerald nie singen wollen. Also sang sie für das Publikum, jenseits aller Kategorien von Bebop und Schlager, auf ihre ganz eigene Art. Sie ist mit den bedeutendsten Musikern des Bebop aufgetreten, darunter Dizzy Gillespie, Count Basie und Charlie Parker. Als Höhepunkte ihres musikalischen Könnens, ihrer Gesangstechnik und ihrer Improvisationskunst galten in den 1940er Jahren ihre *Scat*-Versionen von *Lady be good*, *Flying home* und *How high the moon*. Zu den berühmtesten unter ihren Hunderten von Plattenveröffentlichungen gehören ihre Gesangsduette mit Louis Armstrong und die Aufnahmen mit Duke Ellington. Unzählige Live-Mitschnitte zeugen von ihren Erfolgen auf den alljährlichen Welttourneen bis in die 1980er Jahre hinein. Sie trat auch in Deutschland auf. Sternstunde auf den Internationalen Jazztagen in Bad Segeberg im Juli 1982 war der gemeinsame Auftritt von Ella Fitzgerald und Benny Goodman. Für Eingeweihte war es eine Sensation, denn beide Stars hatten ihre Differenzen und waren sich seit Jahren aus dem Weg gegangen. Nun endlich wurde das »Kriegsbeil« begraben.

In Norman Granz hatte Ella genau den richtigen Partner. Er organisierte ihre Konzerte. Aber vor allem sorgte er für Veränderungen auf ihren Tourneen. Gewöhnlich mussten schwarze Musiker in billigen Absteigen wohnen; sie sangen vor Weißen *oder* vor Schwarzen. Damit war jetzt Schluss. Bei Granz – einem erklärten

Antirassisten – erhielten die Musiker angemessene Gagen, und in allen Verträgen wurde die Trennung nach Schwarz und Weiß ausdrücklich verboten. Auch das ist der Jazz. Granz: »Jazz ist Amerikas Eigenstes. Er bezieht vieles an Inspiration und Kreativität von den Schwarzen. Jazz macht keine äußerlichen Einschränkungen. Wie es in einer echten Demokratie sein soll, zählt nur die Leistung.« Auch die einer schwarzen, weiblichen Stimme. Nicht unbedingt hoher Herkunft, aber mehr als einmal zur Königin des Jazzsingens gekürt und mit vielen Preisen geehrt; mit ganzem Herzen bei ihrem Publikum: Ella Fitzgerald – als Musikerin jenseits aller Kategorien. Sie wurde sogar Ehrendoktorin mehrerer Universitäten, darunter der Yale und der Harvard University. Sie starb nach langer Krankheit 1996 in Beverly Hills in Kalifornien.

Sophie Scholl

Widerstandskämpferin

* 1921 in Feuchtenberg
† 1943 in München

»So wenig ich einen klaren Bach sehen kann, ohne nicht mindestens die Füße hineinzuhängen, genauso wenig kann ich an einer Wiese zur Maienzeit vorübergehen. Es gibt nichts Verlockenderes als solchen duftenden Grund, über dem die Blüten der Wiesenkerbel wie ein lichter Schaum schweben …« Sophie Scholl liebte die Natur. Ihrem Entzücken über die Schönheit der Schöpfung entsprang ihr Gottesglaube. Und ihre beachtlichen musikalischen und zeichnerischen Talente hätte sie auch gern zu Lob und Preis des Höchsten eingesetzt. Aber ihre geistige und ihre wissenschaftliche Neugier war stärker, weshalb sie sich am Ende entschloss, Biologie und Philosophie zu studieren.

Sophies Familie förderte ihre Anlagen. Der Vater, ein gebildeter weltgewandter Mann und Steuerberater von Beruf, bezeichnete die 1921 geborene als seine klügste Tochter. Die Mutter war stolz auf das wohlgeratene Mädchen. Die Geschwister – die älteren Schwestern Inge und Elisabeth, der große Bruder Hans sowie der jüngere Bruder Werner – hielten zusammen, stritten, liebten, ärgerten und halfen sich und stellten einiges miteinander auf die Beine: Hausmusik, Feste, Theater, Wanderungen. Die Scholls pflegten das, was man ein harmonisches Familienleben nennt. Unter dem Schirm der elterlichen Fürsorge und der geschwisterlichen Rivalität und Zuneigung wuchs Sophie zu einem grüblerischen, ehrgeizigen, willensstarken und lebensfrohen Mädchen heran.

Als Hitler an die Macht kam, lebte die Familie in Ulm. Sophie war zwölf Jahre alt. Vater Scholl, ein liberal eingestellter und kritisch denkender Kopf, versuchte seinen Kindern zu erklären, wie groß die Gefahr war, die da auf sie zukam. Zunächst vergebens. Was die Nazis der Jugend anboten: Lagerfeuer, Kameradschaft und

Heimatliebe, das überzeugte viele. Auch Sophie trat euphorisch dem BDM (Bund Deutscher Mädels) bei. Die Begeisterung der Scholl-Kinder für den Nationalsozialismus hielt jedoch nicht lange an. Als die Diskriminierung jüdischer Mitschüler begann und eine herrische Gewaltphraseologie um sich griff, stutzten sie und zweifelten. Nein, so hatten sie es nicht gemeint. Hans, zunächst leidenschaftliches HJ-Mitglied, kam zur Besinnung, nachdem er 1936 am NSDAP-Parteitag teilgenommen hatte. Er wandte sich einem christlichen Jugendbund zu. Alle Jugendorganisationen waren inzwischen gleichgeschaltet worden, die »Bündischen« als Abweichler verboten. 1937 wurden die Scholl-Kinder wegen »bündischer Umtriebe« von der Gestapo abgeholt und vorübergehend festgehalten. Danach waren die Fronten geklärt.

Sophie, das Naturkind, lief gern mit nackten Füßen über eine Wiese – aber städtischen Vergnügungen gegenüber war sie ebenfalls aufgeschlossen; sie tanzte sich in Trance und liebte die Rhythmen von Tango und Foxtrott. Dann wieder hockte sie stundenlang mit einem Buch in der Ecke: Die großen Gedanken der Philosophie waren für sie ebenso faszinierend wie Lyrik und Erzählungen, Sokrates so wichtig wie Thomas Mann, Lao-Tse so interessant wie Stefan Zweig. Bei der »bündischen« Jugend, sie ist 16 Jahre alt, lernt sie ihren Freund Fritz Hartnagel kennen, der später Soldat wird und an die Front muss. 1940 besteht sie das Abitur. Sie will unbedingt studieren: Die Erkenntnis über das Wesen der Weisheit, die Philosophie, soll sich ihr ebenso erschließen wie die Geheimnisse des Lebens, die Biologie. Aber es wird nicht sofort etwas mit der Immatrikulation. Erst einmal ruft sie der Reichsarbeitsdienst. Danach muss Sophie noch ein halbes Jahr Kriegshilfsdienst ableisten. Dann endlich, am 9. Mai 1942, besteigt sie den Zug nach München, wo sie sich immatrikuliert hat. Hans erwartet sie. Auf seiner Studentenbude feiern die Geschwister mit Freunden Sophies Ankunft und ihren 21. – ihren letzten – Geburtstag.

Man trifft sich oft. Alle in dem studentischen Kreis verurteilen Hitlers Krieg. Sie leiden unter der Diktatur – nicht sagen zu dürfen, was man wirklich denkt, das ist für junge Menschen, die gerade lernen zu denken, ein fast körperlicher Schmerz. Sophie fürchtet für das Leben ihres Freundes Fritz, der irgendwo da draußen »für das Vaterland« seinen Kopf hinhalten muss. Die Jugendlichen reagieren reflexhaft: mit Widerstand. Sie wollen nicht bloß insgeheim dagegen sein. Sie wissen: Es sind viele unzufrieden, ja alarmiert, und wenn nur wenige den Mut hätten, aufzustehen und ein Fanal zu setzen, dann wäre das Eis gebrochen. Sie wollen, sie müssen diese wenigen sein. Die *Weiße Rose* entsteht. Der Geheimbund umfasst außer den Scholls den Gelehrtensohn Christoph Probst, die Kommilitonen Alexander Schmorell und Willi Graf und Unterstützer auf der Professorenseite. An Attentate ist nicht gedacht. Keine Gewalt. Die *Weiße Rose* will reden und überzeugen: laut, aufklärend, herausfordernd. Ihre Ausrüstung besteht aus Vervielfältigungsmaschinen und Papier. Aus einem Flugblatt: »Der Tag der Abrechnung ist gekommen, der Abrechnung der deutschen Jugend mit der verabscheuungswürdigsten Tyrannis, die unser Volk je erduldet hat. Im Namen des ganzen deutschen Volkes fordern wir vom Staat Adolf Hitlers die persönliche Freiheit, das kostbarste Gut der Deutschen, zurück, um das er uns in der erbärmlichsten Weise betrogen hat.«

Für Sophie ist die *Weiße Rose* zugleich Freundeskreis, Familie und Bewährungsfeld. Endlich kann sie ihr tiefes Bedürfnis nach sinnvollem Handeln stillen, endlich ihren Mut unter Beweis stellen, sich und der Welt zeigen, dass Unbeugsamkeit kein leeres Wort sein muss. Mit dem radikalen Idealismus ihrer Jugend zieht sie die Konsequenz aus ihrer Opposition. Das Nazi-Regime muss gestürzt werden – und zwar von den Deutschen selbst. Wer die Lage überschaut, weiß auch: Der Krieg ist aller Wahrscheinlichkeit nach verloren. Die Niederlage der deutschen Truppen vor Stalingrad bedeutet die Wende: Das »Kriegsglück« hat den Feldherrn Hitler jetzt und in Zukunft verlassen.

Umso wichtiger wird für die *Weiße Rose* ihre eigene subversive Tätigkeit. Die besteht darin, die Worte des Widerstands auf Flugblätter zu drucken und zu verbreiten: in der Universität, in der Stadt

München und mit der Post in allen Teilen des Reiches. Aber auch Graffiti sind ein geeignetes Informationsmittel. Aus den Erinnerungen von Schwester Elisabeth Scholl, die ihre Geschwister gern in München besucht hat: »Wir machten einen Spaziergang im Englischen Garten. Sophie sagte, man müsse mehr tun, zum Beispiel Maueraufschriften machen. ›Ich habe einen Bleistift in der Tasche‹, sagte ich. Sophie: ›Mit Teerfarben muss man sowas machen!‹ Ich: ›Das ist aber wahnsinnig gefährlich.‹ Sophie: ›Die Nacht ist des Freien Freund.‹«

Es ist der Hausmeister der Universität, der Hans und Sophie dabei erwischt, wie sie Flugblätter in den Gängen des Uni-Gebäudes auslegen. Er stürzt sich auf die beiden und holt die Polizei. Erst leugnen die Geschwister. Als sich jedoch Belastungsmaterial in den Wohnungen auffindet und es klar zutage liegt, dass sie mit den Flugblättern zu tun haben, reißen sie das Ruder herum. Jetzt stehen sie zu ihrem Widerstand. Sie bekennen sich unumwunden zu ihm, wissend, dass dies ihr Todesurteil bedeutet, hoffend, dass das Regime, an den Kriegsfronten schon arg in Bedrängnis, mit ihnen falle.

Aus Berlin wird Roland Freisler, einer der radikalsten Verfechter nationalsozialistischer Strafrechtsprinzipien, eingeflogen, um den Geschwistern Scholl vor dem Volksgerichtshof den Prozess zu machen. Freisler tut, was er kann, um Hans und Sophie Scholl zu gemeinen Kriminellen ohne Vaterland und Gewissen zu stempeln. Am 18. Februar 1943 werden die zwei aufs Revier gebracht, kurz darauf auch ihr Freund Christoph Probst. Drei Tage später sind die Eltern Scholl in München, um ihre Kinder zu sehen. Da tagt auch schon das Gericht. Verzweifelt versucht das Ehepaar Scholl, ein Gnadengesuch zu erwirken.

Aber die Mühlen der Schnelljustiz haben ihre Arbeit schon getan. Am 22. Februar 1943 werden der 24-jährige Hans, die 21-jährige Sophie Scholl und der 23-jährige Christoph Probst wegen Hochverrats zum Tode durch Enthaupten verurteilt. Das Urteil wird sofort vollstreckt. Aus einem Bericht der Gefängniswärter: »Sie wurden abgeführt, zuerst das Mädchen. Sie ging, ohne mit der Wimper zu zucken. Wir konnten alle nicht begreifen, dass sowas möglich ist. Der Scharfrichter sagte, so habe er noch niemanden sterben sehen.«

Woher nahm Sophie Scholl die Kraft, aufrecht und selbstmitleidlos ihr Leben hinzugeben? Sie war fest davon überzeugt, dass ihr Tod das lang erwartete Zeichen setzen, dass Deutschland nun klarsehen und die mörderische Tyrannei abschütteln würde. Dieser Glauben, aber auch ihr Gottvertrauen, stärkten sie bis zum Ende, da sie ihren Kopf auf den Block legte. Sie hat sich getäuscht. Zwei Jahre mussten noch vergehen und viele deutsche Städte in Schutt und Asche fallen, bis das Nazireich endlich kollabierte. Auch gegen ihre Mitkämpfer Alexander Schmorell, Willi Graf und den Philosophie-Professor Kurt Huber wurde im Frühjahr 1943 das Todesurteil ausgesprochen und vollstreckt. Gerade jetzt, wo die militärische Niederlage absehbar war, konnte das Regime sich keine Milde mit Widerständlern leisten, und seien sie noch so jung. Die *Weiße Rose* endete auf dem Schafott. Aber als sich die Nation nach der Katastrophe aus den Trümmern hocharbeitete und die Erinnerungsbruchstücke zusammensetzte, da wurden die Namen Hans und Sophie Scholl wieder und wieder genannt. Alle waren froh, dass es auch »andere Deutsche« gegeben hatte und dass eine Vergangenheit da war, an die man anknüpfen konnte. Sophie Scholl wollte ein kleines Zeichen setzen gegen die Hitler-Diktatur – und büßte ihren mutigen Widerstand mit dem Tod, der bis heute ein großes Zeichen ist.

Maria Callas

Primadonna assoluta

* 1923 in New York
† 1977 in Paris

»Vissi d'arte, vissi d'amore« … Ich lebte für die Kunst, ich lebte für die Liebe. Oh, wie sie diese Arie intoniert hat: mit so viel Zartheit und Inbrunst – niemand wird es ihr je gleichtun. Dabei mochte sie diese Oper gar nicht. Maria Callas sang Puccinis *Tosca* zum letzten Mal in London, 1965. Es war ihr allerletzter Auftritt auf einer Opernbühne überhaupt. Zugleich war dies auch die Zeit, in der sich ihr Lebensgefährte Aristoteles Onassis von ihr abwandte.

»Ich lebte für die Kunst …« Tosca ist eine Sängerin, es gibt für sie nur die Musik und die Liebe. Ihr Freund ist ein Maler und Revolutionär. Jetzt steht Tosca vor Scarpia, dem finsteren, gewalttätigen Polizeichef von Rom, der sie begehrt und ihre Hingabe als Preis für das Leben ihres gefangenen Verlobten fordert. Tosca bittet Scarpia um Schonung. Er begehrt sie nur noch mehr. Da sticht sie ihn nieder: »Das ist der Kuss der Tosca.« Auch mit Maria Callas und Aristoteles Onassis trafen sich eine Frau aus der Welt der Künste und ein Mann aus dem Reich der Macht. Onassis begehrte Callas ähnlich leidenschaftlich wie Scarpia die Sängerin Tosca. Aber die Callas leistete keinen Widerstand – obwohl sie verheiratet war. Sie sank in Aris' Arme, wie Scarpia es sich von Tosca erträumt hatte – und den »Kuss der Tosca«, den Dolchstoß, versetzte nicht sie ihm, sondern er ihr. Er benutzte kein Messer, denn er stand nicht neben Maria auf der Opernbühne. Im wirklichen Leben gelten andere Waffen mehr. Der griechische Reeder und Milliardär schenkte ihr erst seine Verehrung und jede Menge Rosen und Juwelen – und dann, als sie glaubte, ohne all das nicht mehr leben zu können, bewies er ihr seine Gleichgültigkeit, ja seine Verachtung. Er stieß sie regelrecht von sich. Zu der wunderbaren Sängerin, deren Stimme sich erschöpft hatte und die nicht mehr auftreten konnte, soll er gesagt haben: »Was bist du schon? Nichts. Du hast nur noch eine Pfeife im Hals, die nicht mehr funktioniert.«

Auch Marias Vorfahren stammten aus Griechenland. Geboren wurde sie 1923 als Maria Kalogeropoulou in New York, der Vater hatte im griechischen Viertel von Manhattan eine Apotheke eröffnet. Nach der Scheidung der Eltern geht Maria 1937 mit Mutter und Schwester nach Griechenland. Bald wird sie in Athen auftreten. In ihrer Jugend war Maria unansehnlich und plump, doch ihre Stimme ließ aufhorchen. Sie vibrierte und hallte förmlich vor Ausdruckskraft, sie galt nie als »schön«, eher als rau, ihre Brüche und Kanten machten sie apart und dramatisch. Auch technisch war die Callas immer auf ihre eigene Art »richtig«, berühmt waren ihre brillanten Koloraturen. Was das Publikum vor allem hinriss, war die Darstellungskunst der Callas: Mit Maria, die sich später, nach mancherlei Abmagerungskuren, zu einer herben, schlanken Schönheit entwickeln wird, betrat ein Weib die Szene, das von der bestrickenden Zartheit bis zur hemmungslosen Raserei alles zu bieten hatte, was das Repertoire verlangte. Endlich stand da eine Tosca, eine Norma, eine Medea, Lucia oder Violetta im Licht der Bühnenscheinwerfer, der man ihre Gefühlsstärke wirklich glaubte.

In ihrer Stimme schwang nicht nur Leidenschaft, sondern auch ein Leiden mit, das ihre Fans entzückte, die Opernwelt beglückte und ihr selbst ein zufriedenes Leben verwehrte.

»Sie war launisch und manisch, erfüllt von verzweifelter Sehnsucht nach Liebe und Anerkennung, egoistisch und kindlich: eine Primadonna. Aber die Proben mit ihr erzeugten ein wahres Kaleidoskop von Ideen, Bildern und Visionen. Sie begann mit ganz einfachen Vorstellungen. Ihr Genie kam darin zum Ausdruck, dass sie, sobald sie sich einmal aus den vereinfachten Vorstellungen herausgearbeitet hatte, sie so ausgestaltete, wie ein Kind aus einer einzigen Zelle herauswächst.«

Dies schrieb der italienische Regisseur Franco Zeffirelli über die Meisterin des Belcanto. Sein Landsmann und Kollege Luchino Visconti, unter dessen Regie die Callas in Verdis *La Traviata* auftrat, nannte sie die größte Schauspielerin seit Eleonora Duse. Zu den besonderen Verdiensten der Primadonna gehört die Wiederbelebung des Belcanto, und das heißt auch der großen Komponisten des 19. Jahrhunderts wie Bellini und Donizetti.

Die Ausbildung der Callas hatte bereits in sehr jungen Jahren begonnen; die ehrgeizige Mutter habe ihr, so Maria, die »Kindheit geraubt«. Mit 13 Jahren fühlt sie sich als »Vorsinge-Maschine«, weckt aber das Interesse einer versierten Lehrerin. Mit 19 singt sie erstmals die *Tosca* in Athen. Kriegswirren vertreiben sie erneut aus der Heimat. Die Stationen heißen Amerika und Italien. In Verona trifft sie den viel älteren Industriellen Giovanni Meneghini; er ist von ihr fasziniert, sie an ihm interessiert. Sie wird ihn 1949 heiraten und endlich den zuverlässigen Partner finden, den sie in ihrem unsteten, spannungsreichen, aufreibenden Leben braucht. Er wird ihr Manager, sie nimmt die italienische Staatsbürgerschaft an.

Eine Erfolgsgeschichte ohnegleichen beginnt. Die junge Sängerin bezaubert in Florenz, begeistert in Venedig, überwältigt in Neapel – als Norma, Brünnhilde, Turandot. Sie ist das Tagesgespräch in Italien und wird es in Südamerika sein, wohin häufige Tourneen sie führen. Den ersten Platz unter den Sopranistinnen hat sie angemeldet, und sie wird ihn besetzen: 1950 springt sie an der Mailänder Scala für die erkrankte Renata Tebaldi als Aida ein. Noch hält der konservative Teil des Opernpublikums sich zurück. Aber der Anfang einer Jahrhundertkarriere ist gemacht. Bald wird die Callas auf eben dieser Bühne triumphieren und der Star der Scala sein. Danach steht ihr die Welt offen. New York, die Metropolitan Opera. London, die Royal Opera, Covent Garden. Chicago, Lyric Opera. Wien, die Staatsoper. Sie ist die *Primadonna assoluta.* Man liebt sie. Fürchtet sie aber auch.

Maria Callas ist nicht nur die Königin der Opernbühne für ein bürgerliches Publikum, sondern auch die Diva mit den übelsten Allüren für die Skandalpresse. Da ihre Auftritte mit einer Art schrecklicher Notwendigkeit große Gefühle entbinden und jedes Mal viel Geld auf dem Spiel steht, kann es nicht ohne Pannen abgehen, die sich zuweilen in Katastrophen auswachsen. So wurde sie wegen Vertragsbruchs von der Wiener Staatsoper verklagt, sie hatte eine höhere Gage verlangt. Ein Engagement an die Oper von San Francisco sagt sie kurz vor Beginn der Saison ab, unter dem Vorwand, sie sei erkrankt. Und immer wieder legt sie sich mit einzelnen Dirigenten, Orchestern oder Musiker-Gewerkschaften an. Mit Rudolf Bing, dem Chef der Metropolitan Opera in New York, liefert sie sich eine Dauerfehde, bis der sie feuert. Einen Auftritt bei den Edinburgher Festspielen sagt sie nicht einmal ab, sie bleibt einfach weg. Es schien, als könne es ihr niemand Recht machen und als hätten die Opernhäuser der Welt es darauf abgesehen, ihr Probleme zu bereiten. Häufig genug geben auch Kritiker ihr den »Kuss der Tosca« und verreißen ihre Auftritte ungnädig. Ihre Stimme gewährt nur in der Mittellage den beliebten und gewünschten herrlichen Samt, in den höchsten Höhen wird sie schrill und in den Tiefen hart. »Für mich ist die Musik eine hohe Kunst«, hat sie dem Life Magazine im Interview gesagt, »und ich kann es nicht ertragen, wenn Sänger oder Orchestermusiker in mieser und niederziehender Weise behandelt werden. Wenn die Kunst geehrt wird und wenn die Künstler, die der Musik dienen, ausreichend respektiert werden, dann bin ich dabei und arbeite hart, gebe mein Bestes. Aber ich will auf keinen Fall irgendetwas mit niedrigen, billigen oder zweitklassigen Versionen von Bühnenbild, Gesang und Orchesterleitung zu tun haben.« So sieht sie sich selbst: als Kämpferin gegen den Kommerz und den Boulevard, die als kunstferne Mächte in ihr Leben eingreifen. – Da lädt Aristoteles Onassis sie 1959 zu einer Kreuzfahrt ein. Sie verliebt sich in den Landsmann, verlässt Meneghini, hofft auf Frieden und trägt sich mit dem Gedanken, die Bühne aufzugeben, um eine einfache (wenn auch äußerst wohlhabende) Familienfrau zu werden. »Ich habe keine Lust mehr zu singen. Ich möchte leben.« Aber es ist zu spät.

Opernfreunde schwärmten von der Stimme der Callas, weil sie ein Instrument des Leidens war, ein Organ, dessen »unschöne« Schärfen sich mit der natürlichen Musikalität und Kraft zu einer Fanfare des

Unglücks und der Verzweiflung mischten. Wie um die Botschaft zu erfüllen, die in ihrer Stimme um die Welt ging und das Publikum zu Tränen rührte, konnte die Callas kein persönliches Glück finden. Nach ihrer Trennung von Onassis gab es kein Comeback für sie, trotz vielfältiger Bemühungen. 1971/72 unterrichtete sie an der *Juilliard School of Music* in New York. 1973 unternahm sie noch eine Konzertreise und trat mit Giuseppe Di Stefano in Europa, den USA und im Fernen Osten auf. Die Tournee war kein Erfolg. Einsam verbrachte die Callas ihre letzten Jahre in Paris, wo sie 1977 nach einem Herzinfarkt im Alter von nur 53 Jahren starb. Leonard Bernstein äußerte sich, als er von ihrem Tod erfuhr, so: »Sie war eine nahe Freundin, und sie war für mich eine absolut einmalige große Sängerin des Belcanto in der Mitte des 20. Jahrhunderts, und sie wird noch lange unersetzlich sein«

Janis Joplin

Rocklegende

* 1943 in Port Arthur
† 1970 in Los Angeles

Sie hatte einmal eine schöne Stimme. Als junges Mädchen imitierte sie gern die Stimmen großer Country-Interpretinnen. Wie eine Nachtigall konnte sie tirilieren, aber das Showgeschäft reizte sie ursprünglich gar nicht. Sie wollte Malerin werden. Auf der Schule erwies sich Janis Joplin als überdurchschnittlich intelligent – ihre Leistungen waren beeindruckend. Die Eltern, ein Ingenieurs-Ehepaar im texanischen Port Arthur, waren stolz auf ihre Älteste, die im Jahre 1943 zur Welt gekommen war.

Nach ihrem High-School-Abschluss besuchte sie zunächst das Lamar College of Technology in Beaumont, dann wechselte sie an die University of Texas in Austin, wo sie sich für das Fach Kunst einschrieb. Sie lebte dort in einem ärmlichen Apartment-Komplex, der den Mittelpunkt der Beatszene und Folkbewegung von Austin bildete. Die Studenten, die hier lebten, verband vor allem ihre Ablehnung des auf dem Campus herrschenden Konformismus – doch ebenso wichtig war die Musik.

Zu dieser Zeit geriet die nette Janis aus der Spur. Sie wollte nicht mehr lieb sein, nicht mehr lernen, nicht mehr gehorchen. Auch nicht mehr malen. Der Wandel vollzog sich allmählich. Erst waren da diese scheußlichen Pickel. Dann wurde sie dick. Und gemein. Das vormals beliebte Mädchen war plötzlich *out*. Niemand wollte mehr etwas mit ihr zu tun haben. Sie trieb sich mit Straßengangs herum und ließ sich auf dem College nur noch selten blicken. Die Eltern und Geschwister machten sich Sorgen. Es wurde von Drogen gemunkelt, von zu viel Alkohol und Joints. Und irgendwann kam Janis auf die Idee, statt Country etwas Härteres zu singen: Rock. Zunächst sang sie ganz für sich, dann für Freunde, schließlich in Clubs. Sie sang nicht bloß, sie schrie. Sie keuchte, kreischte, jammerte, jubelte, weinte. Wer sie hörte, griff sich ans Herz. So was war noch nie dagewesen.

Es dauerte eine Weile, bis Janis Joplins Karriere in Gang kam. 1960, zu Beginn des rebellischen Jahrzehnts, war sie 17 Jahre alt und hatte sich eben von dem freundlichen Mädchen in die schreckliche Furie verwandelt. Sie verbrachte noch einige Jahre auf dem College, wo sie trotz ihres nur sporadischen Besuchs die Prüfungen schaffte. Zwischendurch trampte sie herum – immer auf der Suche nach neuen Erfahrungen, neuen Menschen, neuen Klängen. Sie jobbte als Serviererin und Platzanweiserin im Kino, brauchte ständig Geld, denn das mit den Drogen war nicht nur ein Gerücht. Sie sang auch hier und da. Aber das Showgeschäft reizte sie noch immer nicht, und so war sie bis in die 1960er Jahre hinein nicht viel mehr als eine Gelegenheitssängerin in drittklassigen texanischen Clubs und Bars.

Dann erschien im Jahre 1966 ein junger Mann namens Travis Rivers auf der Bildfläche und machte ihr den Vorschlag, mit ihm nach San Francisco zu gehen. Sie sollte dort mit richtigen Musikern auftreten: *Big Brother and the Holding Company*. Diese Band suchte eine Sängerin. Nach anfänglichem Widerstand ging Janis mit, angeblich weil Travis »so verdammt gut im Bett« war. Ihre spätere Pressefrau und Biographin Myra Friedman warnt allerdings davor, den Anekdoten, die Janis über sich selbst in Umlauf gesetzt hat, Glauben zu schenken. Die wirkliche Janis Joplin war nämlich doch sehr ehrgeizig. Sie war undiszipliniert und schwierig, ihr Leben lang abhängig von Speed, Alkohol und später Heroin, aber sie verstand viel von Musik, trainierte ihre Stimme und wusste, was sie tat, wenn sie auf der Bühne stand. Zur damaligen Zeit verbarg man so etwas jedoch besser. Gefragt waren absolute Spontaneität, Ursprünglichkeit und Revolte – bis hin zur Selbstzerstörung. Wer in der Rock'n'Roll-Szene etwas gelten wollte, durfte nicht zugeben, dass er oder sie an sich arbeitete. Ein Auftritt auf der Bühne sollte das Leben selbst sein, und zwar in explosiver Extremsituation. Genau das bot Janis Joplin – nur dass so ein Auftritt nicht nur ihr Leben, sondern zugleich ihre Kunst war.

Was die Selbstzerstörung betraf, so hatte Joplin früh damit begonnen. Weder ihre Biographin noch befragte Freunde und Verwandte können eine Erklärung dafür liefern, warum das *nice girl* zum *bad girl* mutierte, und zwar zu einem besonders anstoßerregenden; und man kommt auch nicht weiter, wenn man in ihrer Seele bohrt und ihre Verletzlichkeit, ihre Liebebedürftigkeit und ihren sexuellen *Overdrive* hervorzerrt. Offenbar griff die Krise, in die während der Pubertät jeder Mensch gerät, bei ihr besonders tief ein und zog das Mädchen für immer auf die Anti-Seite, die Seite des Widerstands gegen die Werte der Elterngeneration. Der Rock'n'Roll verkörperte genau diesen Widerstand. In diesem Milieu konnte Janis aus ihrer Auflehnung, ihrer Lebensangst und ihrer Erotik ein musikalisches Programm machen, das alles enthielt, wonach die Welt damals lechzte: Rhythmus, Kraft, Härte, Wut, Sehnsucht, Freiheit, Ekstase, Sex. Unter den Sängerinnen war Janis Joplin diejenige, die dem Rock'n'Roll alles gab, was er forderte, und noch manches mehr. Sie fügte Witz hinzu, Obszönität und lyrische Elemente. Sie hätte eine große Rocksängerin bleiben und noch viele wunderbare Platten aufnehmen können – wären diese verdammten Drogen nicht gewesen. Aber es wäre naiv, sich die Drogen aus Joplins Leben und Musik wegzudenken. Sie gehörten zu ihr – wie sie zu vielen ihrer Musikerkollegen gehörten, so zum Beispiel zu Jimi Hendrix, der seinen Durchbruch auf demselben Festival erlebte wie sie: 1967 in Monterey.

Bald darauf eroberte Joplin auch die Ostküste. Sie sang im *Anderson*, Lower East Side, New York, und schlug wie ein Blitz ein. Jetzt war Janis ganz oben. Der Bob-Dylan-Manager Albert Grossman nahm sich ihrer an, und bald war sie zu gut, zu eigenwillig und zu musikalisch für die stets ein wenig amateurhafte *Big-Brother*-Band. Mit Foto- und Presseterminen kam sie allerdings weiterhin nicht zurecht. Sie war auch noch immer nicht wirklich bühnenpräsentabel mit ihrer Pummeligkeit, ihren Pickeln und ihren unmöglichen Klamotten. Ihre Haare sahen aus wie ein Wischmopp, und sie konnte das *underground girl* nie ganz verleugnen. Aber auch das gehörte zu ihrem Image. Sie war eben einfach anders.

Die neue Band bestand aus Vollprofis, die Konzertreisen führten zu den besten Adressen. Die Europa-Tour von 1969 – Amsterdam, Kopenhagen, Stockholm, Paris, London – glich einem Triumphzug. Janis galt nunmehr als die expressivste weiße Interpretin des Blues. Im selben Jahr entstand in den Columbia Studios in Hollywood die Schallplatte *I Got Dem Ol'Kozmic Blues Again, Mama!*, die in den USA unter die Top Five kam und eine Millionenauflage erreichte. Janis nahm weitere Platten auf, und sie verdiente viel Geld, mit dem sie offenbar sparsam umging. Ansonsten wartete sie darauf, dass Mr Right auftauchte. Janis versuchte es immer wieder – mit Straßenjungs, für die sie eine Schwäche hatte, mit Musikern (natürlich!), mit Bewunderern, auch mit Frauen. Sie hatte eine längere Affäre mit Kris Kristofferson. Niemand blieb bei ihr. Sie war sehr fordernd, vielleicht zu leidenschaftlich und immer drauf und dran, in Traumgefilde abzuheben. »Janis, das Symbol aller Gefühle, klammerte sich an Gefühle, die gar nicht existierten. Das war eine direkte Auswirkung der Nadel und zugleich einer der wichtigsten Gründe für ihren Gebrauch«, schreibt Myra Friedman. Und so blieb das Leid, das aus Janis' Gesang und Geschrei heraus tönte, ihr wirkliches, ureigenes. Janis Joplin suchte Psychiater auf und machte Entziehungskuren – auf Wunsch ihrer Freunde und Manager. Es war sinnlos. Sie kam von der Sucht nicht los, blieb ein Junkie, schwankte höchstens zwischen Alkohol (*Southern Comfort*) und Heroin. Myra Friedman schreibt:

»Janis wurde immer von Leuten verwirrt, die, obgleich außergewöhnlich, sich trotzdem einer gewissen Ordnung unterwerfen konnten. Für sie selbst gab es nur Extreme, eine Welt primitiver, ungezügelter Impulse – oder eine geordnete Welt, die sie unterdrückte. Sie konnte sich einfach nicht anpassen.«

Immerhin war sie professionell genug, vor den Auftritten weder zu trinken noch zu spritzen, um über die enorme Energie, die sie auf der Bühne entwickelte, frei verfügen zu können. Bei Schallplattenaufnahmen war sie manchmal gerade durch das Heroin besonders leistungsfähig: aufgedreht, high, schrill. Aber ihre hellen Phasen wurden immer kürzer. Und die dunklen immer länger. Sie versank in

Schwermut. Im September 1970 starb Jimi Hendrix – am Rauschgift. Janis war erschüttert und bemerkte mit dem ihr eigenen schwarzen Humor, sie müsse wohl noch ein wenig durchhalten, denn zwei tote Rockstars in einem Jahr – das wäre zu viel. Aber sie schaffte nicht mal mehr einen Monat. Am 3. Oktober 1970 setzte sie sich in einem Hotel in Hollywood den Goldenen Schuss. Ob es Absicht war oder ein Unfall, lässt sich nicht klären. Gegen den Selbstmord spricht die Tatsache, dass sie sich jüngst verlobt hatte: mit dem Collegestudenten Seth Morgan aus Berkeley. Sie war gerade einmal 27 Jahre alt geworden. Kurz zuvor hatte sie ihren größten Song *Me and Bobby McGee* aufgenommen. Die Schallplatte, auf der dieser geniale Song erschien, wurde posthum mit dem Titel *Pearl*, ihrem Spitznamen, veröffentlicht. Das letzte Stück *Buried Alive in the Blues*, zu dessen Aufnahme es nicht mehr kam, ist auf der Platte in einer Instrumentalversion zu hören. Im Jahre 1995 wurde Janis Joplin in die *Rock and Roll Hall of Fame* in Cleveland aufgenommen.

Aung San Suu Kyi

Freiheitskämpferin in Myanmar

* 1945 in Rangun

Es ist ein Waldland. Die Wälder liefern Teakholz, die Böden Erdöl, Kupfer, Jade und Gold. Die Menschen bestellen den Acker, fällen Bäume, waschen Gold und könnten zufrieden sein. Aber sie sind es nicht. Myanmar ist seit 1962 eine Militärdiktatur; es gibt weder Meinungsfreiheit noch Freizügigkeit, weder Rechtssicherheit noch gerechte Verteilung. Zwischen 2011 und 2021 hatten (halbwegs) demokratisch legitimierte Regierungen das Sagen. Aber Myanmars Weg in die Demokratie wurde immer wieder unterbrochen und scheint derzeit erneut versperrt. Den Militärs steht eine ganz besondere Opposition gegenüber: Sie hat ein weibliches Gesicht. Die Vorkämpferin dort für eine demokratische Verfassung heißt Aung San Suu Kyi, sie war zwischenzeitlich sogar an der Macht, steht nun aber (wieder) unter Arrest.

Es gibt einen weiteren Grund für das Unglück der Einwohner Myanmars, und das ist ihre Multiethnizität: Das Land ist ein Vielvölkerstaat. Und die verschiedenen Völker verstehen einander schlecht. Von den 53 Millionen Einwohnern sind 70 Prozent buddhistische Birmanen, die übrige Bevölkerung verteilt sich auf 135 Ethnien, die auch noch unterschiedlich religiös gebunden sind; diese Stämme begehren immer wieder gegen die Vorherrschaft der buddhistischen Mehrheit auf und bekämpfen sich auch noch untereinander. Seit vielen Jahrzehnten tobt ein Guerillakrieg, und die nach Intervallen sich stets an die Macht zurückputschende Militärjunta bezieht ihre Legitimation aus dem Anspruch, nur sie allein könne mit Waffengewalt den zerfallenden Staat zusammenzuhalten. Die Junta nannte sich einst State Law and Order Restoration Council, abgekürzt SLORC, zu deutsch etwa: Rat zur Wiederherstellung von Recht und Ordnung. Recht? Ordnung? Es herrschte Willkür, es herrschte Angst. Inzwischen ist die SLORC in SPDC umbenannt worden:

Staatsrat für Frieden (= Peace) und Entwicklung (= Development). Frieden? Entwicklung? Mit beiden ist es nicht weit her.

Und das Volk, warum wehrt es sich nicht? Warum begräbt es nicht das Ethno-Kriegsbeil und wirft die verbrecherische Junta aus ihren Palästen? Das Volk hat diesen Schritt getan, es war mutig und einig. Das ist zwar schon lange her, aber es ist nicht vergessen, und es gibt immer noch die Hoffnungsträgerin, die aus dem damaligen Aufstand hervorging und bis heute ihren Kampf für Freiheit und Demokratie fortsetzt: Aung San Suu Kyi.

Ein Hauch von Freiheit wehte im Jahre 1988 in Myanmar. Damals revoltierten die Studenten in der Hauptstadt Yangon gegen das korrupte Militärregime; in machtvollen Demonstrationen forderten sie den Rücktritt der Generäle und freie Wahlen. In Stadt und Land unterbrachen die Leute ihre Arbeit und schlossen sich den Demonstrationszügen an.

Aung San Suu Kyi ist die Tochter des birmanischen Freiheitskämpfers Aung San, der im Jahre 1947 ermordet wurde. Suu Kyi war damals zwei Jahre alt. Ihre Mutter ging mit den Kindern ins Ausland; Suu Kyi wuchs in Indien auf, lebte in Bhutan, Japan, den USA und England. Ihre myanmarische Staatsangehörigkeit behielt sie bei, besuchte ihre Heimat jedoch immer nur kurz. In Delhi studierte sie Politikwissenschaft, in Oxford Ökonomie. Sie heiratete einen Engländer: den Tibet-Forscher Michael Aris, mit dem sie zwei Söhne hat. Sie arbeitete bei den Vereinten Nationen in New York, und überall war man froh über die Mitarbeit und den Rat dieser kompetenten, sympathischen Frau. Ein interessantes Leben. Aber etwas fehlte. Suu Kyi fühlte sich mit ihrer Heimat verbunden und litt darunter, dass sich Myanmar während der Willkürherrschaft der Generäle in ein Gefängnis, in ein Arbeitslager verwandelte. Der Gedanke an ihr Land verließ sie nie.

Im Jahre 1988 erkrankt die wieder nach Myanmar zurückgekehrte Mutter Suu Kyis schwer und möchte ihre Tochter bei sich haben. Die reist daraufhin nach Hause – und gerät mitten in den Volksaufstand. Es war der reine Zufall. Die junge Frau erkennt erst ihre

Landsleute nicht wieder – und dann begreift sie, was die Stunde geschlagen hat. Am 26. August 1988 feuert sie in einer machtvollen Rede vor der goldenen Schwedagon-Pagode in Yangon das Volk an, jetzt endlich für demokratische Verhältnisse zu sorgen – das heißt vor allem: ein Mehrparteiensystem durchzusetzen und der zersplitterten, illegalen Opposition ein Rederecht zu erstreiten. Alle wollen die Tochter des ermordeten Aung San, an den die Älteren sich noch gut erinnern, hören. Alle wollen der glühenden Rednerin lauschen, die wie durch ein Wunder zurück ins Land und vor die goldene Pagode gekommen ist. Die Junta-Gegner trauen sich aus der Reserve, die Studenten formulieren freiheitliche Parolen, das Volk feiert seine Heldin Suu Kyi.

Es ist ein schwarzer Tag für die Generäle. Sie reagieren, wie sie es immer getan haben: mit Repression. Die Gefängnisse füllen sich mit Regimegegnern, auch Suu Kyi wird verhaftet. Gegen die Studenten gehen die Militärs mit äußerster Härte vor – sie schießen in die Menge, und es gibt mehr Tote als ein Jahr später auf dem Platz des Himmlischen Friedens in Peking. Allerdings müssen die Machthaber Wahlen anberaumen. So sicher sind sie, dass ihre Politik der Angst dem SLORC die Mehrheit bescheren wird, dass sie nicht einmal auf die Idee kommen, die Stimmenauszählung zu überwachen und das Resultat gegebenenfalls zu fälschen. Die NLD, die National League of Democracy mit Aung San Suu Kyi an der Spitze gewinnt 82 Prozent der Sitze. Es ist ein Schock für die Junta.

Sie erkennt dann auch das Wahlergebnis nicht an, erklärt die Liga für vom Ausland unterwandert und stempelt Suu Kyi, die schließlich mit einem Briten verheiratet ist, zur Verräterin. Nachdem die Politikerin aus der Haft entlassen worden ist, wird sie unter Hausarrest gestellt; sie darf weder telefonieren noch Briefe schreiben oder empfangen, nicht einmal ihr Mann oder ihre Söhne erhalten die Erlaubnis, sie zu besuchen. Und als ihr im Jahre 1991 der Sacharow-Preis für Menschenrechte des Europäischen Parlaments verliehen wird, will man sie nur unter einer Bedingung zur Entgegennahme der Ehrung ausreisen lassen: dass sie nicht zurückkommt.

Suu Kyi lehnt ab. Statt ihrer nimmt ihr Mann den Preis in Empfang. Und im selben Jahr gibt es eine zweite hohe Ehrung für die Freiheitskämpferin: Sie erhält den Friedensnobelpreis.

Ihr Ehemann Michael Aris und ihre beiden Söhne Alexander und Kim vertreten sie in Oslo bei der Feier. Alexander hält die Dankesrede stellvertretend für seine Mutter bei der Übergabe des Preises im Osloer Rathaus.

Schlagartig richten sich die Augen der Welt auf Myanmar, auf Yangon und die Universitätsstraße, wo die prominente Preisträgerin unter Hausarrest steht. Jetzt geraten die Generäle unter Druck. Endlich, im Jahre 1995, wird die Arrestverfügung für die Oppositionsführerin aufgehoben.

Frei ist sie deshalb noch lange nicht. Sie wird überwacht, muss mit ansehen, wie immer wieder NLD-Mitglieder im Kerker verschwinden; sie selbst wird von der Propagandapresse als »giftige Schlange« bezeichnet und mit Schikanen an ihrer politischen Aktivität gehindert. 2003 nimmt die Militärführung Aung San erneut fest. Nachdem sie eine Zeitlang im Gefängnis gesessen hat, wird sie abermals unter Arrest gestellt. Im November 2010 erfolgt ihre – vorläufige – Freilassung. »Gut, ich bin frei, aber andererseits fühlte ich mich immer frei. Ich habe mich nicht wirklich nach der großen weiten Welt da draußen gesehnt. Wichtig für mich war vor allem, mich innerlich frei zu fühlen.« In Yangon hat die demokratische Opposition auf Suu Kyi gewartet. Die Mitgründerin übernimmt den Vorsitz der Liga und zieht bei den 2015 anstehenden Wahlen in den Kampf um Stimmen. Sie ist ungeheuer populär, das Volk verehrt sie, man rechnet es ihr immer noch hoch an, dass sie, als sich ihr einst die Chance zur Ausreise bot, im Land geblieben ist. Frei sind diese Wahlen übrigens nicht wirklich, denn dem Militär ist ein Viertel aller Sitze vorab zugesichert. Aber es geht gut für Suu Kyi aus: ihre Liga gewinnt abermals. Jetzt ist die Volksheldin in der Regierungsverantwortung.

Das Unglück Myanmars, seine Zersplitterung in eine ungewöhnlich hohe Anzahl von Volksgruppen, holt aber dann auch Aung San ein.

2017 erhebt sich die muslimische Minderheit der Rohinya gegen die Zentralgewalt; der Aufstand wird blutig niedergeschlagen, fast eine Million Rohinya fliehen panisch ins benachbarte Bangladesch. Die Welt schaut mit Entsetzen auf diese Vertreibung, man erwartet von der Friedensnobelpreisträgerin eine entschiedene Stellungnahme gegen die Gewalt. Aber Aung San schweigt. Ob sie ihre buddhistischen Landsleute nicht verprellen wollte, die sich mit den marginalisierten muslimischen Rohinya ohnehin nicht vertrugen? Ob die Generäle sie zum Schweigen verdonnern konnten? Erst viel zu spät und zaghaft gesteht Aung San »Fehler« ein. Den Sacharow-Preis des Europäischen Parlamentes muss sie zurückgeben. Der Friedensnobelpreis aber, so verlautet es aus Oslo, soll ihr zuerkannt bleiben. Das Militär nutzt die Krise erneut, um zu putschen, die SPDC ruft den Notstand aus, und Aung San Suu Kyi wird wieder einmal verhaftet, einem Hausarrest unterstellt und schließlich nach einem politischen Prozess unter durchsichtigen Vorwänden – sie habe sich als Regierende bestechen lassen und Corona-Regeln nicht beachtet – ins Gefängnis geschickt. Einstweilen ist offen, wie der ein halbes Menschenalter andauernde Kampf zwischen dem Militär in Myanmar und der Vorkämpferin für die Demokratie in diesem Lande ausgeht. Wie es Aung San heute geht und ob sie noch an ihre Mission glaubt, ist nicht bekannt. Dies sind Worte aus ihrer Anfangszeit als Kämpferin für die Demokratie:

»Ich möchte nicht, dass die Menschen zu viel erhoffen, weil Menschen mit zu großen Erwartungen zu wenig selbst in die Hand nehmen. Wenn meine Landsleute etwas ändern wollen, müssen sie dafür etwas tun. Und sie müssen verstehen, dass es eine Menge zu tun gibt.«

Literatur

I

Sappho
Giebel, Marion: Sappho, Reinbek 1995
Sappho: https://www.gedichte-schmieden.de/sappho-gedichte [29.11.2021]
Stark, Florian: https://www.welt.de/geschichte/article124434410/Neue-Funde-zur-Dichterin-der-lesbischen-Liebe.html [12.12.2021]

Aspasia
Aristophanes: Lysistrata, Berlin 1992
Platon: Menexenos in: Tsitsiridis, Stavros (Hg.): Platons Menexenos, Stuttgart 1998
Beuster, Diana: https://www.grin.com/document/16244 [1.12.2021]

Kleopatra
Angela, Alberto: Kleopatra. Die Königin, die Rom herausforderte und ewigen Ruhm gewann. Hamburg, 2019
Brambach Joachim: Kleopatra. Herrscherin und Geliebte, München 1993
Sueton: Kaiserbiografie, Essen 2004
Plutarch: Caesar, Leipzig 2015

Theophanu
Horst, Eberhard: Geliebte Theophanu, Deutsche Kaiserin aus Byzanz, Reinbek 1997
Schnith, Karl (Hg.): Frauen des Mittelalters in Lebensbildern, Graz 1997
Gottschalk, Maren: https://www1.wdr.de/radio/wdr5/sendungen/zeitzeichen/otto-und-theophanu-100.html [6.12.21]

Hildegard von Bingen
Bingen, Hildegard von: Wisse die Wege. Ratschläge fürs Leben, Frankfurt/Main 1997; Heilkunde. Das Buch von dem Grund und Wissen der Heilung der Krankheiten, Salzburg 1992; Heilkraft der Natur. Physica. Das Buch von dem inneren Wesen der verschiedenen Naturen der Geschöpfe, Augsburg 1997
Diers, Michaela: Hildegard von Bingen, München 1998
Kerner, Charlotte: Alle Schönheit des Himmels. Die Lebensgeschichte der Hildegard von Bingen, Weinheim 2000 (Jugendbuch)

Eleonore von Aquitanien
Gillingham, John: Richard the Lionheart, London 1978
Vones-Liebenstein, Ursula: Eleonore von Aquitanien, Zürich 2000
Winkler-Jordan, Mechtild: https://www.fembio.org/biographie.php/frau/biographie/eleonore-von-aquitanien/ [20.12.2021]

Jeanne d'Arc
Nette, Herbert: Jeanne d'Arc, Reinbek 2000
Duby, Georges und Andrée: Die Prozesse der Jeanne d'Arc, Berlin 1999
Tuchman, Barbara: Der ferne Spiegel, München, 2010
Schiller, Friedrich: Die Jungfrau von Orleans. Eine romantische Tragödie, Stuttgart 1997
Shaw, George Bernard: Die heilige Johanna. Dramatische Chronik, Frankfurt/Main 1990
Anouilh, Jean: Jeanne oder die Lerche. Schauspiel, Stuttgart 1995

Teresa von Ávila
Lorenz, Erika (Hg.): Lockruf des Hirten. Teresa von Ávila erzählt ihr Leben, München 1999
Ávila, Teresa von: Die Klostergründungen, Wien 1998; Die innere Burg, Zürich, 2006
Nigg, Walter: Große Heilige, Zürich 1986

Elisabeth I. von England
Nette, Herbert: Elisabeth I., Reinbek 1996
Kay, Susan: Die Königin, München 1985
Miles, Rosalind: Königin von England, München 1998

II

Artemisia Gentileschi
Banti, Anna: Artemisia, München 1995
Borzello, Frances: Ihre eigene Welt. Frauen in der Kunstgeschichte, Hildesheim 2000
Wachenfeld, Christa (Hg.): Die Vergewaltigung der Artemisia. Der Prozess. Mit einem Essay von Roland Barthes. Übers. der lateinisch/italienischen Quellen Gertraude Grassi. Freiburg (Breisgau) 1992
Ruscher, Uta: https://www.fembio.org/biographie.php/frau/biographie/artemisia-gentileschi/ [16.12.21]

Königin Christine von Schweden
Grabner, Sigrid: Die Rebellin. Königin Christine von Schweden, Frankfurt/Main, Berlin 1995
von der Heyden-Rynsch, Verena: Christina von Schweden. Die rätselhafte Monarchin, München 2002

Buckley, Veronica: Christina, Königin von Schweden. Das rastlose Leben einer Exzentrikerin, Frankfurt/Main 2005
Marelle, Luise: Königin Christine von Schweden, Berlin 1933

Maria Sibylla Merian

Merian, Maria Sibylla: Das kleine Blumenbuch. Frankfurt/Main 1984; Neues Blumenbuch, München 1999; Das kleine Buch der Tropenwunder, Frankfurt/Main 1999; Das Insektenbuch. Metamorphosis insectorum Surinamensium, Frankfurt/Main 1999
Kerner, Charlotte: Seidenraupe, Dschungelblüte. Die Lebensgeschichte der Maria Sibylla Merian, Weinheim 1998
Beuys, Barbara: Maria Sibylla Merian, Berlin 2016
https://www.deutsches-museum.de/forschung/bibliothek/unsere-schaetze/biologie-medizin/wonderbaerlyke-veranderingen [12.12.2021]
https://www.wikiwand.com/de/Maria_Sibylla_Merian [12.12.2021]

Émilie du Châtelet

Badinter, Élisabeth: Émilie. Weiblicher Lebensentwurf im 18. Jahrhundert, München 1984
Reichenberger, Andreas: Émilie du Châtelets Institutions physiques. Über die Rolle von Prinzipien und Hypothesen in der Physik, Berlin 2016
Schweers, Ulla: https://www.fembio.org/biographie.php/frau/biographie/emilie-du-chatelet/ [9.12.2021]

Maria Theresia

Fussenegger, Gertrud: Maria Theresia, Wien, München, Zürich, Innsbruck, 1980
Berglar, Peter: Maria Theresia, Reinbek 2004
Rieder, Heinz: Maria Theresia. Herrscherin und Mutter, München 1999

Olympe de Gouges

Noack, Paul: Olympe de Gouges, 1748-1793, Kurtisane und Kämpferin für die Rechte der Frau, München 1992
Doormann, Lottemi: Ein Feuer brennt in mir – Die Lebensgeschichte der Olympe de Gouges, Weinhein/Basel 1993
Wachter, Gabriele: Paranoia refomatoria oder Mann, bist du fähig, gerecht zu sein? Berlin, 2006

Mary Wollstonecraft

Wollstonecraft, Mary: Ein Plädoyer für die Rechte der Frau, Weimar 1999
Wollstonecraft, Mary / Godwin, William: Das Unrecht der Frauen. Erinnerungen an Mary Wollstonecraft, Berlin 1993
Sherwood, Frances: Verstand und Leidenschaft, Frankfurt 1995
Shelley, Mary: Frankenstein, Frankfurt/Main 1999

III

Louise Aston

Aston, Louise: Aus dem Leben einer Frau, Berlin 2015; Revolution und Konterrevolution, CreativeSpace Independant Publishing Platform 2013

Groetzinger, Germaine: Für die Selbstverwirklichung der Frau: Louise Aston, Frankfurt/Main 1983

Wimmer, Barbara: Die Vormärzschriftstellerin Louise Aston. Selbst- und Zeiterfahrung, Bern 1993

Sichtermann, Barbara: Ich rauche Zigarren und glaube nicht an Gott. Hommage an Louise Aston, Berlin 1914

Clara Schumann

Schumann, Clara/ Schumann, Robert: Briefwechsel in zwei Bänden, Frankfurt/Main 1984-1987

Steegmann, Monica/ Rieger, Eva: Frauen mit Flügeln. Lebensberichte berühmter Pianistinnen, Frankfurt/Main 1996

Steegmann, Monica: Clara Schumann, Reinbek 2001

Held, Wolfgang: Clara und Robert Schumann, Frankfurt/Main 2001

Florence Nightingale

Bohn, Nicolette: Florence Nightingale. Nur Taten verändern die Welt, Mannheim 2020

Herold-Schmidt, Hedwig: Florence Nightingale. Die Frau hinter der Legende, Darmstadt 2020

Mäder, Claudia: https://www.nzz.ch/feuilleton/florence-nightingale-zum-200-geburtstag-der-krankenpflegerin-ld.1555877 [20.4.2022]

Bertha von Suttner

Suttner, Bertha von: Die Waffen nieder!, Altenmünster 2015

Hamann, Brigitte: Bertha von Suttner. Kämpferin für den Frieden, Wien 2013

Kleberger, Ilse: Bertha von Suttner. Die Vision vom Frieden, München 1988

Reicke, Ilse: Bertha von Suttner. Ein Lebensbild, Bonn 1952

Suttner, Bertha von: https://www.projekt-gutenberg.org/suttner/waffenni/chap001.html [5.3.2022]

Anita Augspurg

Augspurg, Anita / Heymann, Lida Gustava: Erlebtes, Erschautes, Margrit Tellmann (Hg.), Frankfurt/Main 1992

Henke, Christiane: Anita Augspurg, Reinbek 2000

Gerhard, Ute: Anita Augspurg (1857-1943), Juristin, Feministin, Pazifistin. In: Seifert, Jürgen (Hg.): Streitbare Juristen. Eine andere Tradition. Kritische Justiz Baden-Baden 1988

https://www.deutsche-digitale-bibliothek.de/person/gnd/118651072 [17.2.22]

Eleonora Duse

Maurer, Doris: Eleonora Duse, Reinbek 1988

von Hofmannsthal, Hugo: Eleonora Duse. In: Gesammelte Werke in zehn Einzelbänden. Reden und Aufsätze I, 1891-1913, Frankfurt/Main 1985

D'Annunzio, Gabriele: Das Feuer. Roman, Berlin 1999

Marie Curie

Curie, Ève: Madame Curie. Eine Biographie, Frankfurt/Main 2000

Curie, Marie: Die Entdeckung des Radiums. Untersuchungen über die radioaktiven Substanzen, Frankfurt/Main 1999

Ksoll, Peter / Vögtle, Fritz: Marie Curie, Reinbek 2000

IV

Maria Montessori

Montessori, Maria: Die Entdeckung des Kindes, Freiburg 1996; Das kreative Kind. Der absorbierende Geist, Freiburg 1996

Kramer, Rita: Maria Montessori. Leben und Werk einer großen Frau, Frankfurt/Main 1995

Heiland, Helmut: Maria Montessori, Reinbek 1997

Helena Rubinstein

Rubinstein, Helena: My Life for Beauty, New York 1964

Fare, Maxine: Beauty Millionaire – The Life of Helena Rubinstein, New York 1972

O'Higgins, Patrick: Madame – An Intimate Biography of Helena Rubinstein, New York 1971

Rose, Ingo / Sichtermann, Barbara: Augen, die im Dunkeln leuchten. Helena Rubinstein, Wien 2020

Rosa Luxemburg

Luxemburg, Rosa: Politische Schriften, Frankfurt/Main 1987

Helmut Hirsch, Helmut: Rosa Luxemburg, Reinbek 1995

Laschitza, Annelies: Im Lebensrausch, trotz allem. Rosa Luxemburg. Eine Biographie, Berlin 2000

Piper, Ernst: Rosa Luxemburg. Ein Leben, München 2018

Emily Davison

Louis, Chantal: https://www.emma.de/artikel/als-das-frauenwahlrecht-noch-toedlich-war-308895 [7.2.2022]

Chancellor, Deborah: The Perfect Rebel. The Life and Death of Emily Davison, Edinburgh 2010

Sichtermann, Barbara: Kurze Geschichte der Frauenemanzipation, Berlin 2009

Gavron, Sarah: Suffragette, Spielfilm. England, 2015

Alexandra Kollontai
Kollontai, Alexandra: Wege der Liebe, Berlin 1992; Die Situation der Frau in der gesellschaftlichen Entwicklung. Vorlesungen von 1921, Berlin, o. J.
Schejnis, Sinowi: Alexandra Kollontai, Berlin 1984
Fahndrich, Florian u. a.: A Rebel's Guide. Wer war Alexandra Kollontai?, Berlin 2019
Raether, Gabriele: Alexandra Kollontai zur Einführung, Hamburg 1986
Steiner, Helmut: http://leibnizsozietaet.de/wp-content/uploads/2012/11/04_steiner1.pdf [2.1.2022]

Paula Modersohn-Becker
Reinken, Liselotte von: Paula Modersohn-Becker, Reinbek 1998
Schröder, Stefanie: Paula Modersohn-Becker. Auf einem ganz eigenen Weg, Freiburg i.Br. 1995
Steenfatt, Margret: Ich, Paula. Die Lebensgeschichte der Paula Modersohn-Becker, Weinheim 2000
Busch, Günther: Paula Modersohn-Becker. Malerin – Zeichnerin. Bildband, Frankfurt/Main 1981
Bohlmann-Modersohn, Marina: Paula und Otto Modersohn, Berlin 1999

Isadora Duncan
Duncan, Isadora: My Life, New York 2013
Wick, Marianne: Und wir tanzen immer noch. Von der griechischen Bewegungskultur zum experimentellen Tanztheater. Bergisch Gladbach 1996
Craig, Edward Gordon: Index to the Story auf My Days, Cambridge/UK 1981
Boehn, Max von: Der Tanz, Berlin 1925
Sichtermann, Barbara / Rose, Ingo: Der blaue Vorhang. Isadora Duncan. Ihr Leben. Ihr Tanz, Hamburg 2021

Lise Meitner
Ernst, Sabine: Lise Meitner an Otto Hahn. Briefe aus den Jahren 1912 bis 1924, Stuttgart 1992
Kerner, Charlotte: Lise, Atomphysikerin. Die Lebensgeschichte der Lise Meitner, Weinheim 1998
Bührke, Thomas: Newtons Apfel. Sternstunden der Physik von Galilei bis Lise Meitner, München 1997

Coco Chanel
Morand, Paul / Chanel, Coco: Die Kunst, Chanel zu sein. Gespräche mit Coco Chanel. Mit Illustrationen von Pablo Picasso, München 1998
Zilkowski, Katharina: Coco Chanel. Le style c'est moi, München 1998
Charles-Roux, Edmonde: Coco Chanel. Ein Leben, Frankfurt/Main 1997

V

Marlene Dietrich

Dietrich, Marlene: Ich bin, Gott sei Dank, Berlinerin. Memoiren, Berlin 1998
Riva, Maria: Meine Mutter Marlene, München 2000
Spoto, Donald: Marlene Dietrich, München 2000
Haskell, Molly: Holding my Own in No Men's Land, New York 1999

Hannah Arendt

Arendt, Hannah: Elemente und Ursprünge totaler Herrschaft, München 1995; Vita activa oder Vom tätigen Leben, München 1994; Eichmann in Jerusalem. Ein Bericht von der Banalität des Bösen, München 1995; Vom Leben des Geistes. Bd. 1: Das Denken. Bd. 2: Das Wollen, München 1979
Köhler, Lotte: Hannah Arendt/Heinrich Blücher: Briefe 1936-1968, München 1999
Young-Bruehl, Elisabeth: Hannah Arendt. Leben, Werk und Zeit, Frankfurt/Main 2000
Prinz, Alois: Beruf Philosophin oder Die Liebe zur Welt. Die Lebensgeschichte der Hannah Arendt. Weinheim 1998

Simone de Beauvoir

Beauvoir, Simone de: Sie kam und blieb. Roman, Reinbek 1999; Die Mandarins von Paris. Roman, Reinbek 1997; Das andere Geschlecht. Sitte und Sexus der Frau, Reinbek 2000.; Die Zeremonie des Abschieds, Reinbek 1996
Beauvoir, Sylvie Le Bon de (Hg.): Briefe an Sartre. 2 Bände, Reinbek 1998
Schwarzer, Alice: Simone de Beauvoir. Rebellin und Wegbereiterin, Köln 1999
Zehl Romero, Christiane: Simone de Beauvoir. Reinbek 1996
Korbig, Julia: https://www.bpb.de/apuz/302117/simone-de-beauvoir-19081986-ein-kurzportraet [22.1.2022]

Mutter Teresa

Mutter Teresa: Der einfache Weg, Bergisch-Gladbach 1997
Göttler, Norbert: Mutter Teresa, Reinbek 2010
Chawla, Navin: Mutter Teresa. Die autorisierte Biographie, München 1997
Allegri, Renzo: Mutter Teresa. Ein Lebensbild, München 1980

Ella Fitzgerald

Bohländer, Carlo / Holler, Karl Heinz: Reclams Jazzführer, Stuttgart 1970
Nicholson, Stuart: Ella – die Stimme des Jazz, München 1993
Haskins, Jim: Ella Fitzgerald – First Lady of Jazz, München 1994
http://www.ellafitzgerald.com/ [8.2.2022]

Sophie Scholl

Jens, Inge (Hg.): Hans Scholl / Sophie Scholl: Briefe und Aufzeichnungen. Mit einem Essay von Walter Jens. Frankfurt/Main1995

Scholl, Inge: Die weiße Rose. Mit einer Vorbemerkung von Ilse Aichinger, Frankfurt/Main 1993
Vinke, Hermann: Das kurze Leben der Sophie Scholl, Ravensburg 1997
Sichtermann, Barbara: Wer war Sophie Scholl? (Jugendbuch) Berlin 2008

Maria Callas
Galatopoulos, Stelios: Maria Callas. Die Biographie, Frankfurt/Main 1999
Csampai, Attila (Hg.): Callas – Images of a Legend. Englische Ausgabe. Mit 165 z. T. farbigen Abbildungen, München 1999
Rieger, Eva / Steegmann, Monica (Hg.): Göttliche Stimmen. Lebensberichte berühmter Sängerinnen. Von Elisabeth Mara bis Maria Callas, Frankfurt/Main 2000
Ericson, Raymond: https://archive.nytimes.com/www.nytimes.com/learning/general/onthisday/bday/1202.html [2.2.2022]

Janis Joplin
Friedman, Myra: Die Story von Janis Joplin, Hannibal 1992
Cossart, Axel von (Hg.): Janis Joplin. Revolte, Musik, Legende, Köln 1991
Wunderlich, Dieter: https://www.dieterwunderlich.de/Janis_Joplin.htm [31.1.2022]

Aung San Suu Kyi
Suu Kyi, Aung San: Der Weg zur Freiheit. Gespräche mit Alan Clements, Bergisch Gladbach 1999
Schwepcke, Barbara: Aung San Suu Kyi – Heldin von Burma, Freiburg 1999
https://www.spiegel.de/politik/ausland/rohingya-aung-san-suu-kyi-verurteilt-gewalt-gegen-muslimische-minderheit-a-1168597.html [12.2.2022]
https://www.dw.com/de/zwei-jahre-haft-f%C3%BCr-aung-san-suu-kyi/a-60029275 [12.2.2022]

Bibliografische Information der Deutschen Nationalbibliothek
Die Deutsche Nationalbibliothek verzeichnet diese Publikation in der Deutschen Nationalbibliografie; detaillierte bibliografische Daten sind im Internet über http://dnb.d-nb.de abrufbar.

Covergestaltung: Karina Bertagnolli, Wiesbaden
Covermotiv: Helena Rubinstein von Graham Sutherland, 2011
© picture alliance / dpa | Sotheby's / Ho
Satz: Anja Carrà, Weimar
Lektorat: Tabea A. Rotter
Der Titel wurde in der Adobe Caslon Pro gesetzt.
Gesamtherstellung: CPI books GmbH – Germany

ISBN: 978-3-7374-1208-7

Mehr über Ideen, Autoren und Programm des Verlags finden Sie auf www.verlagshausroemerweg.de und in Ihrer Buchhandlung.